興亡の世界史

近代ヨーロッパの覇権

福井憲彦

講談社学術文庫

目次

近代ヨーロッパの覇権

プロローグ――コントラストのなかのヨーロッパ……13

第一章　グローバル化への先導……28
「大航海時代」とヨーロッパの海外膨張開始　28
「大航海時代」の世界史的評価　39
仁義なき貿易戦争の時代　48

第二章　近世ヨーロッパの政治と文化……59
主権国家と王政　59
二つの宗教改革　70
宮廷文化とブルジョワ文化　83

第三章　啓蒙専制君主と思想家たち……98
上からの近代化の模索　98
知性を信頼した一八世紀の知識人たち　112

第四章　革命の激震と国民の誕生……131
連鎖する革命のはじまり　131
フランス革命と近代政治　143
一九世紀冒頭の大西洋世界　162
第五章　離陸に向かう経済と社会の変貌……173
北西ヨーロッパにおける経済成長の開始　173
生産と流通における激変　187
新たな階層序列と労働大衆の苦難　204
第六章　驚嘆の一九世紀と産業文明の成立……217
産業文明の成立へ　217
農村世界の持続と変容　232
めくるめく一九世紀　242

第七章　国民国家と帝国主義……258
国民国家の構築という課題　258
ナショナリズムの諸相　274
さまざまな帝国主義　291
第八章　第一次世界大戦と崩壊する覇権……308
大戦という破局への道のり　308
長期化した戦争と総力戦体制　318
崩壊するヨーロッパの覇権　332
エピローグ——歴史文化の継承と欧州連合の未来……344
学術文庫版へのあとがき……355
参考文献……374
年表……386

主要人物略伝……395
索引……409

ペトログラード
リガ
モスクワ
ロシア帝国
キエフ
ドニエプル川
カスピ海
オデッサ
ルーマニア王国
ドナウ川
黒海
ブルガリア王国
イスタンブル
オスマン帝国
バグダード
キプロス島
クレタ島
エルサレム
カイロ
ナイル川
N
0
400
800km

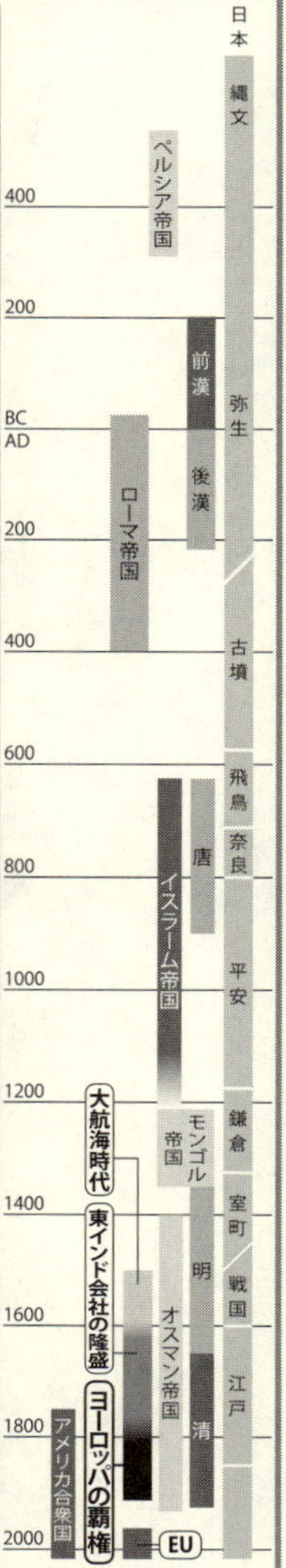

日本
縄文
ペルシア帝国
400
200
前漢
弥生
BC
AD
ローマ帝国
後漢
200
400
古墳
600
飛鳥
奈良
唐
800
イスラーム帝国
平安
1000
1200
大航海時代
モンゴル帝国
鎌倉
1400
室町
東インド会社の隆盛
明
戦国
1600
オスマン帝国
江戸
ヨーロッパの覇権
1800
清
アメリカ合衆国
2000
EU

第一次世界大戦直前のヨーロッパ

ポルトガル、スペインにより15世紀末に始まる大航海時代、それにつづくイギリス、オランダ、フランスの東インド会社のアジア進出で、ヨーロッパ諸国は世界を一体化。16〜19世紀に各地で植民地を建設して世界を制覇した。しかし、1914年のサラエヴォ事件をきっかけにヨーロッパ各国を巻き込んだ第一次世界大戦の戦禍により、その覇権は崩壊する。

※—— 国境線は現在のもの

地図・図版作成
ジェイ・マップ
さくら工芸社

興亡の世界史

近代ヨーロッパの覇権

プロローグ　コントラストのなかのヨーロッパ

西の最果ての地からの大波

ヨーロッパは、広大なユーラシア大陸をはさんでちょうど日本の反対側にある。なにをいまさらの周知のことである。では、世界地図ではなしに、地球儀を回してみよう。そうすると、ヨーロッパの地理的範囲が思いのほか広くないことに、あらためて誰しもが気づく。とくに、現在の欧州連合EU形成でも中核をなしている西ヨーロッパだけを取ってみれば、余計にその思いは強い。いわば広大なユーラシアの西の最果ての地に、多くの国がひしめいている、といった風情である。

しかし、この決して広くはない範囲にひしめいている国々が形づくってきたヨーロッパ世界は、一世紀から二世紀まえの地球世界にきわめて大きな力を振るっていたのであった。一九世紀は、世界史における「ヨーロッパの世紀」といって過言ではない。いわば、ヨーロッパがくしゃみをすれば、世界が風邪を引いたのである。ヨーロッパからの船が、商船にせよ軍艦にせよ、七つの海を我がもの顔に疾駆し、ヨーロッパ発の物資や情報や、あるいは人びとが、地球各地を跋扈《ばっこ》した。

こうした展開は、非ヨーロッパ地域世界、とくにアジアには「ウェスタン・インパクト」

末の大波として押し寄せたといわれるものである。徳川幕藩体制下の日本にやってきて、幕維新期の激動への道を開く重大なきっかけをあたえた黒船の来航は、一九世紀のなかば一八五三年のこと、まさにその一角を占めるものである。黒船はいうまでもなくアメリカ海軍のものであったが、それもまたヨーロッパ近代が発した大波に乗ってきたものであった。黒船来航のすこしまえ、一八四〇年から四二年にかけてのアヘン戦争では、大清国はイギリスの軍勢のまえになすすべもなく敗れた。

西洋からの大波の圧力は、直接的な軍事的制圧や政治支配、あるいは経済支配や価値の押しつけ、といった面だけではなく、非ヨーロッパ地域世界自体のものの考え方、生産の仕方、あるいは日常的な生活の様式にまでかかわっていた。好き嫌いにかかわらず現代世界にまでその余波が及ぶものとなる。

たとえば、ヨーロッパで中世末に考案され、一八世紀までには実用化と改善がほぼ完璧に進められた機械仕掛けの時計は、工業化における機械生産システムの発展に基礎をあたえるものであったが、他方ではまた日常的な人びとの行動を枠づけるものともなっていった。時計による時間の計測と行動の組織化は、一九世紀にはヨーロッパ内はもちろんのこと、世界のかなりの地域に広まりはじめ、日本でも明治になると太陽暦の採用とあわせ、当然のものとされていった。一九世紀末には、イギリスのグリニッジ天文台での計測を基本とする世界標準時の仕組みが、地球世界の動きの一体化を決定づけた。世界標準時の仕組みなしには、現代世界において地球規模で連動している経済の動きは、およそありえないとまではいわないまでも、その相貌を変えざるをえないであろう。

これはほんの一例である。現代世界では、各地の社会がさまざまな面で、ヨーロッパが生み出した近代的な様式と、うまくつきあえるか反発するか、採用できるか拒否するかの違いはあれ、無縁ではいられない。伝統への回帰を唱えアンチ西洋を声高に主張する勢力すらもが、ヨーロッパ近代が生み出した、あるいはその延長上に開発された武器で戦うことを怪しまない。文字どおりの武器にせよ、思想上の武器にせよ。

ヨーロッパへの旅の魅力

冒頭から話が重くなったきらいがある。すこし話題を転じよう。

日本からヨーロッパを訪れる旅行客は多い。あなたもリピーターかもしれない。あるいはその地に暮らした経験をもつ日本人も、仕事にせよ留学にせよ、ずいぶん増えている。あなたも、もしかしたらそうかもしれない。そういう私も最初に行った目的は、二年あまりのパリ大学への遊学であった。遊学などと書くと、少ないながら気前よく奨学金を支給してくれていたフランス政府に申し訳ないような話なのであるが、「何でも見てやろう」式に過ごした経験は、やはり遊学が適切か。いや文書館にもきちんと通ったわけではあるが、いずれにしても私にとっての最初の直接の接触は、もうはるか以前のこと、オイルショックの直後であった。さて私を含めて、現代のヨーロッパを訪れた日本人の誰しもが感じる魅力として、たとえばつぎのような点をあげることができるのではないであろうか。

近代を生み出したヨーロッパ、近代といえば都市。そのとおりなのであるが、しかしその一方で自然の豊かさ、あるいは緑の保全が目を奪う。ピーター・メイルの翻訳書のおかげで日本でもすっかり有名になったプロヴァンスの花畑まで出かけて行かなくても、パリなどの大都市でも、すこし町から離れればそこここに森や林が広がり、川が蛇行し、牧草地や畑の緑が、あるいは季節には向日葵《ひまわり》畑の一面の黄色が、目を奪う。もちろんこうした緑や田園の光景はパリ周辺だけではないし、フランスだけでもない。

たしかに冬は暗い。なんといっても緯度が高い。東京は、地中海の南、チュニジアの首都チュニスとほぼ同じ緯度。であるから、ヨーロッパ全体が北海道以北みたいなものである。パリはサハリンの緯度。冬が暗くて長い分だけ、いっせいに緑が芽吹き花が咲き乱れる春や初夏が、ヨーロッパのどこでも印象的となる。夏の北欧の白夜ともなれば、あまりに有名であろう。

現代ヨーロッパでは農業問題はやはり深刻であるが、地産地消は絶えることなく続いている。マクドナルドのようなファストフードが触手を伸ばしている一方で、スローフードの傾向も負けてはいない。スーパーマーケットどころかハイパーマーケットが広がる一方で、地域の中核となっている町では、週のあいだに定期的に開かれる市場は、日常の買い物をする住民と売り手とのやりとりでにぎわいを失うことなく、当然のように持続している。訪ねれば、どの地域でもそれぞれの土地なりの食の楽しみが待っている。ワインやビールなどの飲み物にしても同様である。

現代のほとんどすべての旅は、都市を目的地とし、あるいは通過する。ヨーロッパの都市は、パリのようなあまりにも有名で、世界各地からの観光客でにぎわう大きな町にしても、あるいは地方に存在する、観光という点では無名に近い小さな町でも、それぞれがじつに個性的で魅力を発しているものが多い。いや、村だってそうである。

二〇世紀には二度の大戦があった。一九一四年から一八年までの第一次、一九三九年から四五年までの第二次、双方合わせて現代の「三十年戦争」とする見方もある。これらの世界大戦と呼ばれることになった大戦争のいずれにおいても、ヨーロッパは熾烈な戦闘の場とな

復元された町並み　上は空襲によって破壊された町の中心部を復元したドイツのドレスデン。下は中世の城塞都市を修復した南フランスのカルカッソンヌ

り、灰燼《かいじん》に帰して戦後に復興した町や村もある。二〇世紀後半の経済成長のなかで建設されたニュータウンもある。であるからすべてというわけにはいかないが、しかし多くの町や村は、それぞれの土地に伝わる歴史的な建築を維持することに心を砕き、またそれぞれの建築の様式や方式をたいせつに維持している。その土地の土を使った漆喰《しっくい》壁や石を積み上げた石壁、あるいはその土地特有の屋根瓦の色、場所によっては木組みの壁面、独特の切妻屋根など、それぞれが素敵で楽しい。

大戦下に灰燼に帰した町、たとえばドイツのドレスデン。ちょうど東京大空襲と同様に、戦争末期に連合軍によって空爆され完膚《かんぷ》なきまでに破壊された町の中心部は、かつての面影にそって復元された。日本からも多くの観光客をひきつけるドイツのロマンチック街道の町ローテンブルク、ここもまた、中世以来の都市の様相に復元された。一九世紀にも復元の事業はなされた。たとえば南フランスのカルカッソンヌ。中世の城塞都市が史料をもとに修復され、かつてのように復元された。

ヨーロッパの都市を歩けば多くの場合、それほど注意して見なくても建築の歴史の勉強が、いながらにしてできそうである。統計を見たことはないが、主要都市の歴史的街区の建物の多くは一九世紀のものであろう。その古典様式を主流とした建築のあいだにもっと古い時代のルネサンス様式や、ときには中世のゴシック様式が混ざっている。もちろん、なかには古代ローマの遺構が現代の都市空間のなかに組み込まれていたり、町全体が中世の様式で維持されているようなところもある。あるいは逆に新しく、一九世紀末からのアール・ヌーヴォーが、つる草のうねりのような曲線をファサードにあたえていたり、大戦間期を中心に建築されたアール・デコのビルが、幾何学的なすっきりしたラインを不思議とそれらに溶け込ませていたりする。さらには、現代のガラス建築も。

現代のファッションが、あるいはブランドの品々が、日本からも他のところからも多くの観光客をヨーロッパの都市にひきつけているようである。なぜか現代モードが、歴史的な建物群に満ちた都市にもよく似合う。美術館や博物館や劇場が、あるいは街角のカフェや商店のショーウィンドウが、ないまぜとなって歴史と文化の香りを都市の空間に満たしている。なにより都市の住民自身が、そのような香りを楽しんで生きている。

世界文化遺産の指定がヨーロッパで多いというのは、一つには文化政策的な状況がかかわっているのかもしれない。しかし他方、ヨーロッパに歴史的なストックがゆたかに保持されてきたことも、たしかであろう。

貧富の格差と移民問題

都市の表の顔ともいえる中心街は、とくにそこが歴史的な空間としての性格をもっている場合には、歩行者専用とされていることも多くて過ごしやすい。旅行してそこだけ体験していれば、これほど気持ちよいこともない。しかし、である。現実はそれほど理想的ではない。

パリの場合を例にとろう。ルーヴル美術館やオルセー美術館があり、国会や市役所、あるいは学士院やパリ大学もあり、国立図書館や自然史博物館もあるセーヌ川の流域両岸一帯は、ほかにもノートルダム大聖堂のような歴史的建造物をはじめ、多くの文化施設、政治・経済の中心施設に満ちていて、みごとに整備もされている。しかし北のモンマルトルに向かってあがっていくと、やがて、町を歩いている人たちの様相が中心街とはずいぶん違っている街区があることに、気づかざるをえなくなるはずである。パリ市内の不動産価格は上昇しているから、そんなに低所得者層は住めない状況が生じている。しかし街区によっては、アフリカ系の、肌の色の黒い人たちであふれている一角があり、あるいはアラブ系の人たちしか目につかない通りもある。じつは、一種のセグリゲーション、住み分け構造が内蔵されているのである。チャイナタウンといったほうがよさそうなところもできている。

たんなる住み分けではない。そこには経済格差が内蔵され、居住空間、社会的な活動空間としての格差や差別が、否定しがたく現存している。昼ならよいけれども夜は麻薬の取引などもあって危険だから近寄るな、いのちの保障はできない、などといわれる街区もパリにはあるが、それでも、都市空間の内部はまだしもである。大都市は多くが「郊外問題」といわれる社会問題をかかえている。周辺の郊外には、ゆたかな一戸建て住居が並ぶ田園都市風な地区もある。もちろんここでいわれている「郊外問題」はその対極である。

大都市の郊外には、第二次世界大戦後の経済復興のなかで、低所得者用の低家賃団地が多く建設されてきたところがあった。彼らは成功者なのであろうか。そうではないことがほとんどで多くの労働力が導入された。おもに北アフリカのアラブ三国、すなわちアルジェリア、チュニジア、モロッコからである。いまここでは詳しい説明はしないが、これら移民とその子たちは、経済成長が順調であったあいだは、貴重な低賃金労働者として重宝された。しかしヨーロッパ経済の成長が鈍り、ポスト産業時代へと性格が変化し、失業問題が深刻化するなかで、出自が異なり宗教や生活様式も違う彼らは、今度はいわば厄介者扱いされるようになったのである。

移民問題で起きた暴動　2005年秋、移民の若者の感電死事件をきっかけに、フランス各地でバスや車が焼き討ちにあった。写真は南部トゥールーズ近郊

フランスの場合、国籍については一九世紀末以来、出生地主義の原則があったので、フランスの地で生まれた彼ら移民の第二世代、第三世代は、フランス人である。フランス人として個人的自由と法的平等が保障されている、はずなのであるが、現実にはそれは建前にすぎない。学校教育が保障されたとしても、それをばねに成功できるものはごくわずか。多くは就職したくても職がない。名前や顔つきだけで差別される。アラブ系の移民たちに加えて、独立後のサハラ以南のアフリカ諸国からの移民たちも流入していた。なかには滞在許可のない非合法での移民もいる、ということもあって、警察の側はたえず不審尋問を彼らに繰り返

す。それも手ひどいやり方が多く、犯罪や不法行為の温床だ、と見なす傾向を隠さない。建て前と現実との落差を否応なしに実感させられる移民の末裔《まつえい》の若者たちは、自尊心をずたずたにされたとしてもおかしくない。現実が反感をあおり、その反発がまた治安当局からの抑圧を加速させる悪循環から、なかなか脱却できない。

二〇〇五年の秋も深まったころ、フランス各地で若者たちの暴動が頻発し、一晩のうちに一〇〇〇台以上の車が焼き討ちにされたり商店が略奪されたりしている、という衝撃的なニュースが日本でも報道された。海外ニュースを伝えるテレビの画面では、炎上する自動車や燃えて骨組みだけとなったバスなどが映し出され、あたかもフランスは、突如として危険な内戦地域にでもなったかのような様相で伝えられた。

ことの発端は、パリの郊外の団地で、移民を親に持つ若者たちの何人かが警官に追われて逃げるうちに感電死した、という出来事であった。仲間が警察に殺された、という悪いニュースが、劣悪な条件の郊外団地に住む若者たちの気持ちをあっというまにとらえた。日頃の被抑圧感の鬱積《うっせき》が、一挙に火を噴いたという形容がふさわしいのかもしれない。若者たちと警察との衝突は、さらに治安の責任者である内務大臣がこれらの若者たちを「社会のクズども」と罵ったことによって、火に油を注ぐように出来事を拡大させていった。一年半後にフランス大統領に当選するこの内務大臣サルコジは、彼自身ハンガリーからの移民を父親としている。いわば彼は、ヨーロッパ内の移民の後継世代としての成功例である。

移民第二世代、第三世代の若者たちのやり場のないような鬱積の爆発は、もともと組織立った行動ではなかった。結局、数ヵ月ののちには、事態は終息する。しかし問題そのものはなんら終息していない。また、こうした非ヨーロッパ世界からの合法、非合法いずれもの移民が置かれた差別状況、また彼らがもたらす社会問題は、現在のヨーロッパ各地に影のように付きまとっている。決してフランスだけの特殊な問題ではない。ただフランスの場合、この国が共和政のもとでヨーロッパ近代の思想的な代表として個人の解放と自由を掲げ、その政治体制は「自由と平等」を国民すべてに保障するという主張を掲げてきた国であるだけに、現在の移民とその後継世代をめぐる問題は、ヨーロッパ近代の考え方と仕組みそのものが直面する難題、という側面を明瞭に示すことになっている。

かつて一九世紀にヨーロッパ各国は、富国強兵政策を展開するなかで、イギリスとフランスが形成した植民地帝国を筆頭に、植民地獲得に狂奔した。この点は本論で扱うから、ここでは触れるだけにする。いわば現代の移民問題やその後継世代の問題は、こうした植民地支配のつけが今になって降りかかっているのだともいえる。

問いのありか

さて、ふたたび舞台は暗転してしまった。プロローグの幕を下ろすために、本書における基本的な姿勢をはっきりさせて、落ち着くことにしよう。

ここまで述べてきたうちの、植民地支配や移民差別の問題などを中心に取りあげれば、近代ヨーロッパの覇権とはいかに恐ろしい、おぞましい時代をもたらしたのか、というだけの主張になりかねない。じっさいそのように近代ヨーロッパの影の部分だけをあげつらって、反ヨーロッパの主張をし、アンチ近代の姿勢に肩を怒らす人もいる。しかしそれで、近代から現代へと展開してきた世界の歴史が理解できるのであろうか、自分たちの現在の位置が測定できるのであろうか、といえば、否である。とくに日本にとっては、植民地支配や差別の問題は決して対岸の火事ではないであろう。

逆にまた、近代ヨーロッパの合理的な側面、政治的権利の確立や経済的な繁栄だけでなく、科学技術や学問芸術の発達、歴史や文化のゆたかな継承や、さまざまなボランティア活動に代表される市民社会の成熟、といった側面のほうにのみ焦点をあわせるとするならば、これは手放しの近代礼賛、ヨーロッパうっとり、といったあまりにナイーヴな印象を描くにすぎないものとなるであろう。

世界の歴史に、幸か不幸か理想郷はどこにもない。ユートピアは、やはり「どこにもない場所」なのである。人類のどのような時代にも文明にも、光があり影がある。本書では「近代ヨーロッパの覇権」といいうる時代について、世界の歴史の展開のなかにおけるその位置取りと役割とに気をつけながら、光と影との双方の側面に留意してとらえてみたい。光と影は表裏一体でありながら、どのようなコントラストを世界に投げかけていたのであろうか。近代ヨーロッパは、なにゆえその存在を強烈に押し出すことができたのであろうか。それは地球世界になにをもたらしたのであろうか。ヨーロッパ内部における歴史的展開に目を向けることは当然であるが、しかしまたヨーロッパ世界の興隆は、その内部だけを見ていたので

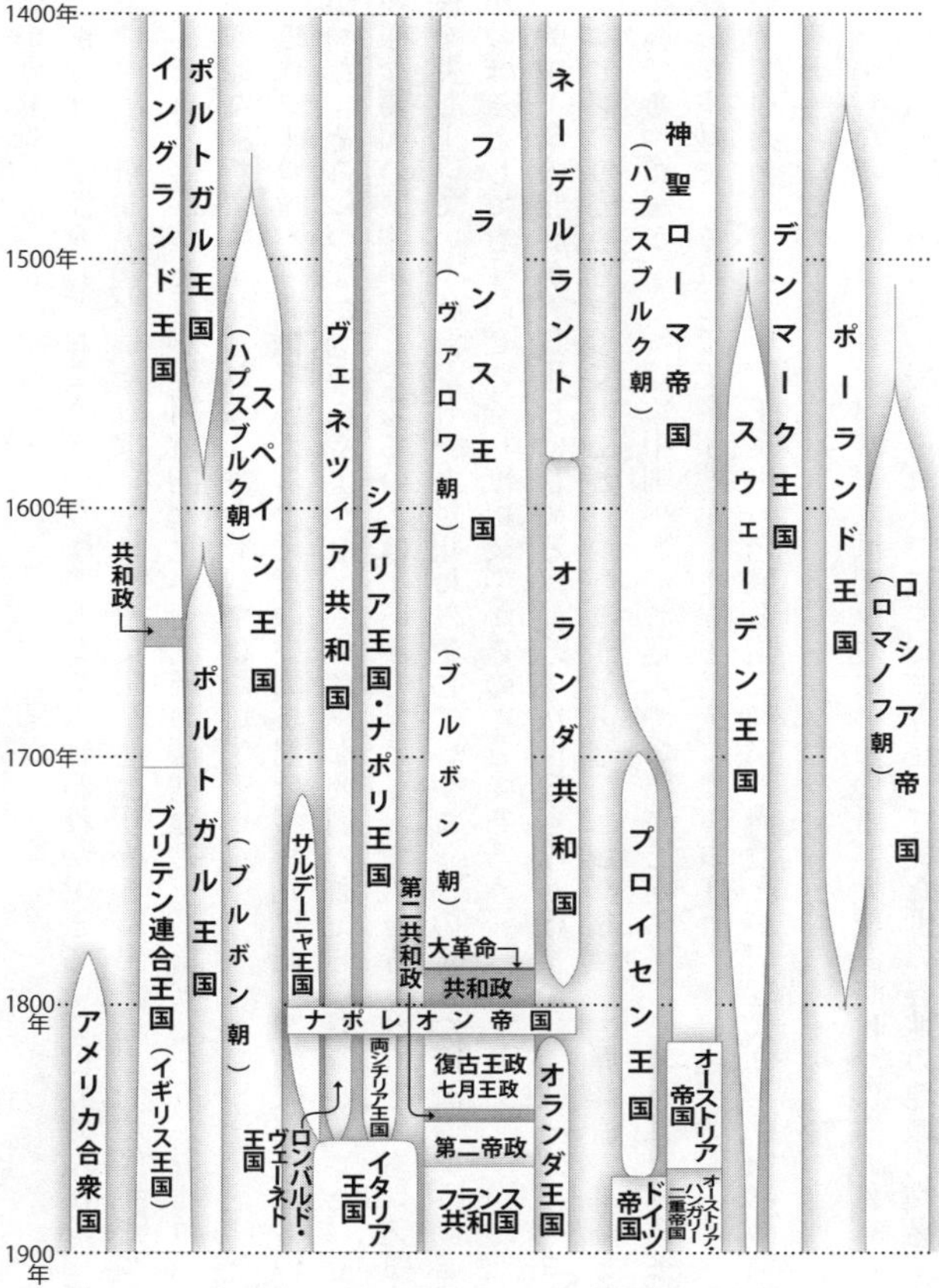

ヨーロッパ各国の興亡　（1400年〜1900年）

は分からない。

前提として注意しておこう。いうまでもなくわれわれが生きている世界の現在は、近代ヨーロッパの覇権が成立したのはヨーロッパ文明が他より抜きん出て進歩的で優秀だったからだ、であるとか、それが不可避的な世界史発展の法則なのだ、などという、ヨーロッパ中心主義的な解釈ですませられるような時代ではない。

近代ヨーロッパの覇権といえるような歴史的状況は、一九世紀に突然成立したものではなかった。そこにつながっていくような、さまざまな要因の歴史的な展開があった。それらの多様な要因の展開が、たとえていえば、同調しあうことで大きなうねりとでもいえるような波を押し上げていく状況が、一九世紀には生じていった。このような同調しあう動きは、さかのぼるとしてもせいぜい一八世紀後半からのことであろう。

機械工業の発展が実質化しはじめる以前の一八世紀もなかばまでは、経済的にもヨーロッパはアジアの後塵《こうじん》を拝していたといったほうが正確かもしれない。世界経済の基軸となる貴金属であった銀が、もっぱら中国へと流れ込んでいたことからも、それはうかがえる。農業経済が主軸で、それに手工業が連動している時代には、ヨーロッパは世界の動きの主導権を握っていたわけではない。工業化の発展と国民国家の構築とが、近代ヨーロッパの覇権を支える両輪となるのである。

しかしながら、ヨーロッパが一六世紀からのいわゆる「大航海時代」に海の外へと積極的に乗り出しはじめるなかで、それまでにすでに存在していた世界各地の地域内交易、地域間交易は、相互の結びつきを強めるようになっていく。地球世界の一体化、グローバル化への道のりはすでにここにはじまっていた。一九世紀や現代になって急に生じたものではない。「近代ヨーロッパの覇権」を歴史的にとらえるわれわれの旅路も、ここからはじめることにしよう。

第一章　グローバル化への先導

「大航海時代」とヨーロッパの海外膨張開始

ポルトガルのアジア交易参入

「東方の富」をめがけたヨーロッパ諸国による海外進出、その先駆けをなしたのが、イベリア半島の小国ポルトガルであったことは、よく知られているであろう。

中世においてイベリア半島は、北アフリカから攻めあがってきたイスラーム勢力の支配下にあった。これと対抗する動きは、すでにあの『ローランの歌』にもうたわれた、のちの大帝カールによる八世紀末からの遠征にみられたが、半島をみずからの支配下に取り戻そうとするキリスト教勢力の攻勢は、中世を通じて波状的に展開していった。のちにこの攻勢は、スペイン語でレコンキスタ、すなわち再征服と位置づけられることになる。あるいは十字軍の一環としてとらえられた。

ポルトガルは、一四世紀末までにはレコンキスタを完了して王国領土を確立する。しかし小国のポルトガルには、再征服において勲功のあった貴族にたいして、十分な見返りをあたえられるだけの領土的、経済的な余裕はなかった。さらにくわえて、再征服を海の向こうへといっそう前進させようとする、キリスト教世界拡大への志向もみられた。しかも半島に位置して海に開かれていたこの国に、すぐれた航海術や操船技術が蓄積されていたとしても不思議はない。一四一五年、北アフリカにあったイスラーム勢力の拠点セウタを攻略すると、「航海王子」といわれるエンリケに代表されるポルトガルの航海者たちは、一五世紀を通じてアフリカ西岸沿いに「東方の富」へと向かうルートを探求しつづけた。

のちから振り返れば、ヨーロッパにとっての「大航海時代」への幕開けが用意されていた。大航海時代という表現は冒険をイメージさせて、じつに大海原への悠揚《ゆうよう》としたロマンをさそう。しかし、一五世紀はじめにポルトガルがアフリカ西岸沿いに南下の航海を試みていたとき、すでに鄭和《ていわ》の率いる中国の大船団は、明の皇帝の命を受けて南シナ海からインド洋を越えて、はるばるアフリカ大陸東岸やアラビア半島にまで、大航海を展開していた。アジアにとっては、すでに大航海時代ははじまっていたことになる。

ヴァスコ・ダ・ガマ　喜望峰を回り、インド洋を横断した最初のヨーロッパ人だった

ポルトガルは冒険航海の延長上で、一四八八年にはバルトロメウ・ディアスがついにアフリカ大陸南端の喜望峰に到達し、九八年には、国王の命で派遣されたヴァスコ・ダ・ガマがその喜望峰を回りこんでマダガスカル島とのあいだを抜け、ムスリム（イスラーム教

徒）の水先案内をえてインド洋を横断した。ついにヨーロッパ人としてはじめて、海路でインド西岸のカリカットに到達したのであった。ムスリムの水先案内というのは、すでにインド洋には、東南アジアからインドを経てペルシア湾やアフリカ大陸東岸を結ぶ、大規模な交易の世界が存在していたからである。季節風を利用したインド洋交易は、その存在が紀元直後の古代ローマ帝国の時代から確認されている。ずいぶん古くからあったものだが、このヴァスコ・ダ・ガマの冒険航海のころにはインド洋交易は、ムスリムの商人と船乗りたちが活躍する世界となっていたのである。

このあとポルトガルは、一五一〇年には武力を背景にインド西岸のゴアを占領して総督府を置いた。アフリカ東岸のモザンビークやペルシア湾入り口のホルムズなどにも要塞を築き、この海域でのムスリム商人たちを規制して交易の主導権を握ろうとはかったのである。さらにインドから東に向かっては、一五一一年に香料交易の東の中心マラッカを占領して海上交通の要衝マラッカ海峡を押さえ、ついで香料の主産地であるモルッカ諸島をも支配下に置こうと動く。一五一七年には広州を足場に明代の中国との直接取引を開始し、五七年にはマカオに居留地を確保して対中国交易の拠点とした。この間に一五四三年に種子島に来航して鉄砲をもちこみ、やがて平戸における日本との交易やキリスト教布教に携わることになり、日本にもかかわりをもつようになる。彼らが手にした日本産の銀は、アジア内の交易において重要な位置を占めることになる。

ちょうどこのころ、東南アジアの海域を中心としたアジア内の交易は、現代オーストラリアの歴史家アンソニー・リードによって歴史上の「大交易の時代」と名づけられたような活況を呈していた。ポルトガルは、そのアジア交易の世界に参入して、それを支配しようと試みた。支配には成功しないものの、アジアから持ち帰った胡椒《こしょう》などの香料や宝石などは、ヨーロッパ内で転売されて大きな利益のもととなる。現在であればたかが胡椒であるが、生産できないヨーロッパにとっては、いまからすると想像できないほどの貴重品とされていた。ポルトガルの首都リスボンにある古い修道院の回廊の柱には、胡椒の木が彫刻されている。それほど印象的だった、ということであろうか。

リスボンのコメルシオ広場　海洋帝国ポルトガルの繁栄をしのばせる、川港に面した交易場

リスボンは、大西洋からテージョ川を一三キロほどさかのぼったところに位置する良港に面した町である。現在も立派な姿をみせているコメルシオ（交易、取引）広場が川港に向かって開かれている様相は、かつての海洋帝国をしのばせるものがある。かつては、大洋にじかに面した外港よりも、大型船の喫水を確保できる深さで川をさかのぼった内港をもつ町のほうが、外敵からも嵐からも身を守れる安全面で優位にあった。

リスボンの繁栄は、このあと決定的となるヨーロッパにとっての「繁栄中心の移動」の先駆けであった。中世をとおしてヨーロッパの遠隔地交易の中心は、地中海に面したイタリアの海港都市にあった。もちろん、このあとすぐにヴェネツィアやジェノヴァの繁栄がすたれてしまうわけではない。しかし、アジアと直接の海路で結ばれて大きな富を手にすることになったポルトガルとその首都リスボンの繁栄は、ヨーロッパにとっての遠隔地交易の中心が、大西洋に面した一帯へとシフトしはじめたことを意味していた。それは、新たな時代がはじまりつつあることを象徴する変化であった。

スペインによるアメリカ支配の開始

イベリア半島では、ポルトガルにやや遅れてスペインでも、再征服が終わろうとしていた。一四九二年、半島に残っていた最後のイスラーム勢力であるナスル朝が軍門にくだり、優雅なアルハンブラ宮殿を捨てて北アフリカへと逃れた。まさにその年に、新生国家スペインの女王イサベルは、ジェノヴァ出身の商人にして航海者コロンブスに資金を提供し、西回りでのインドへの海路を探索するよう冒険航海に送り出す。「東方の富」は、ここでも大きな力を発揮していた。

よく知られているように、困難な航海ののちに最初に到達した土地が、現在のバハマ諸島に位置するサン・サルバドル島である。もちろんはじめからこの名があったわけではない。「聖なる（サン）救世主（サルバドル）」という意味の名前があたえられたのである。コロンブスは、その後も三回の大西洋横断航海を成功させ、カリブ海の島々や中南米沿岸を探検し、植民地を開発しようとしているが、最後までここがインドであると信じていた。この地はインディアス、その住民はインディオ（インドの人）と名づけられた。ヨーロッパのさまざまな国から、冒険者たちが大西洋を渡って現地に入り、その後帰還することで、南北アメリカ世界の状況は次第にヨーロッパに知られるようになる。またヨーロッパによる命名も、各地で繰り返された。

スペイン国王の援助のもとで一五一九年に出発したマゼラン一行の船団は、大西洋を渡って南アメリカ大陸南端をぬけて太平洋に出て、それを東から西へと横断し、現在のフィリピン諸島に到達したのちインド洋を越え、アフリカ南端を回って一五二二年に帰還した。フィリピンとは、当時のスペイン皇太子フェリペにちなんだ命名であった。リーダーのマゼランが途中の戦闘で没したあとも航海を続行した船団の乗組員たちは、地球が球体であることをみずからの身体をもって実証した最初の人たちとなる。ほぼこのころから、スペインのアメリカ進出が本格化しはじめた。

コロンブス　女王イサベルの資金で最初に到達したのはサン・サルバドル島だった

スペインのアメリカ進出は、ポルトガルによるアジア進出と同様の側面と、また異なる側面とを、同時にあわせもっていた。東方の富にひきつけられたという動機、再征服を継続してキリスト教世界を海外へ広めようという意図、はじめから武力を背景とした軍事行動をともなう、力ずくによる進出、これらは共通する面で

征服者コルテス　アステカ帝国を滅ぼし、財宝を略奪した。『日本の博物館　第５巻』より

ある。しかしアメリカ世界には、アジアに匹敵するような経済、とりわけ海を媒介としたゆたかな交易は存在しなかった。スペインによる進出は、はじめは貴金属や財宝をねらう略奪経済の様相を示した。しかしもちろん、略奪経済では支配の持続はむずかしい。アメリカを「新しいスペイン」と位置づけたスペインによる支配は、じきに植民地経営による生産の組織化という方向を明確にするようになるという点で、ポルトガルのアジア進出とは明確に異なっていた。

アメリカにはエルドラド、黄金郷があるという幻想は、大いなる魔力を発したとみられている。はじめにコルテスが、メキシコの地にあったアステカ帝国を攻略して財宝の略奪に成功する。一五二一年のことである。一五三三年にはピサロがこれにならって、インカ帝国を征服した。つぎつぎと大西洋を渡ったコンキスタドーレス（征服者たち）にしてみれば、これはいのちを張った一攫千金《いっかくせんきん》の大冒険であった。しかし理由もなく攻撃されたものたちにとっては、たまったものではない。

こうした征服と略奪の一方で、当初のスペインによるアメリカ支配にはエンコミエンダ（委託）制という考え方がとられた。これは、征服者たちに現地住民のキリスト教化の使命

セビーリャの繁栄　「新大陸」との交易で栄えたセビーリャは、グァダルキビル川に川港をもち、中心部には12世紀のイスラーム時代に建てられたヒラルダの塔がそびえている

を託すかわりに、現地支配の権限を付与するというものであった。いわば統治を代行させる、という方式である。しかし実態においては、現地住民は農場開発や鉱山の開発経営のために酷使された。しかも現地にはそれまでなかった病気、天然痘やはしかがヨーロッパから持ち込まれたとみなされており、その流行のために人口は激減していった。いろいろな概算がなされているようであるが、一説ではスペイン支配の開始後一世紀のあいだに、中南米の先住民の人口は五〇〇〇万から四〇〇万にまで減少してしまったという。

その結果、労働力の不足を補塡《ほてん》するために導入されたのが、アフリカの住民を買い付けてきて奴隷として使用するという、人間を商品として売買する醜悪でひどい方式であった。この大西洋を越えてアメリカとアフリカとヨーロッパとを結びつけた奴隷交易は、その後一九世紀になって禁止されるまで、奴隷商人たちに巨大な富をもたらしたのである。

スペインとアメリカとを結ぶ船団が拠点にしたイベリア半島の港は繁栄した。とくにその重要な中心地となったセビーリャは、ここもまたリスボン同様に川港であった。

「幻想の東洋」の吸引力

ポルトガルやスペインに海外展開をうながした重要な動機が、キリスト教勢力による再征服の延長であり、「東方の富」への欲望であることに、すでに何回か言及してきた。この一見結びつきそうもない一方の宗教的動機と、他方の現世的で経済的な動機は、しかし当時にあっては表裏一体に重なっていたようである。いいかえれば、この東方に存在するという富は、たんなる金品のゆたかさや商業利益の追求のみをいうものではなかったようなのである。

いまからかなり以前のことになるが、東洋学者の彌永信美《いやながのぶみ》さんが『幻想の東洋――オリエンタリズムの系譜』という、多くの史料を博捜した、たいへん興味深い重要な仕事を公刊してくれている。この本は私に多くのことを教えてくれた。中世のヨーロッパにとって、いずこかの東方にあると想像されたゆたかな地インドとは、いまわれわれが頭に想いうかべる南アジアの亜大陸インドとは、まったく異なる存在であった。このことは、地理上の認識が限定されていた時代を想定すれば、容易に理解できる。しかしまたかつてそこは、祭司ヨーハンネースが治める強大なキリスト教国として、いずれヨーロッパ世界と力をあわせて世界全体のキリスト教化を実現するべき存在であった。あるいは地の果ての約束の地、「乳と蜜とが流れる」インド帝国は、神学上なくてはならない存在なのであった。そう想定されていたという。英語でいうプレスター・ジョン、ポルトガル語のプレステ・ジョアン、それが祭司ヨーハンネースである。

ポルトガルが大海原へと探索の航海を開始したころ、想像力たくましく祭司ヨーハンネースをめぐるさまざまな物語が、まことしやかにつむぎだされる一方で、現実においても、地中海から紅海にかけてのイタリア商人とムスリム商人とを主要な担い手とする交易は、東方の地からのゆたかな物産をヨーロッパ世界へともたらすようになっていた。彌永さんから引用させてもらう。

エルサレムとインドと——至上の聖性と無限の富と——が、ここでも複雑な政治・経済・神学的な方程式を通して結びつけられる。そうして、この文脈の中で、再び幻の祭司ヨーハンネースの影が人々の心を把えはじめたとしても、不思議ではないだろう。イスラームによる中間搾取を経ないで、無尽蔵の財宝を秘めるインドと直接取り引きすること、そしてそのインドを治めるキリスト教帝王、祭司ヨーハンネースと手を結び、イスラームをはさみうちにすることが、中世後期のラテン世界の基本的な世界戦略であり、それによってエルサレムの最終的な奪回という窮極の目的が達せられるはずだった。そのための第一の急務は、まずその「インド」を探し当てることだった。

というのである。

アフリカ南端の岬が、悪天候に悩まされたディアスによって嵐の岬と名づけられたにもかかわらず、のちに喜望峰と命名されたのは、「プレステ・ジョアンの国への通路の入り口に達したという喜びと希望を表明するものであった」という。あまりに欲得ずくの実利的な計算が表に立つ現代であっても、人の想像力が喚起するイメージが判断を左右するということは、しばしば経験され、宣伝などではそれすらもが計算の対象になっている。かつては現実と幻想との境域は、さらに明確ならざるものがあった。一六世紀を中心としてその前後は、ヨーロッパ各地で魔女狩りの嵐が吹き荒れ、その時代の代表的な学者たちもが錬金術に関心を寄せ、悪魔学に熱心であった、そういう時代だったのである。

アフリカ西岸沿いに南下してインドへの道を探る、という行為は、現代において世界の地理的関係を理解しているものからすれば、いかにも突拍子がないものにみえるかもしれない。しかしそもそも当時のヨーロッパ人におけるインドは、現在われわれがいうインドではなかった、ということは、いま述べたとおりである。ガマの一行はカリカットで、現地の人たちからなにしに来たのだと問われ、「キリスト教徒と香料を探しに来た」と答えた。そのガマにポルトガル国王は、現地の王への親書と同時に、プレステ・ジョアンへの親書をも託していたという。

コロンブスにしてもまた、自分が金持ちになりたいと、黄金に目がくらんで欲得ずくの冒険航海に乗り出したわけではなかった。彼は航海日誌や書簡のなかで、宗教的な言説や神学上の世界観にしきりに言及している。なるほど、コロンブスは「地上の楽園」、インディアスの地に見出した富、黄金を、聖地エルサレムの奪還のために捧げられるべきものと真剣に構想していただけに、結局は失意のどん底で他界せざるをえなかったのである。ただ現世的にみるならば、インディアスの地における彼の植民地経営の試みは失敗に終わった、というにすぎないのだが。

「大航海時代」の世界史的評価

アメリカ産の銀とグローバル化のはじまり

スペインによるアメリカ大陸の支配は、現在のメキシコであるとか、ボリビア西部の高山地帯に位置するポトシにおいて、たいへんな産出量をもたらす銀山が開発されたことで、大きな転換を迎えた。一六世紀なかばのことである。とりわけポトシ銀山からの銀の産出は、ヨーロッパ政治や世界経済の動きにたいへん大きな変化をもたらした。銀山の存在は、インカ帝国などの現地の支配者によってすでに知られていたのであったが、その大量の銀生産は、スペインからの入植者たちの到来をもって本格化した。

ポトシは、四〇〇〇メートル近い高山にあるにもかかわらず、一五七〇年には一五万の人口をかかえる町となった。いうまでもなく大多数は、インディオをはじめ鉱山労働に従事する者たちである。支配するスペインにとって宝の山となった銀山は、しかしインディオの労働者たちにとっては地獄の入り口であった。すでに触れた疫病の流行だけでなく、事故はもちろん、銀の精製に使用されるようになった水銀もまた彼らの健康を蝕んだとみなされている。現地住民の大量死とアフリカからの奴隷導入については、すでに触れたとおりである。

スペインに直送されたアメリカからの大量の銀は、ヨーロッパ内で価格革命といわれる物価上昇の状況を引き起こす要因となったといわれている。これには異論もあるが、ヨーロッパ全体を支配下に置くキリスト教帝国の復興を夢見たスペイン国王たちが、戦争に明け暮れ、武器の調達のために、あるいは戦費をまかなうために、諸国の武器商人や銀行家への支払いに大量の銀を用いたことは、たしかである。大量の銀の入手にもかかわらず、スペインの国家財政はつねに火の車であった。スペインによる帝国復興の夢はついえる。それは、古代的な帝国でもなく中世的な封建国家群の上に立つ権威でもない、明確な国家領域を持った主権国家群が主導する時代へとシフトしていく状況を、明確にする。この点については、もうすこし先で考えたい。

銀をめぐる展開は、それだけではなかった。ヨーロッパに入った銀は、そこからさらにアジアとの交易や伝道活動の資金としても用いられた。そればかりか、メキシコ太平洋岸の港町アカプルコから積み出された銀は、ガレオン船でダイレクトに太平洋を東から西へと横断して運ばれ、一六世紀末にスペイン領植民地が形成されたフィリピンのマニラに搬入された。そこで中国の物産との取引に用いられたのである。ヨーロッパ世界では、胡椒などの香料や宝石類だけでなく、中国産の絹織物や陶磁器が、インドの高級な綿織物と並んで高く評価されていた。アメリカ世界でも、中国産の絹織物が、支配階層の女性たちの好みの物となる状態が生み出される。

この時代には、ヨーロッパから積極的に売りに出せるような商品価値の高い物産は、まだほとんどなかった。あえていえば毛織物とか高級な工芸品のたぐい、あるいは毛皮、北欧からの木材、といったところであろうが、いずれも遠隔地を結ぶ交易で大量に扱われるには限界があった。したがって銀は、ヨーロッパの対外交易にとってきわめて価値の高いものだったといわなければならない。ヨーロッパ内でも銀は産出された。アウクスブルクのフッガー家は、南ドイツの銀山を経営することで財をなした有名な例であろう。しかしアメリカ産の銀は、その量において圧倒的であった。

ポトシ銀山　ボリビアの高山に、銀採掘のためインディオなど鉱山労働者が15万人集められた

銀が世界を駆けめぐり、経済における世界の一体的な連動が促進された。大量の銀供給を実現したスペインのアメリカ支配は、いわばその一体的な連動への触媒のような役割を果たしたといってもよい。現代に向かってのグローバル化のはじまり、で

ある。しかしそのなかで、スペインはじめヨーロッパ諸国の側は、まだ主導権をもっていたわけではなかった。その点には注意しておこう。むしろ、大量に交換可能な商品を生産できた中国とインドを核としたアジア交易圏にこそ、世界経済の中心があり、ヨーロッパの位置はまだ周辺にあったとみたほうが正確であろう。

植民地経営と奴隷労働

アジアに進出したポルトガルは、領域支配によって生産を組織化するよりも、複数の地域世界を結んで展開していた海上の交易ルートを押さえることで、その交易を独占的に支配しようと試みた。一種の海洋帝国の形成である。それにたいしてスペインによるアメリカ支配は、その当初から土地と住民の全体、すなわち領域を支配すること、そこをキリスト教世界に組み込むことをねらいとしていた。

しかしポルトガルも、アメリカで確保したブラジルではスペイン同様の道をたどった。ようするに、当時としては高い生産性を示す農業や手工業をもっていたアジアでは、既存の交易に参入して支配を試み、そうではなかったアメリカでは、みずから生産を組織して交易に結びつけようとした、ということである。スペインもまた、アジアにおいては既存の交易に乗っかっただけであった。アメリカにおけるスペインとポルトガルは、ヨーロッパで最初の植民地帝国の形成を選択した、といってよい。

アメリカのスペイン植民地では、一七世紀になると鉱山経営だけでなく、大土地所有者による大農場経営がひろまっていく。大農場、すなわちプランテーションの多くでは、輸出用の商品作物が栽培されるようになる。サトウキビ、コーヒー、タバコ、藍、そして綿花などである。労働力を供給したのは、あらかじめ負債を負って自由を拘束された債務労働者（ペオン）や、アフリカから商品として売買され導入された奴隷たちであった。

奴隷労働を用いたという点では、ブラジルを植民地としたポルトガルのほうが先行していた。ポルトガルはまだアフリカ西岸沿いにアジア航路を探求しているころから、その一帯の島々を領有してサトウキビ栽培をはじめるにあたって、アフリカ人の奴隷を使用したプランテーション経営をおこなっていたのである。この方式は、新たにブラジルで開始されたサトウキビ栽培のプランテーションでも、採用された。現地では農場の労働力を調達できず、さりとてポルトガル本国から労働力を入植させることもできなかった結果として、依拠したのが、アフリカからの奴隷の導入だったのである。スペインが一時ポルトガルを併合した一六世紀末ころには、そのような方式がブラジルのプランテーションでは一般化していたとみなされている。この時期に奴隷を売買したのは、ポルトガル自身やオランダの商人たちであった。

奴隷売買を含む二つの三角貿易

その後のヨーロッパにおける砂糖需要の拡大を受けて、サトウキビのプランテーション経営にもとづく砂糖生産は、ひろまっていった。カリブ海域では、イギリスが一七世紀なかばにはバルバドスでプランテーション経営による砂糖生産を本格化し、スペインからジャマイカ島を奪うとその生産はいよいよ拡大していった。フランスもまた、マルティニックにはじまってアンティル諸島で同様の展開を示した。一七世紀末から一八世紀には、イギリスやフランスの本国に輸出された砂糖は、プランテーションの経営者に莫大な利益をもたらした。彼らはしばしばみずからは本国に戻り、「砂糖王」として権勢を誇示し、不在地主化した。

かわりに疲弊したのは、酷使された労働者や奴隷であり、また現地の自然環境であった。森林を切り開いて開発された大規模な農場におけるサトウキビの連作は、地力を逓減《ていげん》させ、砂糖精製のための燃料として木材をえるために、さらに森林は切り開かれていった。破壊された環境は、復元されることはなかった。

プランテーションでの労働力としてアフリカからアメリカに連れてこられた成人奴隷の数は、一九世紀になって奴隷売買が禁止されるまでに、九〇〇万余とも千数百万とも見積もられている。三世紀ほどのあいだに大西洋世界をもっとも多く移動したのは、彼ら肌の黒いアフリカの人びとであった。自由を奪われた強制移住である。はじめのうちはポルトガルやオランダの奴隷商人たちが、つづいてフランスや、なによりイギリスの奴隷商人たちが、毎年多くの奴隷をアフリカで現地の支配者や商人から買い付け、アメリカのプランターへと売却して利益を上げていた。

一七世紀から一八世紀には、二つの三角貿易が大西洋世界に緊密な経済ネットワークを発展させるようになる。ひとつは、ヨーロッパとアフリカとアメリカとを結ぶものであった。

すなわち、イギリスやフランスからは雑多な工業製品や銃などの武器、あるいはインドから輸入された綿製品などがアフリカに輸出され、そこで買い付けられた奴隷がアメリカに運ばれて売却され、アメリカからは砂糖やタバコ、木材、そして一八世紀も進むと綿花が買い付けられ、ヨーロッパへと輸出された。もうひとつの三角貿易は、アメリカ世界内部とアフリカのもので、北アメリカのイギリス植民地からラム酒がアフリカに売却されて奴隷の買い付けに使われ、奴隷はカリブ海域のプランテーションへと売却され、そこからは、砂糖精製の過程で出る糖蜜がイギリス植民地に売られて、さらにラム酒の生産に使用される。こういう三角関係のネットワークであった。

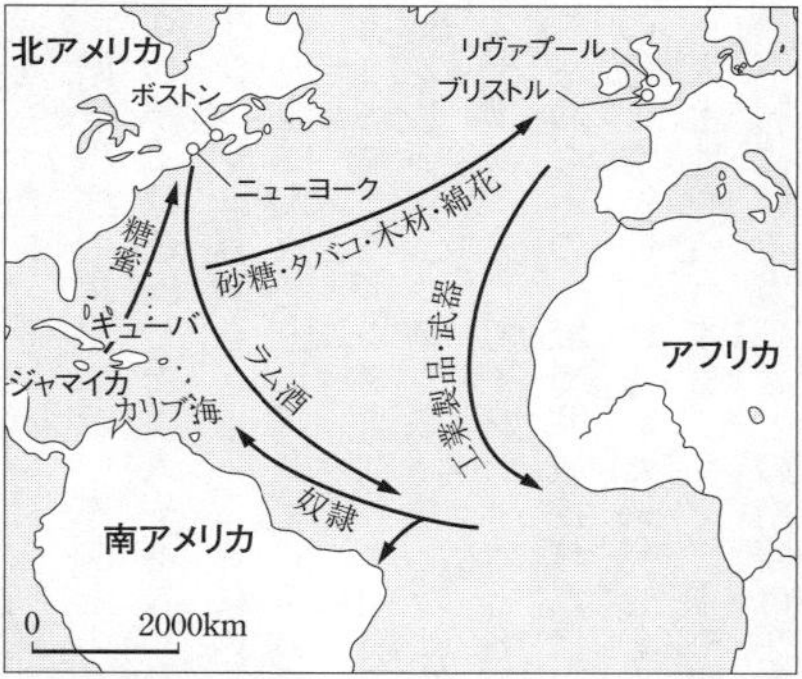

大西洋の三角貿易

ヨーロッパ対外進出の不幸な船出

もちろん今日から振り返ればじつに許しがたいことなのであるが、大西洋をはさんで成立した三角ネットワークでは、商品としての奴隷は不可欠であった。この奴隷売買は、みずから奴隷狩りをして商品化した現地アフリカの諸国家にも大いなるひずみをあたえたのではないかと思われるが、輸入したアメリカ植民地社会にも、奴隷を底辺とする厳しい階層差をもった身分制に近い社会構造をあたえることになった。

階層秩序の頂上には、本国とのあいだを往来するヨーロッパ人たちが少数ながらいた。彼らの多くは赴任した役人や軍人、あるいは聖職者や商人であった。不在地主化したプランテーション経営者なども、ここにいれるほうがよいであろう。ついで、ヨーロッパ出身であるが現地に入植定住し、後継世代が現地で生まれるようになった白人たち、スペイン語でクリオーリョ、フランス語でクレオール、と呼ばれる人びとがいた。現地の社会や経済、あるいは文化で中心になっていったのは彼らである。その下に彼ら白人と先住民との混血であるメスティソ、そしてインディオと名づけられた先住民、白人と黒人との混血ムラート、奴隷からなんらかの手段で解放された自由黒人、そして最下位に黒人奴隷、おおまかにいって、肌の色とも結びつけられた偏見をともなう厳しい階層秩序が、形成されていったのである。

大土地を所有するプランターや貿易商としてゆたかに富を蓄えた本国人やクレオールと、最下層にいる人びととの格差は想像を絶するものであり、このような貧富の格差は、一九世紀前半にクレオール層が中心になって独立を達成するなかでも、温存されていった。ラテンアメリカ社会に現在でも存続するすさまじいまでの格差の、歴史的な淵源といってよい。

ヨーロッパの対外進出は、アメリカ大陸の開発をめぐる奴隷売買のような、最悪の商業行為を大規模に発展させたが、アジアでもその当初から問題をはらんでいた。ゆたかなアジア交易の世界に参入を図ったポルトガルの動きは、決して平和裏に商取引を持ちかけたばかりではなかった。その商船は大砲を備えて武装しており、これは自衛のためというよりも、はじめから武器による脅しを含むものであった。この点でもポルトガルは、その他のヨーロッパ諸国の先駆けとなった。

比較的せまい地域に多くの国がひしめきあって対抗していたヨーロッパでは、国家間の調整技術が外交使節の相互派遣のようなかたちで進みはじめる。のちにみるように、主権国家同士のインターステイトシステムが一六世紀から一七世紀にかけて形成されていくのである。しかしその一方では、頻発する武力衝突に備えた武器製造の技術開発も進められていった。とりわけ火砲製造や要塞構築の技術は、ポルトガルやスペインが海外進出を本格化したころには、武力の点でヨーロッパに、非ヨーロッパ世界にたいする圧倒的有利な地位をあたえはじめていた。

大砲の製造　ポルトガルやスペインは圧倒的な武力でアジアやアメリカに進出した。*Une histoire de la Renaissance*より

圧倒的な武力を背景に商取引を迫るポルトガルの方式は、一種の大砲外交のような性格を、はじめから備えていたといわなければならない。ポルトガルに限らず、この時代にヨーロッパは、アジアに大量に売り込めるだけの価値ある物産を、有してはいなかった。であればこそ、アメリカ産の銀が大きな意味をもち、アジアの域内交易においては日本産の銀もまた、ヨーロッパにとって大きな意味をもった。

たしかにポルトガルやスペインが先頭を切って動きはじめたヨーロッパの対外進出は、軍事侵略や略奪だけではなかった。正当な商業活動、農業や鉱業の開発、そしてキリスト教を基盤とする文明の伝播を同時に含んでいるものであった。しかしそのいずれもが、相手側の事情や状況はほとんど斟酌《しんしゃく》しない、むしろ、しばしばそこに破壊をもたらして省みない、きわめて手前勝手なものが多かったといわれても、反論はむずかしいであろう。もちろん歴史上、こうした自己中心的な対外関係の押し付けともいえるような展開は、なにもこの時代のヨーロッパに限ったことではなかった。したがって、いわゆる大航海時代のヨーロッパによる外部世界への展開を「不幸な船出」というのは、歴史をさかのぼってヨーロッパ攻撃をするためではない。むしろ、現在にいたるまで植民地支配のつけを払いつづけざるをえないヨーロッパ自身にとっても、この船出は不幸なものだったといわなければならないのである。

仁義なき貿易戦争の時代

新興国オランダの急追

ポルトガルとスペインが海外展開によって大きな経済的利益を上げているのを、ヨーロッパのほかの近隣諸国がただのんびりと眺めているわけはなかった。オランダ、イギリス、フランスが、こうした動きに参入を開始するのに時間はかからなかった。現代の価値基準からすればとうてい許されない行為であるが、当初においては、貴金属や財宝を積んでアメリカから本国へと向かっているスペイン船団を襲撃して略奪する、といった私掠船《しりゃくせん》による海賊行為も、国家の利益の名において賞賛されるありさまであった。しかし、ヨーロッパ内における主権国家体制が確立していくに応じて、世界的な経済覇権をめぐる争いは、国家間の抗争という性格を強くしていく。

ポルトガルとスペインによる海外進出の成功は、ヨーロッパにおける遠隔地交易の中心をイタリアと地中海から大西洋岸へとシフトさせた。現在のベルギーからオランダにかけての一帯は、海抜すれすれの地域ということから低地地帯（ロウ・カントリーズ）と呼ばれる。その港町のひとつアントワープ（アントウェルペン）も、一六世紀後半にはたいへんな活況を呈するようになっていた。ところが、この時代にはスペインの支配下にあった低地地帯の一部で、独立運動が開始された。一五八一年にはオランダ（ネーデルラント）が独立を宣言し、これをつぶそうとするスペインと戦争がはじまる。オランダとは羊毛取引で深い関係になっていたイギリスが、カトリックのスペインにたいしておなじプロテスタント系であるということもあって、オランダの独立戦争を支援する側に立った。

こういう宗教改革がらみのややこしい国際情勢のなかで、オランダは結局独立を達成する。独立戦争にともなう破壊で打撃を受けたアントワープに代わって、新生オランダの首都アムステルダムが、交易と金融の中心として浮上する。アムステルダムも、はりめぐらされた運河が都市空間を形づくっている港町であった。

オランダが国際政治のうえで独立を承認されるのは、一六四八年に終結した三十年戦争の講和条約（ウェストファリア条約）によってであったが、一六世紀末には実質的に独立を達成していた。このころのオランダの人口は、わずかに二〇〇万人程度とみなされているが、早くから漁業が栄えており、造船術にも航海術にもすぐれた力を蓄積していた。オランダの商人は、リスボンで胡椒を買い付けてヨーロッパで転売する商業にも、すでに積極的にかかわっていた。そのオランダの商人たちは、スペインから独立した新興国の勢いとでもいえるであろう、アジアとの交易そのものに乗り出していく。

そのために彼らが出資しあって設立したのが、東インド会社という、一種の株式会社の先駆けであった。イギリス東インド会社設立に後れること二年、一六〇二年のことである。設立や営業の自由を前提とした近代市場経済における会社組織とはちがって、東インド会社は国家によって特権を付与された会社であった。対外交易活動における独占だけでなく、その特権のなかには条約締結や武力行使にかんするものすら含まれていた。

特権をあたえられたオランダ東インド会社は、一七世紀のはじめには、アジアにおいてポルトガルがもっていた権益の多くを切り崩すことに成功した。ジャワ島のバンテン王国から一六〇九年、オランダはバタヴィア、すなわちのちのジャカルタの地を借用し、その港を拠点としてモルッカ諸島を制圧し、香料の交易に本格的に参入する。オランダは、おなじように交易への参入を図るイギリス商人の動きを、一六二三年にはモルッカ諸島のアンボイナ島で武力をもって排除した。武装勢力としてのオランダ東インド会社の勢いがうかがえる出来事であったが、結果としてイギリスは東南アジアにおける香料をあきらめ、インドに主力を注ぐことになる。これは、一八世紀以降におけるインドの重要性を考えると、意図的ではなく結果的なものであったとはいえ、イギリスにとってはきわめて大きな方向転換であったといえよう。

オランダは、ポルトガルが押さえてきたヨーロッパ向けの胡椒交易を支配するようになるが、他方では、台湾にも一時的ながら拠点を築くなど、アジア域内での仲介貿易にも力を注いだ。鎖国時代の日本の長崎で、出島貿易に携わるようになったのは、このような脈絡においてである。ところが、「大交易時代」といわれるアジア域内での活発な交易活動にも、陰りがみえてくる。一七世紀なかばにもなってくると、日本では鎖国体制によって、貿易や情報流通の国家管理体制が強化された。アジアの大国である中国でも、清朝による統制強化が進められた。こうした動きは、収縮期にはいっていた世界経済をいっそう抑制する方向に作用したと思われる。

他方、ヨーロッパ市場での胡椒価格が暴落した。過剰供給が原因とみられる。こうした経済局面に加えて、インドに軸を移していたイギリスが、オランダの制海権を本格的に脅かすようになり、フランスもまたインドへの関心を高めて、アジア進出を本格

オランダ人のアジアへの航海　1595年、オランダ船の東インドへの最初の航海で、ジャワ人に奇襲されるアムステルダム号。ハウトマンほか『東インド諸島への航海』（渋沢元則訳、岩波書店）より

的にねらうようになってくる。一七世紀後半には、オランダはイギリスと三次にわたる戦争を繰り返し、その結果、アメリカにおける権益をほとんどイギリスに譲り渡すことになった。オランダはまた、南部フランドル地方を手に入れたいルイ一四世によって仕掛けられたフランスからの戦争にも、対応をよぎなくされた。

こうした覇権抗争の多極化のなかで、一八世紀にはオランダは、アジアにおける路線転換を図ることになる。東南アジア支配の拠点を置いていたジャワ島を中心にして、本格的な植民地経営の方式へと向かうのである。ところによっては水田がつぶされて、より収益のあがる砂糖生産に転換された。一九世紀には強制的な栽培制度を導入して、サトウキビのプランテーションやコーヒー・プランテーションが、本格的に大規模経営されるようになっていく。太平洋戦争で日本軍が進駐するまで、ジャワ島を中心にしたオランダ領東インドの植民地経営は継続していくのである。

イギリス、フランスの大西洋世界への進出

オランダ、イギリス、フランスは、一七世紀になると、スペイン支配の及んでいなかったカリブ海の島々や北アメリカに、きそって進出を図るようになった。ここではいずれも、スペインの先例にならって当初から植民地経営がねらいであった。アジアでは、はじめオランダがイギリスを抑えるかたちになったが、ここでは形勢は逆である。

独立戦争ではスペインとの関係からオランダを支持したイギリスは、オランダが競争相手

になるに及んで、まず航海法の制定というかたちで牽制を開始した。最初の航海法は、一六五一年、クロムウェル政権のもとで制定され、のちに何回となく改正されていったが、ねらいの基本は、イギリスが輸出入する商品の売買や運搬から、仲介貿易や海運で利を上げていたオランダを排除して自国船を優遇しよう、というものであった。

この時期から、海外交易において自国産業を優先的に保護して、経済覇権抗争に勝ち残ろうとする政策がとられるようになっていく。航海法のような海運をめぐる保護規制もあれば、高関税などで自国の製造業を保護して、優先的に輸出産業を育成しようとする政策もあった。これらの政策は、やがて一九世紀から振り返って、重商主義政策と呼ばれるようになるものである。

オランダにたいするイギリスの攻撃は、北海における海戦だけでなく、北アメリカでも勃発した。ハドソン川の河口、いまのマンハッタン島の先端に、オランダは北アメリカ進出のための砦の町ニューアムステルダムを築いていた。そこをイギリスは、武力で奪取したのである。すでに活動をはじめていたオランダ商人たちは、無駄な抵抗をせず、商業活動の保障という実利のほうを選択した。ニューアムステルダムはイギリス領となり、ニューヨークと改称された。一六六四年のことである。現在ではニューヨークのウォール街は世界の金融界を左右する中心となっているが、その名前は、オランダ時代の砦の壁（ウォール）がそこにあったことに由来している。

イギリスは、北アメリカの東海岸において、このニューヨークからさらに北のマサチュー

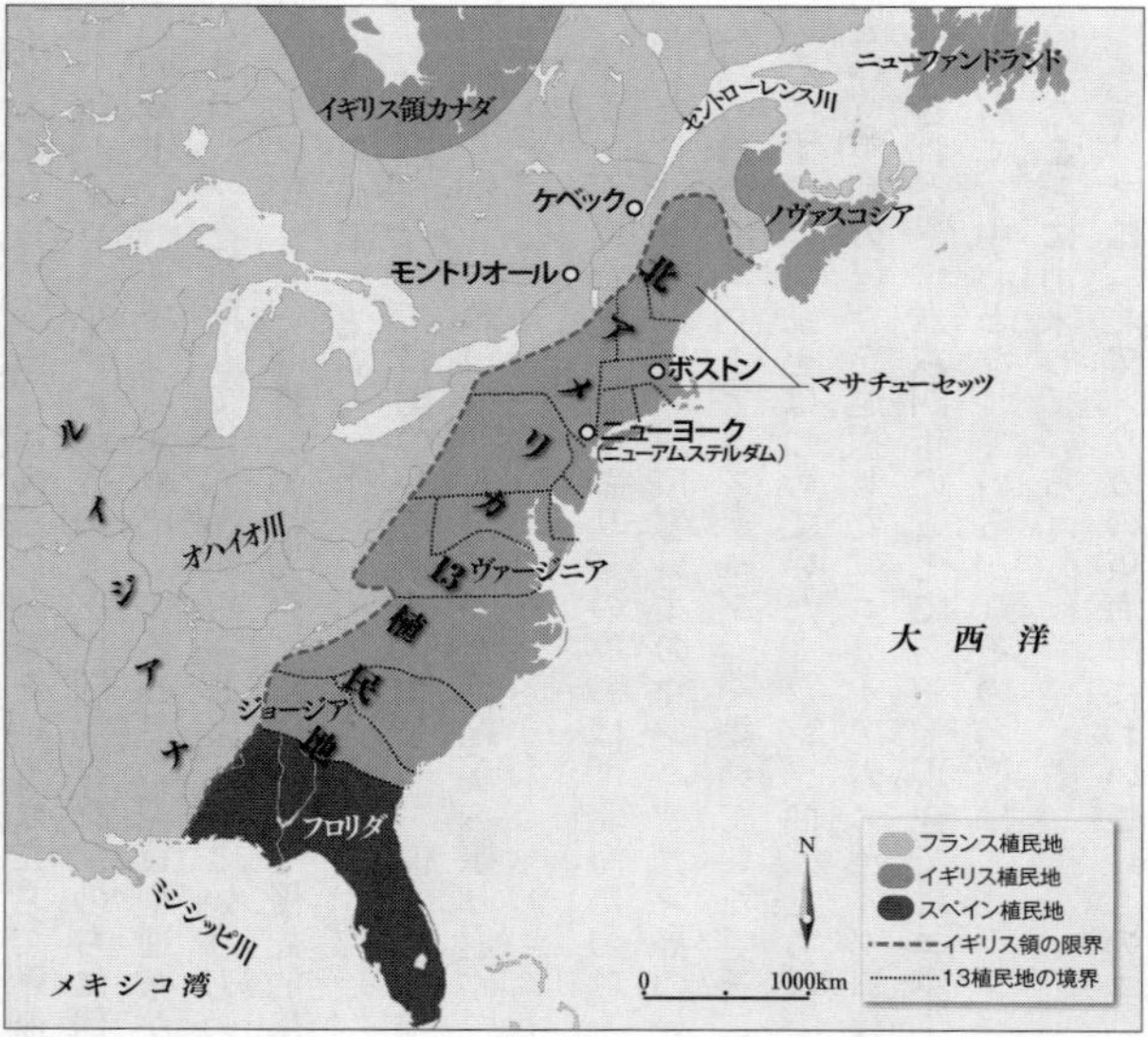

北アメリカ東部の植民地　1750年ごろ

セッツにかけて、南はヴァージニアを経てジョージアにいたるまで、一三の植民地を建設していくことになる。周知のように、この一三植民地こそが、のちにアメリカ合衆国誕生の核になっていく。

こうしたイギリスの展開にたいしてフランスは、さらに北方の、現在のカナダ東岸から進出をはじめた。アンリ四世の時代に、セントローレンス川の河口に位置するケベックに拠点を設けると、ついでルイ一三世、ルイ一四世の時代には五大湖方面へと勢力を伸ばし、植民と伝道の活動を広げていった。ケベックが現在にいたるまでフランス語を主要言語としているのは、ここに基点がある。さらにミシシッピ川に沿って南下したフランスは、この一帯をルイジアナ、すなわち国王ルイの土地、と名づけたのである。

イギリスやフランスの展開は、ノーマンズランドでなされたわけではない。ときに先住民からただ同然で買い取り、あるいは抵抗する場合には武力で排除して進められたものであった。当初においては、住み分けがなされていたかにみえたイギリスとフランスの北アメリカ進出は、一八世紀になると直接的な武力衝突が起こるようになる。

他方また目を転じると、イギリスもフランスも、スペイン支配が及んでいなかった、あるいは弱かったカリブ諸島のうちに、支配領域をふやしていった。すでに述べたように、その当初からこれらの地では、奴隷労働を用いながら、おりから重要な輸出産物となってきた砂糖を生産するための大規模なサトウキビ・プランテーションが、開発されていったのである。

イギリスとフランスの覇権抗争

一七世紀末から一八世紀になると、国際的な経済覇権をめぐる争いの中核は、イギリスとフランスの対立関係にシフトする。もともと両国は、狭い海峡をはさんだ隣国同士でありながら、遠い国であった。中世末のいわゆる百年戦争以来、両国の対立はヨーロッパ政治における重要な対抗軸でありつづけた。この時期に、その対立の重要な焦点となったのは、アジアではインドへの介入をめぐる、北アメリカでは植民地展開をめぐる、対立であった。

インドの綿織物は、もともとアジアの域内交易における重要な国際商品であったが、アジアとヨーロッパとの交易が大西洋交易ともリンクするようになると、その価値はますます高まった。ヨーロッパでは、毛織物以外に麻織物、とりわけ亜麻の織物はできたが、商品となるような綿織物はまだ生産できなかった。いやむしろ、インド産に示された高品質の綿織物への欲望こそが、イギリスを先頭にした機械生産への工夫、産業革命を促したといってよいかもしれない。

イギリス東インド会社はボンベイやマドラス、カルカッタを拠点に、インドへの介入の強化を追求していた。フランス東インド会社は、ポンディシェリやシャンデルナゴルに拠点を置いた。両国とも、商業利益の追求から一歩踏みだして、国際商品である綿織物の生産地を掌握し、生産・商品輸送・販売を全体として支配下に置こうとしはじめていた。しかし一八世紀の段階では、いずれも、まだそれを実現する力はなかった。

一八世紀前半からなかばにかけてのヨーロッパでは、主権国家の領域拡大や、国家権力の正統性や主導権の強化をめぐって戦争が繰り返された。そこでも、つねにイギリスとフランスは対立しあったが、それらの戦争はヨーロッパ内だけではなく、きまってインドとアメリカにも飛び火した。

ヨーロッパで一七五六年から六三年まで戦われた七年戦争にさいして、インドではイギリス東インド会社の軍勢が国軍の支援のもとに、フランスが地元のベンガル太守と結んだ連合軍に勝利した。その結果、イギリスはベンガル地方における支配圏を確保した。これが、やがてインド全域をイギリスの帝国支配のもとに組み込んでいくうえで、大きな転機となった。

北アメリカでも同様に、イギリスは有利に戦闘を進め、七年戦争に決着をつけたパリ条約で、フランスからカナダ全域と、ミシシッピ川より東側の地域を譲渡させ、スペインからはフロリダを獲得したのであった。北アメリカ東海岸におけるイギリスの支配は、ここに確立したかにみえた。

イギリスのアメリカ支配　1763年、パリ条約後

こうしてイギリスは、度重なる戦争が財政的な重荷になりながらも、世界の経済覇権抗争において決定的に有利な位置を占めはじめる。他方フランスは、宿敵イギリスにたいする敵愾心《てきがいしん》をいっそう強めた。北アメリカのイギリス一三植民地が独立戦争を開始したとき、王政のフランスは、反旗を翻した植民地側の独立を支援して軍隊を派遣する。フランス王政による独立派支援は、この対イギリス政策を抜きにしては理解できない。また一九世紀はじめにナポレオンが出した大陸封鎖の

指令は、イギリスに対抗するためにヨーロッパ全域の経済ブロック化を追求するものとなる。

アメリカ合衆国の独立については別の章で取りあげる。独立したことで、当然ながらアメリカ合衆国はイギリスとは別個の国になる。その後も、アメリカはイギリスとしばしば利害が衝突するのであるが、しかしイギリスがアメリカに残した遺産には、無視しがたいものがあった。独立の時点で、すでにほぼ二〇〇年近くにわたって、本国から多くの人びとが入植して成立していた社会は、共通の言語をはじめとして一種の文明の共有を実現していた、と考えられるからである。イギリスは、どうしようもなく対立が悪化してしまうまえに独立を認めることで、将来を有利なものにしたといえるであろう。現在にいたるアングロアメリカの絆の強さの、遠因といえるのではなかろうか。

第二章　近世ヨーロッパの政治と文化

主権国家と王政

「近代」という時代区分

本書のタイトルともなっている「近代ヨーロッパの覇権」といった場合、ヨーロッパにくっついている形容詞でもあり名詞でもあるような「近代」という表現は、どのように考えればよいのであろうか。二一世紀を生きているわれわれには、近代とか近代的といった表現は、すでになじみ深いものではある。しかし、それらの表現を、はたしてどのような内容においてとらえればよいのか、いざそう問われてみると、答の輪郭はいまひとつはっきりしなくなるのではなかろうか。近代ヨーロッパとはなんであったのか、というのが、そもそもこの本のテーマなのだ、といって居直ってしまってもよいようなものであるが、それも落ち着きが悪いので、すこし立ち止まって考えてみたい。

じつはヨーロッパにおいても、各国の歴史認識において、近代という表現、英語のモダン、モダニティ、にあたる表現は、微妙に異なったニュアンスで、ときには同一言語内でもあいまいな要素を残しながら用いられているのが実情であろう。時代概念としての近代がいったいどこからはじまるのかも、それぞれの国の歴史過程の違いとも関係して、とらえ方は一様ではない。ここではフランスとイギリスの場合について、一瞥《いちべつ》してみよう。

フランスでは、絶対王政期と一九世紀とを区切るものとして、一八世紀末に生じた革命に大きな意味があたえられてきた。それだけに、革命以前の歴史をモデルヌ、いわば近代史、革命以後がコンタンポレーヌ、すなわち現代史であると、とらえられてきた。これだと近代史は絶対王政の時代に対応することになる。そもそもこのようなとらえ方が成立したのは、一九世紀末の第三共和政の時代であったから、現代史は同時代史ということを意味していた。コンタンポレーヌとは、時代をおなじくする、という語義である。しかし、一九世紀の歴史を現代史と見なす時代区分が二〇世紀を通じて踏襲されてきたのには、それなりの理由があろう。それは、フランス革命が終息したのち、一九世紀には帝政成立や王政復古など、二〇世紀にはナチスによる占領やヴィシー政権成立といった政治的激動が経験されたにもかかわらず、最終的にはデモクラシーを原則とする共和政体が確立して現在にいたる、ひとくくりの時代としてとらえられるのだという確信を、このような時代区分の表現は示しているということである。

ところが、イギリスでは事情は異なる。フランスでいう近代史はむしろアーリーモダン、すなわち初期近代であり、その訳語として最近では近世という日本語があてられることも多い。ではイギリス史の場合に、アーリーがとれた近代の起点はどこに置くのかといえば、これがまた明確ではない。なにを基準とするのかによって、見解は微妙に異なってくるからでる。普通は一八世紀のなかばあたりを、ひとつの目安にしているように思われる。

ドイツやイタリア、スペインなど、それぞれの国に応じて「近代」のとらえ方は微妙である。フランスのように大きな革命という出来事が生じて区分されるというほうが、例外的である。そのフランスにおいてすら、革命を単純に断絶としてとらえるのではなく、その前後を連続性においてとらえるという議論は、一九世紀においても現在でも存在している。

ヨーロッパの「長い一九世紀」

本書ではここまで、とくに限定することなく近代ヨーロッパという表現をとってきたのであるが、ここですこし確認しておきたい。覇権という表現をうしろにつけているタイトルからして想像できるかもしれないが、別の表現である「ヨーロッパの世紀」と同様、時代としては一九世紀、最近ヨーロッパでも流行の表現をすれば「長い一九世紀」を念頭においている。すなわち、一八世紀後半のどこかから第一次世界大戦まで、前後に含みをもたせた一九世紀を、近代ヨーロッパの時代範囲として想定しているということである。起点が一八世紀後半のどこか、というのも、なんともおさまりが悪いではないか、といわれるかもしれない。しかし工業化という点をとっても、国民国家構築という点をとっても、あるいは人口の増加局面への転換という点をとっても、そしてまた思想や学術の発展、行財政や経済の合理的なシステムの拡大、といった諸点をとってみても、革命や戦争といった明確な時期を区分として設定しがたいのが、この起点であることは、本書の中身からお分かりいただけることと思って、このさき進めていきたい。

プロローグでも言及しているように、工業化と国民国家という二本の軸を中心に多様なシステムを合理的に組み上げて「ヨーロッパの世紀」が、換言すればヨーロッパの覇権が現実にされていった。しかしそうであったとしても、それは突然一九世紀や一八世紀後半に実現されたものではない。それ以前から展開してきた多様な要素が複合的に共鳴しあうような状況、あるいは相互に反応して強力な磁場を形成するような状況が、生み出されてくるのが、ほぼ一八世紀後半からだということである。

したがってそれにつながる直前の時代は、ここでは近世と呼ぶことにする。この点では、イギリス史におけるアーリーモダンに近いとらえ方かもしれない。しかしいま一度確認しておきたい。いわゆる大航海時代からはじまってヨーロッパによる覇権への道が、順調に進んだ、あるいは着々と用意された、というような結果論的な見方はここではしていない。近世に言及するのは、この時代のなにがのちの近代の覇権につながるような要素を構成していたのか、ということにかんする要点をはっきりさせておきたいからである。

やはり近世を扱った第一章でみたのは、現代のグローバル化へとつながるような、地球規模へと展開していく経済的な膨張と連関の仕組みをヨーロッパが組み上げはじめることになった、その過程である。それを通じてヨーロッパのなかには、工業化の前提となる機械への大規模な設備投資ができるだけの資本を蓄積した社会が現れてきたのであり、また機械で生産されるようになる大量の製品を売りさばける市場が、地球規模で求められるような時代へと進む前提が、用意されていったのであった。他方、一九世紀に近代ヨーロッパによる覇権が成立するうえで政治的にきわめて大きかったのは、この近世のヨーロッパにおいて、のちの国民国家の前提となるような、領域の確定した主権国家という原則が確立していったことである。この点に、この章では力点を置いてみてみることにしよう。

主権国家体制の成立

国際政治の単位としての国家、という観点から現在の世界を見たとき、原則となっているのは主権国家である。たしかに欧州連合が、主権国家同士のさまざまな戦争や対立の歴史を経て、二〇世紀後半にフランスとドイツを中心としてヨーロッパ諸国によって模索され、成立させられた。そこでは、それを構成する個別国家の主権の制限、という要素が明確となってきている。しかしそれでもなお、いまのところは各国の主権という原則は前提とされていて、あくまで制限と調整が実施されているといったほうが正確であろう。国際連合を成立させている原則もまた、まさに主権国家体制である。

むずかしい議論は抜きにして、主権国家とはなにかといえば、国境線に囲まれた領域を国土とし、その内部に生まれ住む人びとを国民として、その内部の政治的決定において国外からの支配や指図を受けずに独自の判断を下しうる、という原則を保持した国家である。国家の存立にかかわるそのような独立至高の決定権を、国家主権という。したがって、たとえば二〇国際的に認知された国境を隣国が侵犯すれば、それは国家主権への侵害と見なされる。

世紀末の湾岸戦争のときの、イラクによるクウェートへの侵攻は、まさにそのように判定されて国連による軍事制裁行動の対象とされたのであった。

島国の日本では、周囲を海で囲まれていることもあって、このような国際政治上の原則はいつでも当然至極のものであったかのような錯覚におちいりがちかもしれない。しかし、このような考え方が原則として成立したのは、歴史的にはそれほど古くはない。それが、一六世紀から一七世紀にかけての近世ヨーロッパなのである。国家政治という観点から見たときにこの時代の状況は、中世的な秩序からの転換という性格が明確であった。

ヨーロッパ中世における支配秩序の原則は、人と人との主従関係であった。ある所領の支配者は、実力や権威の点で自分より強力であると見なした支配者のもとに、一種の主従契約関係で結びついた。その契約関係が自発的なものであるか、戦闘で強弱の決定がつけられたすえのものであるかは問わない。双方がありえた。いずれにしても、国王を頂点にして何重にも展開しうる主従関係の網の目が、支配秩序を支えていた。こうした人と人との直接的な契約関係にもとづく秩序は、すこしむずかしい表現では、属人原理にもとづく秩序といわれるものである。

したがって、ある主従関係に亀裂が入れば、上位権力が有効支配できる領域の範囲も変化した。王国の有効支配の範囲も、安定していたわけではなかった。こうした仕組みが、一四世紀なかばから一五世紀なかばまでのあの英仏百年戦争の背景になっている。近代以降の主権国家とおなじようなイギリスとフランスが、勢力争いの戦争をしあっていたわけではない。そこをとらえそこなうと、とんでもない時代錯誤におちいりかねない。

しかしそうした原則にもとづく秩序のなかから、各地の国王といわれる存在が、徐々にその実力と権威とを集約していく過程が展開していった。国王権力が、より安定した状態を求める過程であった、ともいえる。その展開は、決して一筋縄ではいかなかったのであるが、結果としてみれば、国王が領域国家の長としての権力を確立していくことになる。それは、経済社会の安定的な発展という要請とも合致していた。そこで支配的となった秩序の原則は、もはや属人原理ではなく、属地原理であった。

すなわち国王が、国境で囲まれた領域国家の長として、その内部に存在する人びとを臣民として配下におさめるのである。しかしそうだとしても、近世においては、所領を支配していた領主は、自分の所領の領民にたいしては直接的な支配権力を保持していた場合も多かったので、依然として中世的で封建的な社会の仕組みは一定程度存続していた。たとえば、年貢にあたるものは地代や小作料へと性格を変えていくことになるが、依然として領主裁判権が存続していた場合もすくなくない。いつごろまでそのような状態が存続していたのかは、国や社会によってそうとうに異なっているが、いずれにしても一六世紀からのヨーロッパは、そうした下位に位置した個別の権力を国家が統一的な統治の仕組みのなかに組み込んでいく大きな変動が進んでいった、そういう時代である。

ヨーロッパにおけるこうした政治秩序の転換には、いつでも正当化の理論がともなわれるのがつねであった。転換への反対派や抵抗派を論破する必要があった。一六世紀の後半にお

LES
SIX LIVRES
DE LA REPVBLI-
QVE DE I. BO-
din Angeuin.
A MONSEIGNEVR DV FAVR SEI-
gneur de Pibrac, Conseiller du Roy en son priué Conseil.

A PARIS,
Chez Iacques du Puys, Libraire Iuré
à la Samaritaine.
1577.
Auec priuilege du Roy.

ボダンの『国家論』 1576年、パリで初版刊行。翻訳はヨーロッパ各国で読まれた。小樽商科大学附属図書館蔵

いては、国家主権理論を定式化しようとした人としてフランスの政治思想家ジャン・ボダンの存在を指摘できる。彼は、国家をなにより統治のシステムと考えていた。しかし他方では現実に、市民の共同体として機能している社会が存在している。この統治のシステムと市民の共同体とがうまく結合できるように、その結びつきが保障されなければならない。それを保障するものとして、彼は主権を位置づける。その主権を体現するもの、主権者が、国王であると彼はいう。いいかえれば国王は、すべてのもののうえに立って国家と社会の秩序を保障する存在である。

近世における国家主権の担い手は、国民ではなく国王であった。そして国家とは、国境によって領域が確定している政治体として考えられていた。後世から見たとき、ボダンの思想は、ルイ一四世のフランスで典型的であったといわれるような絶対王政に、理論的根拠をあたえるものであったといえる。しかし同時に、絶対王政がなんでも国王の恣意のままにできたわけではなかったように、国王もまた王国基本法を守り、王国の存続という絶対的な目標を十分に満たさなければならない存在とされていた。国家の存続が第一に立っているのであって、国王はいわばその最高統轄者にして責任者であった。

付言すれば、フランス語で著されたボダンの『国家論』は彼自身の手でラテン語に訳され、また英語をはじめ多くの言語に翻訳されてヨーロッパ内にひろまり議論の対象となった。中世においてはラテン語がヨーロッパ知識人たちの共通言語であったが、近世になってからは、ラテン語も依然として知識人の共通言語であると同時に、各国語への相互の翻訳などをとおして、ヨーロッパ内での知的営為の共有という状態が形成されていた。のちに比べれば移動手段も限定されていた時代に、学者同士の交流は国境を越えて広くなされていた。知的営為がヨーロッパ全体で共有されていたということは、のちに近代ヨーロッパが力を大きくしていくうえで、目立ちはしないが要点のひとつであったといえる。

イタリア戦争と超越的皇帝権の後退

ジャン・ボダンが、国家主権という考え方の理論化を追究した背景には、一六世紀後半の宗教戦争という血なまぐさい内乱からフランス王国をいかに救い出すか、という切実な課題が存在していた。フランスでは内乱末期に「ポリティーク派」という新たな勢力が台頭し、新旧のキリスト教のどちらに立つかという宗教問題よりも、諸外国からの干渉の危険を排して国内を統一的な秩序のもとに再興する、という現実的な課題を最優先させようとしていた。その党派に、ボダン自身も属していたのである。

じつは、中世的な秩序からの転換と主権国家体制の成立をめぐって、国王と諸侯・領主たちとの関係の変化、属人原理から属地原理へという秩序原則の変化以外に、もうひとつ押さえておきたい点がある。それは、もろもろの国家を超越してそれらのうえに立つ権威がある、という考え方や仕組みが弱体化していった、という点である。主権国家体制は、聖俗双方の普遍的権威の後退とあいまって成立していった。

ここでは、まず聖俗の俗からみていこう。個別のそれぞれの国家のさらに上位に立つ権威としての皇帝権、である。皇帝権がどれほどの実効性をもっていたかは、また別の問題である。しかし、たとえば国際的な儀礼において、すべての国王をみずからの下に見おろすことのできる皇帝は、古代ローマの帝国イメージやカール大帝の帝国イメージと重なりあって、大きな象徴的意味をもっていたと思われる。であればこそ近世はじめにあっては、皇帝位をめぐる争いも顕著であった。

一五世紀末、若くて野望に燃えていたフランス国王シャルル八世は、ナポリにたいする権利を主張してイタリアに攻め込んだ。シャルルの野望は実現しないまま事故で死ぬが、この侵攻に端を発するイタリア戦争の背景には、オーストリアのハプスブルク家とフランスのヴァロワ家との、皇帝位をめぐる確執が存在していた。皇帝位争いに勝利したのは、前者であった。スペインをも支配下に置いたハプスブルク家のカール五世は、敵対するヴァロワ家のフランス国王フランソワ一世を戦闘で破っただけでなく、皇帝位獲得にも成功した。スペイン国王にして神聖ローマ皇帝にもなったカール五世は、普遍的帝国への野望を隠すことがなかった、といわれている。第一章でみたように、おりしもスペインはアメリカへと進出し、金銀財宝を手に入れて、いよいよ植民地経営を本格化しようとしていた。カール五世とその

カール５世とフェリペ２世　右は神聖ローマ皇帝即位の記念行進をするカール５世。息子フェリペ２世（左）とハプスブルク家黄金期を築く。*Une histoire de la Renaissance*より

息子フェリペ二世の時代は、スペインにとっては絶頂期といわれる時代となる。しかし、オーストリアとスペインを掌中におさめたハプスブルク家の強大化を、他の勢力は懸念した。カール五世の野望は、フランスやイギリスをはじめとした諸勢力連合との対立やドイツ諸侯の反発によって、一六世紀なかばまでには挫折をよぎなくされる。続いてフェリペ二世は、オランダ独立という手痛いしっぺ返しをうけることになる。

　多くの都市共和国などが分立していたイタリア半島を舞台にして、諸勢力がめまぐるしく合従連衡《がっしょうれんこう》をくりひろげた戦争は、間歇《かんけつ》的な戦闘を繰り返しながらほぼ半世紀のあいだ続き、一五五九年のカトー・カンブレジの和約によって終結した。この戦争に関与した諸国は、結局のところ戦果としてなにも手にするものなく終結せざるをえなかった。

　しかし、このイタリア戦争の過程と結果に示されたものは、歴史的にはたいへん大きかったといわなければならない。超越的で普遍的な権威としての皇帝のも

とにおける帝国、という理念は、もはや実態的にも象徴的にも大きな意味をもたなくなっていた。各国は、特定の国家が圧倒的に強大となるのを避けるために、勢力均衡の考え方にたって同盟関係を構築するようになった。昨日の敵は今日の友、その逆もまたあり、といった状況も不思議でない国家間の関係が現れてくる。軍事行動における同盟だけでなく、それぞれの国が外交官を相互に常駐させて、国家間の関係調整や情報収集にあたる、という仕組みも成立していった。主権国家とあわせて、これまた現在のシステムの原型、といってよいものがはじまる。現在にいたるまで、ヨーロッパ諸国がディプロマシーとインテリジェンス、すなわち外交や情報活動を重視し、またその手段や術策にも長けているのは、こうした歴史的経験にさかのぼるのかもしれない。

さて、先にあげた聖俗の聖のほうの普遍的権威とは、宗教権威としてのカトリック教会、とくにその階層的な組織秩序の頂点に位置するローマ法王と法王庁の超越的な権威、である。これについて、つぎに考えてみることにしよう。

二つの宗教改革

神学者ルターの挑戦

イタリアを舞台に展開した戦争には、半島にあって重要な存在であった法王庁も、軍事力をそなえた一勢力として積極的に関与していた。合従連衡のひとこまを、みずから演じたのである。イタリア戦争の時代は、一五世紀のフィレンツェで本格化したルネサンスの展開が、ローマへと拡大したころと重なっている。ローマ法王たちは宗教上の権威としてだけでなく、戦争をめぐる現実政治のうえでも政治的に振る舞い、またルネサンスで開花していた芸術のパトロンとしても、たいへんな権勢を誇っていたといってよい。

たとえば一五〇三年に即位した法王ユリウス二世は、合従連衡におけるたくみな外交手腕で有名な人であるが、現在もわれわれが知るカトリックの総本山ヴァチカンのサン・ピエトロ大聖堂の建設に着手させた人でもあった。設計や施工の責任を引き受けさせられたブラマンテやミケランジェロがたいへんな苦労をよぎなくされるほど、その言動は権威的で、かつまた世俗的でもあったという。つづくレオ一〇世もまた、ユリウス二世に負けず劣らずの外交手腕を示し、芸術のパトロンとしての出費を惜しまなかった。

中世までの法王と法王庁とは、世俗のもろもろの国家、あるいは権力のうえに覆いかぶさるように、キリスト教世界全体を教義と組織において統轄する、普遍的で、超越的な権威として、大きな力を誇示してきた。世俗と宗教とがはっきりとは区別されていなかった時代であるから、その権威と言動とは、現実の政治情勢をも左右することがあったといってよい。破門や異端の宣告が、強烈な意味をもっていたのである。

ところが、ユリウス二世やレオ一〇世のようなルネサンス期の法王と法王庁は、すでに述べたように、神学上の最高権威として振る舞いながら、他方で世俗の権勢に左右されて外交的術策を弄し、浪費を惜しまない姿勢をとっていた。そのことに、ひるむことなくノンを突

ユリウス２世とサン・ピエトロ大聖堂　イタリア戦争を戦った法王ユリウス２世（左）は、芸術のパトロンとしてミケランジェロやブラマンテに大聖堂（右）の設計や施工を命じた

きつける人物が現れた。ドイツのまじめな神学者にして修道僧、マルティン・ルターである。

すべてのカトリック教徒にとって、ローマはエルサレムやスペインのサンチャゴ・デ・コンポステラとならんで、最重要な巡礼地であった。しかし若くしてローマを訪れたルターは、世俗にまみれて怪しまない法王庁のあり方に驚愕して帰国したらしい。その後、金銭で恩寵《おんちょう》があたえられるがごとき贖宥《しょくゆう》状《じょう》、いわゆる免罪符の販売を知るにつけ、彼は一五一七年に「九十五箇条の論題」を提示して、法王庁にたいして公然と批判を披瀝した。カトリックは伝統的に、現世における信者の善行が来世での救いを確実にするという観点に立ってきた。贖宥状も、ローマ法王庁を支える行為が良き行いなのだから救済につながる、そういう考え方である。ルターはそれを否定して、魂の救済は福音への信仰のみによるのだとして「信仰義認論」を説き、聖書という原点に信者各自が立ち戻ることこそが必要なのだ、と説いた。

ここで複雑な宗教改革の歴史そのものに立ち入るつもりはない。本書の目的から、必要な要点のみを押さえておこう。

ルターの主張は、必ずしも突飛なものではなかった。中世末にもイングランドのウィクリフやベーメンのフスなどが、似たような見解を示していた。しかし、局地的な動きにとどまったウィクリフやフスとは違い、ルターの主張は、当時進歩しつつあった活版印刷や版画などのメディアにのって、かなりの速さで各地に伝わったとみられている。法王庁はルターを破門にしたが、それがかえって火に油を注いだかたちとなった。彼の教説は、ドイツの民衆のあいだにまでひろまっていった。ルターはザクセン選帝侯フリードリヒの居城に保護され、『新約聖書』をドイツ語に翻訳した。聖書の原点に戻れというのであるから、信者なら自分で聖書を読めなければならない。それまではラテン語が分からなければ読めなかった聖書は、世俗言語でも読めるようになった。知の共有、思想の普及にとって、印刷メディアの力が大きくなっていくことを予兆させるような展開であった。ルターの考え方の普及を抑えきれなかった法王庁の超越的な権威は、ゆるが

ルター　免罪符の販売を契機に、1517年、法王庁を公然と批判した

ざるをえなかった。

皇帝カール五世は、一時、イタリア戦争の状況不利のなかでルター派の活動を容認したのであったが、危機が遠ざかるとふたたび、超越的な権威を認めないルター派を禁圧しようとした。すでにルター派の信仰をとりいれていた都市や諸侯は、これにいっせいに抗議した。ここから「抗議する人」すなわち「プロテスタント」という呼び方が、反法王庁勢力にあたえられることになる。これがのちに、反カトリックの立場をとるさまざまな宗教改革派を総称する表現となるのである。

ここで重要なことは、カトリックとプロテスタントとの対立に当面の決着をつけようとした、一五五五年のアウクスブルク帝国議会における宗教和議に示された方向である。そこでは、ルター派の活動は認められたが、一人一人の住民の個人的な信仰の自由が承認されたわけではなかった。ドイツの各領邦の君主たちが選択した教会が、その領邦における正統的な宗派となる、という合意が成立させられたのである。君主の選択が臣民すべての信教を左右するという、領邦教会制である。ここにも、君主ないし国王のもとでの主権国家の確立という、時代の風が吹いていた。

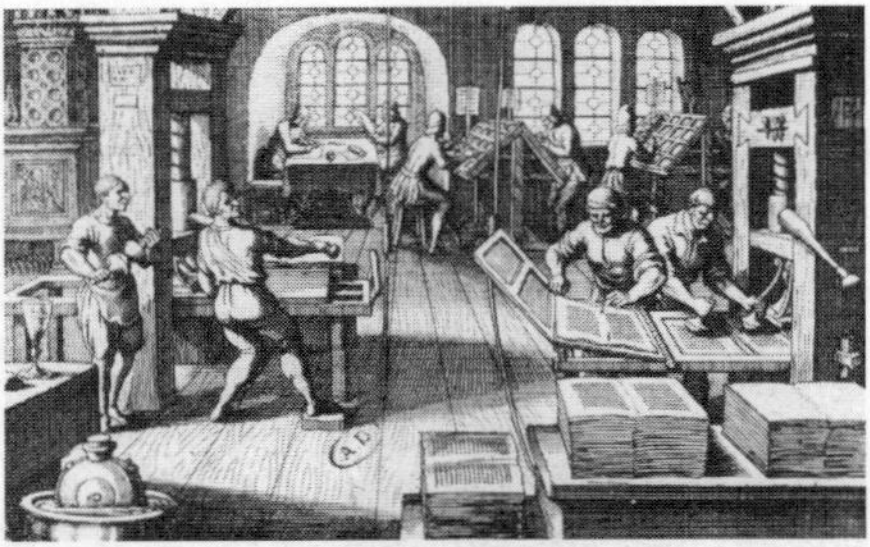

印刷工場の内部　印刷技術の普及で、ルターの主張が広まった。*Paysages et paysans* より

宗教と政治

一六世紀前半において、カトリックとプロテスタントの対立が、ただ信仰上、教義上の問題だけでなく、世俗政治の展開にも大きくかかわっていたことは、ここまでの話からも推察いただけるであろう。一六世紀後半のフランスを内乱状態にした宗教戦争から、一七世紀前半のドイツを舞台にした「三十年戦争」にいたるまで、ヨーロッパ各地で生じた紛争には、両教会の対立が多様なかたちではあったが大きく関与していた。すでに言及したオランダ独立にしてもそうである。オランダは、カトリックの長子を自任する大帝国スペインにたいして、プロテスタントの立場を鮮明にして対抗した。それも、ルター派よりさらに過激に徹底した改革を求めるカルヴァン派が、その中心になっていた。

ルター派は、ルターその人がそうであったように、既存の政治秩序そのものを否定するわけではなく、個人の信仰の自由を唱えるものでもなかった。彼の説く万人祭司主義は、カトリック教会の超越的な権威や階層的秩序は否定したものの、各自が信仰の面で聖書の教えに向きあう、ということを基本とし、現世の秩序と直接かかわるものではなかった。したがって、ルターの教義に触発された西南ドイツの農民たちが一五二四年に大規模な蜂起に立ち上がり、領主制の廃止などを求めたとき、ルターがこうした運動に否定的な姿勢を明示したのは、なんら不思議なことではなかった。

他方、カルヴァンの考え方では、万人祭司主義はより徹底していた。司教をはじめとした

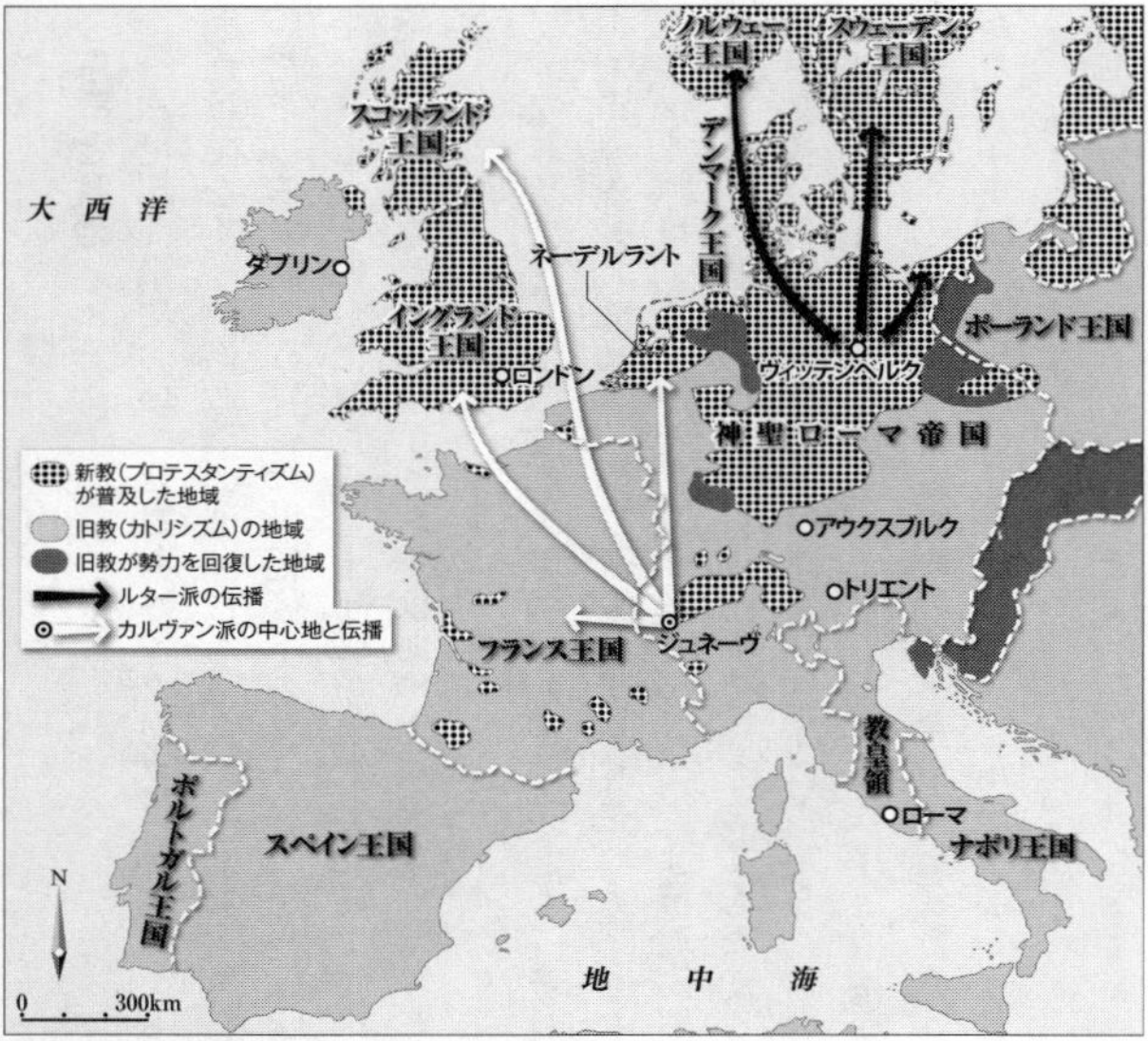

新旧両教派の勢力範囲　16世紀なかば

聖職者の階層をいっさい認めず、信徒のあいだから選ばれたリーダーが長老として信徒共同体をまとめていく、一種の神政政治を志向したのである。ジュネーヴに招聘《しょうへい》されたカルヴァンは、現にその地で反対派を排除して徹底した神政政治を一時現実のものとした。聖書に示された神の言葉を根本とすること、救済はその人の業績によって左右されるのではなく、もっぱら信仰によるものであり、信仰は神からあたえられるものであって、その恩寵は神によってすでに定められている、とする徹底した予定説を彼は主張したのである。

ならばなにをしてもおなじか、といって欲望におぼれるのではなく、みずからの仕事を神によってあたえられた天職として刻苦勉励にはげむ、そうした倫理をカルヴァン派が説いたところが、近代的な勤勉の姿勢につながったのだというのが、二〇世紀初頭のマックス・ヴェーバー以来の解釈である。しかしカトリックの側も、あとでみるように宗教改革に対抗するなかで、やはり現世での各自の倫理的な行動のあり方を問うという点では、おなじように近代的な勤勉の姿勢にも通じるものをはらんでいたということは、押さえておくべきであろう。

リシュリューと「国家理性」

一六世紀のイタリア戦争やフランスの宗教戦争から、一七世紀前半にドイツを荒廃の地にした三十年戦争にいたるまで、これらの紛争を通じてあきらかになったのは、領域をもった主権国家同士の対立であり、なにより国家利益が優先されていく国際関係の展開であった。世俗の政治と抗争には宗教の問題がほとんどつねに絡みあっていたとはいえ、ときには、国家の公的な教会がカトリックであっても、必要があればプロテスタントの立場をとっている国家と結ぶことも辞さない、そういうプラグマティックな力関係の判断と行動選択が、とられるようになっていく。この時代に、そのような姿勢を示した代表的な人物が、リシュリューである。彼は、フランスが三十年戦争に参戦したさいに、それを主導した事実上の宰相であった。

リシュリューは、一七世紀前半にフランス王権の強化に貢献した人物である。しかも同時に彼は、カトリック教会のフランス国内での最高職、枢機卿でもあり、国内のプロテスタント勢力を抑えるべく、その拠点ラロシェルを攻囲戦でたたくなど、宗教改革派への攻撃的な態度で知られていた。しかしリシュリューは、ドイツを舞台にした三十年戦争にフランスを介入させると、フランスの国益のためにハプスブルク家をたたくことを優先させて、そのためにはプロテスタント勢力と同盟することを辞さなかった。そこでは国益を優先させる国家の論理が、宗派や教義の対立を超えて前面に、臆することなく出されている。そこで前面に出されている論理こそが「レゾン・デタ」、すなわち「国家理性」と訳されるものである。国家利益にとっての合理性（レゾン）を追求する、という論理である。

宰相リシュリュー　枢機卿ながら三十年戦争では国益のためプロテスタント勢力と同盟を結ぶ

三十年戦争の終結を議したウェストファリア講和会議は、ようするところヨーロッパにおける多数の主権国家間でなされた、最初の本格的な外交交渉の場となった。最初であるだけに頼るべき前例とてない、しかも多数の国家が関係する場であっただけに、交渉はいわば手探り状態で難航し、講和条約が成立し終えるまでに四年近い歳月を要した。結果としてアウクスブルク宗教和議の内容がいまいちど確認され、カルヴァン派もその存在が承認された。事実上すでに独立していたオランダは、スイスとならんで、国際政治の場で公式にその独立が承認されるところとなった。もはや皇帝と法王の権威という、中世的秩序の最上位に位置してきた聖俗の超越的な権威は、勢いを増す主権諸国家のまえに実質的に屈せざるをえなかった。

しかし、それまで人びとの信仰の世界を支配し、教会組織をヨーロッパの隅々にまで張りめぐらしてきたばかりか、ヨーロッパ外部にまで布教を推し進めようとしていたカトリック教会は、プロテスタントからの攻撃に加えて主権国家とそれを統轄する国王と政治家たちのまえに、なすすべもなく衰退していったのであろうか。いや、そうではなかった。

カトリック宗教改革と布教合戦

たしかに、中世のような超越的権威としての力は失っていったとはいえ、ルター派やカルヴァン派をはじめとしたプロテスタント勢力からの挑戦を受けたカトリック教会は、そのまま弱体化したわけではない。そうでなければ、現在においても世界で多くの信者をかかえ、きわめて大きな力を保持しているカトリック教会の存在は、理解できないことになるであろう。

カトリック教会による対抗の動きは、英語ではカウンター・リフォメイションという。厳しい内戦の戦場となったフランスでは、同様にコントル・レフォルムである。この表現を、かつてわが国では反宗教改革と訳していただけに、ただ宗教改革をつぶそうとしたものとばかり思われていた節があった。最近では日本語でも対抗宗教改革と、正しく表現されるようになってきている。

さらにいえば、カトリック宗教改革といったほうがいっそう適切かもしれない。カトリック教会による態勢の立て直しは、たしかにプロテスタントからの攻勢を受けた面があるのは否めないが、しかし一部の神学者や聖職者のあいだでは、人文主義に立つ教説の見直しの動きはプロテスタントに先行して生じていたからである。ただ、世俗の動きに目が向いていた法王庁は、一五世紀から一六世紀はじめの段階では、そうした動きに反応することがなかった。一五世紀末に、フィレンツェの厳格な修道僧サヴォナローラが、ついに反乱まで引き起こした背景である。

法王庁による本格的な立て直しの模索は、いまは北イタリアの都市であるトレント、当時は神聖ローマ帝国の支配下にあったトリエントにおいて、一五四五年から開催された公会議（カトリック教会の高位聖職者会議）によって進められた。三期にわたって六三年まで断続的に開かれた会議において、その後、二〇世紀なかばにいたるまでのローマ・カトリック教会の基本線が決定されたのであるから、これは歴史的に重要な会議として位置づけられる。

この会議によってカトリック教会では、法王の超越的な至上権が確認されるとともに、教義の面では聖書の正典、原罪、洗礼をはじめとした七つの秘蹟などが決定され、教会のあり方については司教の在地義務や複数聖職禄保持の禁止、ミサ執行方式の統一、聖人の崇敬などが決められた。また、異端にたいする宗教裁判の強化や禁書目録の制定などが、会議に引き続いて法王庁によって方針とされた。宗教面での教育強化、という点も見逃せないところである。それは、正規の聖職者を養成するための神学校の設立や、聖職者にたいする教義や典礼執行の面での逸脱を防ぐための教育であるばかりでなく、一般信徒にたいする宗教教育を通じての教育的関与の強化でもあった。ヨーロッパ外にたいしてだけでなく、ヨーロッパ各地の庶民もまた、あらためて伝道と教化の対象とされたのである。

ロヨラとシャヴィエル　イエズス会の設立者ロヨラ（左）と宣教師シャヴィエル。京都大学総合博物館蔵

イエズス会の設立と伝道

この教育の展開においてカトリック教会の先頭に立ったのは、トレント公会議以前の一五三四年に、スペインのイグナティウス・デ・ロヨラが六人の弟子とともにパリで設立した修道会、イエズス会である。これを正規の修道会として一五四〇年に承認したのは、トレント公会議開催でカトリック教会立て直しのイニシャティヴをとった法王パウルス三世その人であった。公認当初は六〇人ほどであったといわれるイエズス会員は、一五五六年にロヨラが没したときには一〇〇〇人ほどにまで増え、カトリック教会のヨーロッパ内で

の再布教活動、そして世界各地への宣教師の派遣事業とあいまって、その後も急速に膨張していった。一七世紀はじめには、その会員は一万人をはるかに超えていた。

一六世紀なかばから本格化していった、ポルトガルとスペインによる海洋帝国あるいは植民地帝国形成の展開にのって、アメリカ大陸はもちろん、東アジアにまで、イエズス会の活動範囲は及んでくる。一五四九年に日本に来航して伝道を開始したフランシスコ・シャヴィエル（ザビエル）も、一六世紀末から一七世紀はじめにかけて中国で伝道活動を展開したマテオ・リッチも、いずれもイエズス会から派遣された宣教師であったことは、よく知られているとおりである。彼ら宣教師は、ヨーロッパ以外の地へとキリスト教を伝えるとともに、その地にヨーロッパの文物をもたらし、その背後にある知や技術にも接する機会をもたらすことになる。と同時に、海外展開した宣教師のうちには、ヨーロッパ以外の非キリスト教文明にも尊敬に値する独自の価値があることに気づいた者たちもいた。ただし残念ながら、それが大勢を占めることにはなっていかない。ローマ法王庁をバックとした大きな組織に裏づけられていただけに、イエズス会をはじめとした修道士たちによる伝道の展開は、ヨーロッパ以外の地ではカトリック教会のほうが、プロテスタント諸派に先んじていたのであった。

ヨーロッパ内においては、新旧のキリスト教両派は厳しく対立しながら、ときには流血をともなう戦いも辞さずに布教合戦を展開することになった。フランスの内乱や三十年戦争には、すでに言及したとおりである。一六世紀後半から一七世紀はじめにかけては、両派ともに厳格さを増しただけに、異端審問や魔女狩りも頻発する事態となった。それは、カトリック圏でもプロテスタント圏でも同様であった。新旧両教会をめぐる対立や相克は、一九世紀にいたるまで政治や社会に微妙に影を落としつづけるが、三十年戦争が終結した一七世紀なかばには、ヨーロッパ内における両教会の勢力圏はほぼ定着したものとなる。おおまかにいってカトリック教会は、イタリアやスペインなど地中海一帯とフランスの大半や南ドイツ、ハンガリーからポーランドにかけての東ヨーロッパで、ゆるぎない主導権を再確立した。ドイツの北部から北欧、そして北海沿いのオランダやブリテン島は、プロテスタントの地となった。

宮廷文化とブルジョワ文化

宮廷モデルとしてのヴェルサイユ

国王や有力諸侯の居城に置かれた宮廷に配下のものが集い、宴席に音楽家や芸人が集められ、独特な文化の場が共有されることは中世からみられた現象である。しかし武骨な中世の君主たちは、しばしば戦いのためにみずから出陣して城を留守にし、あるいは支配地域を治めるためにも宮廷を引き連れて移動を繰り返した。もはや中世とはいえない一六世紀前半にあっても、移動宮廷は普通であった。宿敵同士のカール五世にしてもフランソワ一世にしても、およそ席が温まることがないほど移動を繰り返したことで有名である。こうした移動宮廷から、居城に腰を据えた統治システムが、その居城における宮廷社会を軸にして作動するような状況が定着するのは、ほぼ一七世紀なかばからといってよい。

このような宮廷社会の定着は、国王を中心とした主権国家の定立と不可分であった。宮廷には国王側近の顧問官から下端の政務官や各種の役人にいたるまで、さまざまな序列の貴族とその家族、家人や使用人たちが、一挙手一投足にいたるまで儀礼化された礼儀作法のなかに政治秩序を体現するようになる。国王の近くに寄れる者と寄れない者、国王のまえでの席次、あらゆる要素が差別化の材料であった。それは政治の世界であるとともに、格式ばったことの苦手な私などは一時間と耐えられないかもしれない、慇懃《いんぎん》な社交の場でもある。そこは、国王を頂点とする権力関係の上下が作動する空間であり、そのなかで少しでも上位を占めようとする術策が、裏面において多様に渦巻くところであった。

たしかにノルベルト・エリアスがその著書『宮廷社会』で論じているように、そこでは微妙な人間関係の機微を読み取る礼儀作法が極度に発展し、それがのちには宮廷外部の社交界や政治の世界にも広まっていく。エリアスがいいたいのは、それが一種の文明化の進展だということであるが、果たしてそれはどうであろうか。疑問なしとしない。しかし、政治的駆け引きが陰に陽にうごめく世界を、状況と人間関係の心理をとらえて巧みに生き抜く表裏の使い分け、身分や序列を立てながらもそれを実権において凌駕《りょうが》しようとする駆け引き、こうした行動方法が、むき出しの力の誇示を抑えるようになる社会が、宮廷という限定された空間に形成されたことはたしかであった。実直なだけでは通用しない、政治的マヌーヴァー、術策と心理操作の世界である。

こうした宮廷社会が極度に研ぎ澄まされたかたちで形成されたのが、ルイ一四世の親政がおこなわれたヴェルサイユ宮殿であった。一七世紀末から一八世紀はじめのことである。そこには、同時代のあらゆる文化の枠がまた集結させられていた。この時代の専門研究者である二宮素子《にのみやもとこ》さんは、簡潔にこうまとめてくれている。ヴェルサイユ宮殿に「現在われわれが見ることのできる造園、建築、彫刻、タピスリから家具にいたる装飾芸術はいうにおよばず、ルイ一四世自ら楽器を演奏したという音楽、バレエ、演劇そして初期のオペラまで、ここには当時の最高の芸術が凝縮されている。（中略）ル・ノートルの代表作であるこのフランス式庭園は、ルイ一四世の統治思想を具現したものと解釈されている。宮殿そのものは、古典主義建築様式の壮麗な代表作である」（『宮廷文化と民衆文化』）。

宮廷文化の舞台としての宮殿

ヴェルサイユ宮殿の場合に代表されるようなヨーロッパの宮廷に集積された文化的なストックは、その縮小版である貴族のストックとあいまって、やがて重要な文化資産として社会全体へと引き継がれていくという点で、結果として大きな歴史的役割を果たすことになる。たとえばルーヴル、プラド、エルミタージュなどを代表とする、ヨーロッパ各地の大きな国立美術館とその展示作品は、多くの場合に、かつての君主や貴族のコレクションが出発点の土台を提供したのであった。あるいはまた、国立図書館の蔵書は基礎が王立図書館から引き継がれ、あるいは国立文書館の古文書類は、その基礎が王立文書館から引き継がれた、というように。

宮廷社会とそこに集結させられた文化を基盤として、ルイ一四世は、みずからの統治者としての権威を目に見えるかたちで臣民みなに明示することにも怠りなかった。太陽王としての姿が描かれた図像やメダルが、宮廷社会の構成員にたいしてだけでなく臣民みなの目につくように配布され、戦勝記念の騎馬像が、国家の先頭に立つ国王のイメージを凛々《りり》しく印象づけた。ヨーロッパの貴族は元来武家であったが、このころには司法や財務を担当する法服貴族や、いまでいえば高級官僚に近い実務派も台頭しはじめていた。しかしそうはいうものの、国家を率いる国王と貴族には、戦う者としての矜持《きょうじ》は依然としてあったようである。ルイ一四世は、みずから戦場に赴いた国王であった。ただ現実のところルイ一四世の治世は、戦争だけでなく飢饉や疫病にも見舞われ、臣民にとってみれば決して住みよい時代ではなかったと思われる。もっともそれだけに、いっそう国王のイメージが重視されたのかもしれない。

人口ほぼ二〇〇〇万を数えたルイ一四世時代のフランスは、ヨーロッパ随一の大国であった。その宮廷は、フランスの国内政治の中心であるばかりか、ヨーロッパの国際政治にとっても大きな位置を占めていた。それもあって、ヨーロッパ各地の宮廷ではフランス語が優雅な言語として、また政治的に中核をなす言語として、広く流通するようになっていった。加えて何人かの君主たちは、フランスにやや後れて一八世紀に、ヴェルサイユにならった壮麗な宮殿をみずからも建設させた。そこを舞台とした宮廷社会を構築し、次章でみるように、啓蒙専制政治を実施しようとするのである。フランスの宿敵であったハプスブルク家のマリア・テレジアは、一八世紀後半に自分の娘マリ・アントワネットをフランス王家に嫁がせるという「外交革命」を演出して世を驚かせたが、広大な庭園をもつシェーンブルン宮殿をウィーン郊外に建てさせた。そのオーストリアと対抗するまでになった新興国プロイセンの大王フリードリヒ二世は、ベルリン郊外のポツダムに華麗なロココ様式のサン・スーシ宮殿を建設させ、そこに啓蒙思想家のヴォルテールをフランスから招聘することになる。ロシアでも、ピョートル大帝の娘、女帝エリザヴェータの時代にペテルブルクに、大帝の夢でもあったペテルゴーフ宮が完成したのである。

ルイ14世の騎馬像　ヴェルサイユ宮殿を背景に、太陽王の戦勝を記念して建てられた巨大な騎馬像

学知の変化と近世社会

近世のヨーロッパでは戦争があいついだ。それらの戦争では、完膚なきまでに相手をたたくといった方式ではなく、攻囲戦で陣地を取り合い、領土拡大などの成果が講和条約で実現するように外交上有利な条件を手にする、といった戦略が主であった。それらの戦争では、中世までの騎士同士の果たしあいや弓矢が中心となる戦闘は、すでに後景に退いており、火薬を用いた大砲や銃の

技術的改良は、戦争のあり方そのものを変化させていた。それは、騎士としての貴族、武家貴族の存在意義を弱くさせるものであった。

火器が本格的となり、それに耐えうる要塞の構築も大規模となる。日本では函館の五稜郭が、ヨーロッパ近世に広まった要塞建築の小型版である。こうした戦争の大規模化は、国家の主導権を強化する方向と合致する。動員される兵士の数も大規模化した。当初それを保障したのは、傭兵隊長であった。三十年戦争のさいのヴァレンシュタインという、皇帝軍の司令官にまで出世した傭兵隊長が有名であろうが、彼らはビジネスとして、みずからが集めた傭兵を率いて参戦したのである。こうしたなかで当面は傭兵に頼りながら、しかし国家としての常備軍を形成する動きも本格化しはじめる。こうした軍事力の強化を国家財政面で支えるために、租税制度の確立がまた求められていった。主権国家の確立は、このような繰り返された戦争と不可分に進行していったのである。

他方、火器の改良や要塞構築など軍事技術の発展は、技術開発全体の進展とも不可分であった。よく知られているように、一七世紀のヨーロッパは「科学革命の時代」を迎えていたといわれる。それにたいして、科学革命とはいっても、依然としてキリスト教的な世界観はカトリック、プロテスタントいずれにしても圧倒的に支配的であったとして、この時代の科学の限界をむしろ強調する見方もある。たとえば、実験による検証という方法を推進して「近代化学の父」と呼ばれるボイルが敬虔なプロテスタントであったり、近代物理学の創始者といわれる、あの万有引力の法則を証明してみせたニュートンが、他方で錬金術に熱心であったり、あるいはまた、すでに述べた一六世紀末の政治理論家ボダンが、他方で悪魔論の著者であったり、と、事例は枚挙に遑《いとま》がないであろう。

たしかに、一七世紀における科学・学問の発展をリードした学者たちは、無神論者でもなければ唯物論者でもなかった。自分たちの研究がキリスト教と対立するような認識をみちびく可能性などは、露ほども考えていなかったであろう。しかし、のちにおけるヨーロッパの覇権といいうるほどの状態が経済や軍事において出現するうえで、学問の発展と科学技術があたえた基盤がきわめて大きかったことを念頭に置くとするならば、近世における学知の新たな展開は「革命」と呼ぼうが呼ぶまいが、その要点を押さえておくことが不可欠である。

コペルニクスにはじまりケプラーやガリレイの名前で有名なように、一六世紀から一七世紀にかけて地動説をはじめ天体運行の法則がつぎつぎと確認され、望遠鏡を用いた観測が進歩しはじめた。個別の発見や解明を超えて共通していたのは、理論的な仮説を立てる態度、体系的な実験による仮説の確認、数学的な論理性、こういった点であろう。数学に強いわけではない私には、こうした学問状況を専門的な数学的見地から説明することはできないが、ニュートンの主著『プリンキピア』の正確なタイトルが『自然哲学の数学的原理』であったことは、象徴的である。数学的な論理性、合理性への志向は、一八世紀になるといっそう強くなっていく。

こうした学知の展開は、たしかにまだ学者たちの頭のなかや実験室にとどまるものが多かったといえる。したがって、この時代のキリスト教的世界観と衝突するような場合を除けば、社会的に大きな話題になることも多くはなかったといってよい。普通の人たちにとっては、まだ縁遠いものであった。しかし、そうした学知の展開と実用的な事物の変化とが、一部においてあいともなって進みだしていた、という点もまた見逃すことはできない。上述した要塞の構築や大砲製作、さらには大砲を装備した大型艦船の建造など、軍事にかんする実用的な技術改良がそうであったし、望遠鏡の改良や天文観測と航海術の革新、機械時計製作の緻密な技術改良と製作過程の分業的な組織化、これらはいずれも工学的な学知の新たな展開の数例である。

印刷と識字教育、書物の普及

一五世紀にグーテンベルクたちが実用化して以来改良が進められていた活版印刷物の刊行が、プロテスタントの信仰の普及にとって少なからぬ役割を果たした、と見なされている点についてはすでに述べた。これはしかし、なにもプロテスタントの独占物ではなかった。カトリックの側も、対抗して布教・教育の活動を強化していくなかで、多様な書物を大小さまざまに刊行していくことになる。書物を手で書き写して知を伝えた中世の写本の時代には、書物は大型であることが多く、一般の人びとにまで親しめる可能性は低かった。しかし近世においては、書物の形態も大小多様に作製されるようになり、あきらかに民衆をターゲットにした一枚ものの印刷物、あるいは紙質の悪い、しかし安価な薄い本のたぐいも、売りに出されるようになっていった。知の伝達のあり方、メディアの様相が、徐々にではあれ変化しはじめている。のちの新聞の前身にあたる印刷物も、一七世紀から一八世紀にヨーロッパ各国で多く姿を現してくるのである。

それらの印刷物、あるいは書物を、普通の人たちは読むことができたのであろうか。いわゆる識字率の問題である。もちろんその程度は低かった。正確な数字は分かりようはずもないのであるが、専門家たちの研究による推定では、字の読める人は一七世紀にはオランダやイギリスでもっとも多かったようである。もちろん、社会階層によっても大きく異なったであろうことは、学校教育が普及していたわけではない当時、容易に想像できる。しかし、民衆的な階層にあっても、文字が読める人たちが音読して聞かせるという方式で、文字情報はかなり広く共有されていく。黙読を常識としている現代とは、読書のあり方自体も違っていたのであった。

本の呼び売り　肩から紐で提げた籠に小冊子を入れ、町のなかを売り歩く。17世紀。*Paysages et paysans* より

識字教育は、教会の司祭や牧師たちによる子供たちへの宗教教育によって、民衆階層についてもある程度は存在していた。日本でいえば寺子屋のごときものである。そのさい、教えるべき文字の綴りや、その前提となる文法体系の確立、さらにその前提となる共通言語の確認、といった事業が国家によって推進されだしたのも、ヨーロッ

パでは近世であった。これもまた一九世紀につながっていく展開として重要である。国家全体の経済のスムーズな展開、軍隊での指令の統一、あるいは全国隅々への政治的指示の徹底、これらは近代国家の要諦であるが、はじめから自動的に存在していた条件ではなかった。国内各地では地域ごとの言語があり、あるいはまったく異種類の言語も同居していたりするのが一般であった。

近世において、スペインやフランスを先頭にして、自国語の明確化、その文法体系の確立が、王権の指示のもとに推進されていく。一七世紀前半にフランスの宰相リシュリューが公的機関として制定したアカデミー・フランセーズが、その典型である。任務とされたのは、語彙、文法、綴り、発音などにおけるフランス語の統一であり、それにもとづいた辞典の作製である。これは現在にいたるまで、連綿と続けられている。

他方また、王立アカデミーとか王立協会といった名称で、科学・学問研究の先端に位置する権威を一堂に集め、それぞれの研究をいっそう推進しようとする学知の組織化の展開も開始されていく。研究者が個々人で孤立的におこなうより、国家による財政支援をともなって推進される研究は、展開規模においても質においても、より大きく発展する可能性をもつようになる。学問や文化活動への公的投資は、国家戦略の一部を構成するものとして近世ヨーロッパで位置づきはじめていた。エキスパートが重視されるという状態には、まだほど遠かったというべきであろうが、しかし学知との距離が近いということが、だんだんに大きな意味をもってくるのである。

民衆文化とブルジョワ文化

宮廷において華麗な社交の世界が展開していたとき、社会の大多数をなしていた普通の人びとの暮らし向きが決して楽ではなかったことには、すでに言及した。近世のヨーロッパは、遠い海外へと交易の範囲を拡大していったものの、いずれの国も基本的には農業経済を基盤としていた。したがって、ひとたび悪天候に見舞われて不作でも生じれば、たちまち経済の収縮と飢饉が問題となるような状態であった。貴族であろうが裕福な商人であろうが、上層の人びとは飢えに苦しむどころか、しばしば過剰なほどの消費をおこなっていた。それにたいして、庶民はぎりぎりの線で生活していたといったほうが、イメージとしては正確であろう。都市に増加してゆく傾向にあった民衆だけでなく、食糧を生産していた農民にしても、同様である。

彼ら民衆階層の人びとの文化、という点ではどうだったのであろうか。読み書き能力がかなり低かったであろうことには、すでに触れた。では文化程度も低かったのかといえば、そう簡単に決めつけてはいけない。文字文化のほうが程度が高いというのは、それに慣れ親しんだ人の思い込みであるかもしれない。一般的にいえば彼らの文化は、生活習慣のなかで形成され、口頭伝承によって受け継がれたものである。したがってそれは、職業や地域に密着したローカルな性格をもったものであった。

農民であれば、農村共同体のなかで受け継がれてきた一年の生活サイクルがあり、それは農事暦とキリスト教暦とが重なりあうようにして形成されていたといってよい。冬送りや春迎えの祭礼があり、収穫を祈り、あるいは収穫に感謝する祭礼があったことなどは、日本やアジアの農業社会とも共通する。ただ、作物の種類や宗教的な意味づけなどが、各地で異なっていただけである。ただしヨーロッパの農村がキリスト教であったといっても、おまじない的な性格の強い信心であった点は、やはりその他のところとも共通する特徴があって、ようするに基層文化としてはかなりの共通性を認めることができるのではないかと私は考えている。これについては、もうすこしあとの一九世紀の社会変容のところで考えてみたい。

都市の民衆階層の場合には、ひとつは街区共同体とでもいえそうな地縁関係が、生活の基本的枠組みをなしていた。それに加えて、職業ごとの一種の共同体が存在した。近世においては、都市といってもほとんどは小規模で、職住近接が基本であったから、しばしば両者が重なりあっていることもありえた。冠婚葬祭にあたって活躍した街区や職種ごとの信心会などの活動は、そうして重なりあうことが珍しくない。すこし大きな都市では商人や親方職人たちが、ギルドと総称される同職団体を形成している場合も多かった。これは、一種の独占的な職益保護団体であり、市場経済が発展しはじめると、その批判の対象となり、解体へと向かう組織であるが、それぞれ職業に見あった独特の習慣や儀礼を保持していた。しかし住民の流動性が高まる都市にあっては、特定の職についていない、雑業でなりわいをたてる民衆もすくなからず存在するようになる。一種の都市社会問題が先駆的に現れてくる。これについても後述することにしよう。

近世において、地域ごとや職域ごとに多様な彩りを帯びながら、農村や都市の民衆が生活のなかに保持していた文化を民衆文化と呼ぶとすれば、それと宮廷社会にみられた洗練された文化のあり方との懸隔は、きわめて大きなものとなっていた。民衆文化にあっては、暴力的な所作を含む直接的な身体性や、また罵り言葉や擬音を多用する言語表現の激しさは、その特徴をなしていた。フランスでシャリヴァリといわれた慣行は、その格好の事例であろう。共同体の規範に反した人が出たさいに、一種の制裁行動をみなで仕掛ける風習である。イギリスではラフミュージック（荒っぽい音楽）、ドイツではカッツェンムジーク（猫の音楽）ともいわれたように、鍋などを叩いてドンちゃんただならぬ音を立てて警告するという方式もあったが、文字通りリンチに近い凄惨なこともおこなわれた。儀礼化された婉曲的な表現、すなわち感情の抑制が重きをなすようになっていった宮廷文化とは、同時代の対極である。

しかし都市の住民のなかにも、民衆文化とは明確に一線を画すような人びとが現れてくる。市民のうちで、たとえば遠隔地商業などで財をなした裕福な人びとのうちには、その財力で一目も二目も置かれる人びとが現れる。彼らは、おなじ都市に暮らしながら民衆文化の世界とは距離を置いて、感情を抑制する振る舞い方としては宮廷文化に近い。彼ら上層市民のなかからは、現に宮廷社会においても重きをなす人びとが出てくるのである。娘を貴族に嫁がせるなど、一族を貴族の仲間入りさせる家系も登場する。貴族の側でも、家産を維持して家系を保つためにそれを求める動きがあった。あるいはフランスの場合のように、政府によって売りに出された官職を購入して、その官職についている貴族の称号を手にすることもあった。あるいはまた、貴族の所領を買収することもおこった。近世ヨーロッパは、依然として貴族階層を最上層とする身分制を保持していたが、しかしその実態は、決して動くことのない膠着《こうちゃく》した制度というわけではなかった。むしろ、流動性は高まっていた。たとえば宮廷文化がその頂点を極めたともいわれるルイ一四世の治世にあって、その国政を支えた国務卿たちは、圧倒的にブルジョワ出身の法服貴族たちであった。彼らは、戦いの先頭に立つことを誇りとしてきた武家貴族ではなかった。貴族といっても、その内実が時代とともに動いてきていたということである。もともと経済活動で台頭してきた彼らは、貴族の称号を得ようが一市民のままであろうが、一八世紀ともなると国王の庇護をもはや必要とは考えない、都市を拠点とする独自の文化を形成していく。階層身分という仕組みそのものは、依然として大きな意味をもっていた。

しかし一八世紀ともなると、都市を中心とした社会の動き、経済の展開は、流動性をともなってそのダイナミックな様相を強めていく。国王や貴族のもとで活力をあたえられた音楽やバレエ、演劇は、都市の劇場へとあふれ出て、市民たちもそれを楽しむ。一八世紀後半に現れた天才音楽家モーツァルトは、そのような時代の変容を身をもって体現したともいえそうである。

王家や貴族の家門は、依然として階層性の強い社会にあって、それなりに特別の存在として位置していた。しかし様式化の極致をいっていた宮廷の社交世界は、しばしば風刺の対象にされたり皮肉られるようにすらなっていく。一八世紀にはむしろ、啓蒙思想といわれるような合理性にもとづいた思考こそが、政治や経済、社会の各部門においてみちびきの糸を提供できるものとして、準拠すべき指針が求められる対象になっていくのである。

第三章　啓蒙専制君主と思想家たち

上からの近代化の模索

一八世紀ヨーロッパの国際戦争

ヨーロッパの一八世紀は戦争で明けた。スペイン王位にかんする継承戦争である。ハプスブルク家の流れを汲むスペイン王家の直系が、後継者のいなかったカルロス二世の他界によって途絶えた。ヨーロッパの王侯貴族は、その婚姻政策でたがいに複雑に結びついている。後継をねらえる位置にいたのは、フランスとオーストリアであった。ようするに、長年の対立を引きずるブルボン家とハプスブルク家である。両家ともこの時点で、スペイン王家とは縁戚にあたっていた。ただしここでは、複雑な縁戚関係に立ちいった話はしない。こみいった縁戚関係にかんする話は、およそそれらに縁のない私には得手ではないし、ここでのわれわれの議論にも直接かかわってはこない。

一七〇一年、フランス国王ルイ一四世の孫であるフィリップが、カルロス二世の遺言にもとづいてスペイン国王フェリペ五世として即位したことにたいして、フランスの勢力拡大をよしとしないオーストリア、イギリス、オランダ、そして大部分のドイツ領邦国家が同盟して対抗することになった。一七一三年のユトレヒト条約、一四年のラシュタット条約で最終的に決着するまで、戦争は断続的に続けられた。結論からすれば、現在にまで続くスペイン王家として、フランスのブルボン朝と縁戚になるスペイン・ブルボン朝が成立することにはなったものの、ルイ一四世によるフランスの勢力拡大政策は、他のヨーロッパ諸国の干渉によって失敗に終わる。失敗どころか、国庫の赤字累積と海外でのカナダ植民地の喪失など失点の大きさを考えれば、彼の治世は大失敗のうちに終わるといったほうが正確かもしれない。

しかし、この種の継承権をめぐる国際的な干渉戦争は、これが最後ではなかった。一七三三年から三八年にかけては、ポーランド王位継承をめぐる戦争、一七四〇年から四八年にかけては、オーストリア・ハプスブルク家の長女マリア・テレジアによる家督継承に難癖をつけた諸国による干渉戦争、いわゆるオーストリア継承戦争が続いた。さらにこれには、後日譚ともいえる七年戦争が、一七五六年から六三年まで起こる。オーストリア継承戦争で台頭してきた新興国プロイセンを、今度はオーストリアとフランスとが同盟して抑えにかかった戦争である。この同盟関係が、長年の対抗関係にあったハプスブルク家とブルボン家とが協調に転じた、いわゆる外交革命の実現である。

これらの一八世紀の戦争をとおして確認されることは、すでに第二章でもみたように、主権国家間の勢力拡張の追求が多様な合従連衡《がっしょうれんこう》を引き起こしつつ、二国間戦争ではなく国際戦争として展開した、という事実である。この時期の国家主権は国王その人の身にあったので、王位継承権をめぐる戦争が多発したのは、一九世紀以降の場合とはかなり異なっていたといえるであろう。しかし王位継承が問題になった場合でも、戦争の主体は王朝ではなく国家であった。戦争終結の条約においてなにより問題となったのは、王家の処遇ではなく国家利益である。

戦争であるから軍事力が問われたのはいうまでもないが、同時に、国家利益のための巧みな外交戦略や戦術が問われた。この時期の戦争は、のちにみる工業化以後の二〇世紀の大戦のような総力戦ではない。それでも、間歇的な戦闘を交えて長期にわたった戦争の出費は大きい。しかも戦争がヨーロッパ内だけでなく、アメリカやインドなどの外地においても並行しておこなわれる規模をもっていたことには、すでに第一章の最後でも触れたところである。税収の仕組みをはじめ国家の政治経済をしっかりたてることができないと、軍の維持すらおぼつかない。国家経済の有効な組織展開で先んじていることがいかに有利であるかが、いっそう明確になってきていた。そのためには、国内の政治状況や社会秩序が安定している必要にも迫られていた。

イギリス立憲王政の確立とジェントルマン

一八世紀において、以上のような条件を満たすのにもっとも成功したのがイギリスであった、といえよう。厳密にいえば、イギリスという国家はないから、この時期であればグレイト・ブリテン王国といったほうが正しい。現在でも、サッカーやラグビーの国別対抗戦において、イングランド、スコットランド、ウェールズが、アイルランドと並んで別々のチームを組んで参加しているのは、かつてはこれらが別々の王国であって、その歴史的な背景も文化も異なっていたからである。本書ではこの先も、煩瑣《はんさ》になるのを避けて、慣用にならってイギリスという表現をここまでと同様に使い続けることにしたい。ただ、ここですこし立ち止まって、一七世紀から一八世紀にかけてのブリテン島の情勢にこだわっておかなければならない。

グレイト・ブリテン王国の中心になった王国イングランドは、ウェールズについてはすでに一三世紀末に戦闘で破って支配下に組み込み、一六世紀前半のヘンリ八世時代には合同法によって同一法制のもとに置いていた。しかしスコットランドについては、後継者のいなかったイングランド女王エリザベスの没後、一六〇三年にスコットランド国王ジェームズをイングランド国王として迎えて以来、共通の国王をもつ同君連合という形式のもとにあるにすぎなかった。そのスコットランドを事実上併合するかたちで両王国の合併を実現し、一七〇七年にグレイト・ブリテン王国を成立させたのである。しかしこの合併は、カトリックにたいしてはおなじプロテスタント側に位置するとはいえ、イングランドのアングリカン・チャーチ（イギリス国教会）とは異なるカルヴァン派の長老主義に立つスコットランドの人びとからすれば、諸手を上げて賛同できるものではなかった。そもそも歴史的にイングランドとは、言語も文化も異なっていた。しかし一八世紀はじめには、経済的にも政治的にも、スコットランドにたいしてイングランドがすでに圧倒的優位に立っていたことは否定できない。

しかも両国の関係は、すでに切り離せないほど密になっていた。

じつは宗教改革に続く一七世紀において、ブリテン島の政治社会情勢は、大混乱を経験していた。かつてであればピューリタン革命と名誉革命といわれ、あるいは双方を一括してイギリス革命と総称されてきたような、一連の出来事からなる大混乱である。国王が処刑され、一時的に共和体制が布かれたが長続きせず、しかも復帰した後継の国王はカトリックを唱えて反発を買い、ジェームズ二世にいたってついに国外亡命をよぎなくされた。そして一八世紀冒頭にスコットランドと合併して、グレイト・ブリテン王国という主権国家の枠組みが最終的に確立した。この確立は政治的には、ある意味で晩生の展開であったともいえる。しかし、かえって一七世紀のうちに極端な政治的激動を経験して乗り越えたイギリスは、一八世紀において立憲王政という政治システムを安定させることで、いっそう経済発展していくための前提的条件のひとつをクリアできたといえるのである。

つまりイギリスでは一八世紀に、国王は主権者として君臨しているのではあるが、議会における審議決定にこそ重要性があたえられ、それが基本的な決定力をもつという政治体制が確立していった。ヨーロッパのほかの国々では王権の強化と一体になって確立していった近世における主権国家が、イギリスでは王権のもとでは安定せず、それゆえにかえって立憲王政という政治体制が現実のものになっていったのである。立憲王政の原則は、一六八九年の「権利の章典」によってすでに確認されていた。国王が統治者であることには同意されたが、国王といえども、議会に代表される国民の意思に反して恣意的な政治をおこなえば、否認と排斥の対象になる。議会が、政治意思の実質的な決定主体となるのである。首相のもとに内閣が国政を担当し、その内閣は、国王にたいしてではなく議会にたいして責任を負う、という責任内閣制が明確になるのは、初代首相といわれるウォルポールが辞任した一八世紀なかばのことである。

主権国家の政治体制として立憲王政をいち早く採用したイギリスにしても、一八世紀なかばまでスコットランドの内部には、依然として合併をイングランドにたいする従属と見なして武力抵抗する動きもあり、おりからの商業の活性化やエンクロージャー（土地囲い込み）にともなう余剰人口の都市への流入などが、社会的な問題を引き起こしはじめていたことはたしかである。であるから、あまりに調和的な状態を想定するとすれば間違っている。しかし立憲王政という政治体制の安定は、主権国家間の勢力争いで有利な位置を占め、経済的に世界でさらに大きく展開するために、内部の憂いをなくす重要な前提条件をあたえたといえるであろう。じっさいイギリスでは一八世紀なかばまでに、すでにヨーロッパ外との交易を中心とした収益が「商業革命」ともいわれている社会経済の活性化をもたらし、つぎに展開する「産業革命」への道筋がつけられていたのであった。

ウォルポール　イギリスの初代首相。その辞任により責任内閣制が誕生した

イギリスにおける社会経済の活性化と同時に、

政治体制と社会秩序の安定化にとって重要であったのは、封建制以来の貴族に取って代わるジェントリーといわれる社会階層が、支配的な階層として台頭していた点である。ジェントリーの構成は時代によっても変化したので単純ではないが、その階層内部の上流には貴族の一部と、また貴族と区別ないほど地位が高い土地持ちの平民が位置し、一八世紀ともなれば貿易商や植民地で地主経営するような者も含まれる、社会経済的には幅のある階層であった。しかしこの階層に属するジェントルマンたちはいずれもが、金利収入などを中心とした余裕ある生活を送ると同時に教養も身につけ、社会から羨望《せんぼう》のまなざしで見られるような行動をしている、いわば時代のリーダーにあたる名望家であった。支配的な階層となった彼らは、砂糖やコーヒー、さらには紅茶といった、海外交易で輸入されてくる嗜好品を積極的に取り入れ、生活様式における変化をも先導していった。のちに、ティータイムのないイギリス生活は考えられなくなるが、それは彼らの生活様式を起点にしていた。こうしてイギリスにおいてジェントルマンたちは、新たな社会経済の活性化を牽引《けんいん》すると同時に、その秩序に新たな安定性をあたえていく中心に位置することになる。

啓蒙専制という近代化の模索

一七世紀から一八世紀にかけて独自の展開をみせたイギリスと並んで、オランダは、スペインからの独立を勝ち取って以来、商業にたずさわる有力者たちが政治的な支配階層を形成していた。ヨーロッパ諸国が展開しはじめた地球規模での経済覇権抗争は、一八世紀にはイギリスとフランスの抗争を主軸としはじめていたことには、すでに第一章で触れたとおりであるが、オランダの有力市民が蓄積していた資本が大きな力を保持していたことには変わりがなかった。アムステルダムの金融市場は、一九世紀にロンドンに取って代わられるまで主要な位置を占めた。一八世紀にはその資金がイギリスの公債に投資されることで、イギリス経済はいっそうの活力をあたえられたとみなされている。

ほかのヨーロッパ主要国にあっても、国内の経済基盤の整備や対外交易の発展が、覇権抗争に落ちこぼれないための必須の条件であることは、王政によって多少とも認識されつつあったといってよいであろう。しかし、貴族などの身分が代表する旧来の特権階層や、ギルドなどの職業特権をもった集団の力が、いずれにおいてもなかなか弱くなってはいなかった。それでも変化は要請されていた。一言でいえば、近代化をいかに果たすか、という要請である。

国内的な社会経済基盤の整備のうちでも、たとえば道路の整備や新規開設による人の移動やものの流通の改善、これにはいくつもの国で力がこめられた。幹線道路の整備や架橋工事、運河の開削などとして進められていった交通網の整備は、軍隊の移動や政治支配にとっても重要なものである。当時の大国フランスですら、それまで道路は雨が降ればぬかるみ、乾けば馬車の轍《わだち》の跡が入り組んで、交通にはとても難儀する状態が多くみられたが、一八世紀にはそうとうな改善が推進されていったとみなされている。おなじ時期に郵便システムがかなり進歩したことも、こうした条件整備と密接に関係しているであろう。また、いくら農業が発展して生産量が上がっても、流通が確保されないことには、社会経済全体の活性化にはつながらない。

交通網の整備と同時に、国内産業育成のための配慮、国内関税の廃止、各種の規制撤廃や技術導入、まずは国内の労働市場と商品市場の双方の整備、これらが、経済発展の最低限の条件として求められていた。しかし多くの場合に、既存の特権をもった集団は、みずからの特権が侵害されることにたいしては神経質に反発した。自分たちの経済的保障の確保というだけでなく、特権は、それを保持している者にとっては自由と自律を意味したからである。

現場からの構造的な変化の動きが十分でない、あるいはすぐには期待できないとみなされた多くの国では、近代化へ向けての政治的な動きが上から推進されるようになる。これは、既存の王権による政治体制そのものは変更することなく不問とし、社会経済の動きを新たにしようとするもので、ふつう啓蒙専制主義とか啓蒙専制政治といわれている。ヨーロッパは一八世紀なかばから後半にかけて、イギリスやオランダといった例外を除いて、政治的には啓蒙専制とか啓蒙王政といわれる時代となるのである。

フランス王政と新興国プロイセン

たとえばフランス王政の場合をみてみよう。王政のもとでは、歴史的に形成されてきた社会集団にそれぞれの秩序段階に応じた一定の自律性を認め、その集団の内部的な管理能力に依拠するかたちで円滑な統治が可能となるような仕組みが作られてきた。そのような社会集

サン・スーシ宮殿と国王フリードリヒ２世　ベルリン郊外に、国王（右）がヴェルサイユ宮殿を模して建設した宮殿（左）には、啓蒙思想家ヴォルテールも招聘された

団は、中間社団といわれるものである。中間社団は、その存在が認定されるための一定の代価と引き換えに、自分たちの権利を確保してきた。それらにとっては、特権の廃止とか規制撤廃とかは、自分たちの権利を侵害するものと映った。免税特権のあった貴族への課税とそれへの反発、という動きもその例であれば、ギルドの規制を廃止して職業活動の自由を認めるという規制撤廃の動きとそれへの抵抗も、同様の事例である。

王政からすれば、経済基盤の整備は、道路や運河などのいわゆるインフラ整備だけでなく、市場の自由化という点でも実現すべきことと思われた。そのように構造改革を推進しようとする政治家や政策提言者を、すくなくとも一時期王政は積極的に登用した。啓蒙王政である。しかしそのような政策は、既存の仕組みの中核をなしてきた人びとからは、権利の侵害、王政による横暴として猛反発を受けた。それを押し切るには、国王みずからがそうとうに強力な政治的イニシャティヴを発揮する必要があった。しかし一八世紀後半のフランスの場合、ルイ一六世にそれはなかった。こうして既存の体制は、むしろ既存体制側からの改革模索によって呼び起こされた危機によって、揺るがされることになるのである。フランス革命については、次章において検討しよう。

あきらかにフランス王政のあり方を意識していたのは、ドイツ諸国のなかでも一八世紀に急速に台頭した新興国プロイセンである。そのリーダーである国王フリードリヒ二世、大王と呼ばれた彼は、ヴェルサイユ宮殿を模したサン・スーシ宮殿を首都ベルリン郊外に建設させただけではない。若いころには啓蒙思想に入れあげていたフリードリヒは、「君主は国家第一の下僕なり」といって、みずからの手で近代化路線を強力に推進しようとした。新興国として、強国フランスなどと対等に伍していくには、富国強兵路線をとるに勝るはない。彼はそう考えた。徴兵制を布いて軍隊を安定的に強化し、積極的に領土拡張の機会をねらう。他方彼はサン・スーシ宮殿に、フランスの代表的な啓蒙思想家ヴォルテールを招聘《しょうへい》し、国家社会がいかにあるべきかを論じあった。国王は教育にも強い関心を示し、国内産業の振興も上からの指示で促進させようとしていた。しかし、現実にはプロイセンの社会経済の構造は、ユンカーという地主貴族が半農奴的な賦役《ふえき》労働で輸出用穀物を生産させる、という仕組みが支配的であった。軍部にしても官僚層にしても、そうしたユンカー階層からの出身者が中心になってになわれていた。国王の大きな構想にもとづく政策は、結局は実を挙げないうちに、プロイセンはフランス革命にともなう混乱へと巻き込まれていく。

啓蒙専制といわれる政治は、国王や皇帝の権威は温存し、身分制の仕組みも温存したまま中央集権を強めて経済の近代化を図ろうとするものであるから、現代の開発独裁型統治にも通じるところがある。しかし社会経済の仕組みを改革するといっても、それを可能にするだけの前提的条件があまりに欠落している場合には、その成功は結局おぼつかない。いわば、絵に描いた餅に終わるのである。

新興国プロイセンとの対抗をよぎなくされた名門ハプスブルク家のオーストリアでは、マリア・テレジアとその息子ヨーゼフ二世の時代に、やはり啓蒙専制といわれる政治が追求された。オーストリア継承戦争にはすでに触れたが、神聖ローマ皇帝位を夫のフランツ一世にまかせた彼女は、ハプスブルク家の当主として政治にも積極的に関与した。ドイツ内でのプロイセンの台頭をにらんで、歴史的な宿敵フランスとの同盟へと舵を切り、娘のマリ・アントワネットをのちのルイ一六世のもとに嫁がせたのも、彼女であった。フランツ一世の没後、皇帝位を引き継いだ息子のヨーゼフ二世とともに、啓蒙専制の施策を採用して中央集権化を強めようとした。宗教寛容令や修道院の解散令、さらには貴族の免税特権の廃止を求め、徴兵制も導入した。しかしここでも、改革にたいする旧来の貴族からの抵抗は強く、しかも帝国領内には多様な民族を抱え込んでいたので、結局のところ上からの改革路線はうまく実効を発揮することなく挫折し、フランス革命とナポレオン戦争を経て一九世紀の厳しい現実にさらされていくことになる。

東西ヨーロッパを分かつ分水嶺としての一八世紀

さらに東に位置する帝国ロシアでも、啓蒙専制の路線が、一八世紀後半をながく統治した女帝エカテリーナ二世によって採用されようとした。すでに一八世紀のはじめ、強国スウェーデンを北方戦争で破った皇帝ピョートルが、積極的に西欧化路線を採用し、海路をもって西につながるバルト海への出口には、新しい首都サンクト・ペテルブルクを建設させていた。エカテリーナ二世はヴォルテールと文通して意見を求め、フランス啓蒙思想を代表する思想家ディドロを宮廷に招聘して意見を聞くなど、ピョートル大帝の西欧化路線を継承していこうとする姿勢を明示していた。しかしここでも、領主制的な農業経営による輸出用穀物生産を主としていたロシアの経済的現実が、改革の動きを非現実的なものとしてしまう。農奴身分の農民を酷使した穀物生産に反発した大反乱が、自分は皇帝の生まれ変わりだと主張するプガチョフをリーダーとして一七七三年に勃発すると、彼女の姿勢は反転して、当面の国家経済の土台である農奴制強化へと向かう。啓蒙専制的な社会経済の合理化への道は、いわば選択手前で挫折した。

一八世紀のヨーロッパ内部における変化の過程で明確になってくることのひとつは、西ヨーロッパと東ヨーロッパとでの状況の違いが鮮明になった、という点であろう。おそらく同時代を生きていた人びとにとっては、それはまだ必ずしも明確ではなかったかもしれない。しかしのちの歴史的展開を知っているわれわれからすると、近代的な資本主義へと向かう経済の展開、それと対応する社会秩序の変化、政治の仕組みの変更、こういった点で、この一八世紀は、まちがいなく西ヨーロッパが主導権をとるようになる分水嶺をなしていたことがみえてくる時代である。

変化を明確にしだした西ヨーロッパのなかでも、北西ヨーロッパ、とりわけイギリスとオランダが先頭を切った。工業化への動きがはじまるという点では、イギリスが完全に一歩を先んじることになる。それが、一九世紀の世界経済におけるイギリスの優位を、決定づけることになる。それと対照的に東ヨーロッパでは、農奴または農奴的拘束のもとに置かれた農民を安価な労働力とする、輸出用穀物生産が大規模に展開し、権威主義的な身分階層秩序をもった社会が強固に再生産されていた。いわばヨーロッパ規模での分業のなかで、商業と工業が発展して人口も増え続ける西ヨーロッパへと食糧を供給する地域としてみずからを位置づけることによって、東ヨーロッパは活路を見出していたのである。経済的にみても社会的にみても、近代的な合理化という点では大きく後れをとらざるをえない状態であった。こうした状態は、一九世紀にはいってイギリスの工業力が圧倒的に他を引き離すに及んで、よりいっそう深刻な問題をさまざまな面でもたらすことになるのである。

エカテリーナ２世　18世紀後半のロシアに啓蒙専制を導入し、思想家ディドロを招聘した

知性を信頼した一八世紀の知識人たち

啓蒙とは何か

前節において、啓蒙専制とか啓蒙王政という表現を用いた。現代であれば開発独裁にあたるかもしれないとも書いたが、これはいささか語弊があるかもしれない。では啓蒙とは何か、と正面切って問うとなると、これがまたむずかしい。しかし近代ヨーロッパの覇権を考えるには、避けては通れないこともたしかであるように、私には思われる。そこで、私なりに要点を押さえておきたい、と思う。

啓蒙という概念、ないしは表現の確認からはいりたい。啓蒙思想を代表する思想家としてヴォルテールやディドロの名前がすでに登場したが、彼らはフランスの人である。フランス語では啓蒙を表現する単語はリュミエール Lumières という。この言葉は、辞書を引けばすぐに分かるように、光を意味している。あらゆる事物に光をあて、暗がりや未知の部分、あるいは無知をなくしていかなければならない。そういう姿勢を表している。暗部に隠れてこそ陰謀をたくらむのは、人として最低である。教育によって誰しもが情報をとらえ、共有し、それにもとづいて目的に合致した合理的な判断をよくする。それを人の生き方の根本とし、政治や経済、社会などにかかわる、あらゆる事業や組織の運営の基本としなければならない。合理化を追求する現代社会でも通用しそうな、こういう考え方である。この光のもとにあるというイメージは、一八世紀のさまざまな図像表現において、文字通り上部から射しこむ太陽の光線などとして具体的に描かれている。仏教の場合に教えを月光にたとえるのとは違って、光のイメージはあくまで強烈な太陽であった。

英語でもおなじように、エンライトゥンメント Enlightenment というから、これも光をあてるということにほかならない。ドイツ語ではアウフクレールンク Aufklärung という。これはフランス語や英語とはすこしニュアンスが異なるが、やはり解明するとか澄んだ状態にするというような意味である。日本語の啓蒙という表現はいささか重いながら、言い得て妙な表現といえるであろう。

ドイツを代表する、というよりヨーロッパを代表する哲学者の一人カントは、一八世紀も暮れゆく一七八四年、「啓蒙とは何か」という短文を著し、こう書いている。福田喜一郎《ふくだきいちろう》さんの訳文を使わせていただく。「啓蒙とは人間が自ら招いた未成年状態から抜け出ることである。未成年状態とは、他人の指導なしには自分の悟性を用いる能力のないことである」と。一人一人の市民が自分自身の責任において理性を行使することの重要性を説いたカントは、彼の同時代はまだ「啓蒙された時代」ではなく「啓蒙の時代」すなわち啓蒙が必要な時代にある、とみなしていた。

フランスではドイツに先立って、さまざまな位置にいた人びとが、政治や社会のあり方や経済について、自分たちの考え方を積極的に発言するようになっていた。現実世界を構成している多様な側面について、改良や改善を求めて積極的に発言する人びとのうち、とりわけそれらの発言をリードしているとみなされた人たちは、同時代において「フィロゾーフ」と呼ばれた。現在であれば「哲学者」と訳される表現であるが、もとをただせば「知を愛する人」という意味である。啓蒙とか啓蒙思想といって、なにかはっきりした学派や党派、あるいは政治集団などが存在したわけではない。なにか星雲状の知的運動のようなもの、とイメージしたらよいかもしれない。

『百科全書』からみえてくること

このような状況を示すものとして、ディドロとダランベールが編纂した『百科全書』がある。一七五一年から七二年にかけて全二八巻で初版が刊行されたこの大事業は、いうなれば、それまでに人間社会が耕してきた知の総覧をまとめあげ、共有化しようという大胆な試みであった。洋の東西を問わず、それまでにもこの種の試みはなかったわけではないが、多くは各時代の学者の手になるものであった。しかしディドロたちの『百科全書』の項目執筆には、学者はもちろんであったが官僚や法律関係者、行政の実務家、あるいはすぐれた職人など、じつにさまざまな分野の「知を愛する人」たちがたずさわっていた。

新たなこの『百科全書』を編集し執筆した人びとに共有されていたのは、それらの知をそこに固定するのではなく、つぎに続くべき刷新へとつなげていこうとする姿勢であった。そこには、歴史の展開は自分たちの意志をもってすれば変化させられるのだ、という確信がみられる。それによって歴史の進歩への前進が確保できるはずだという、すばらしく楽観主義

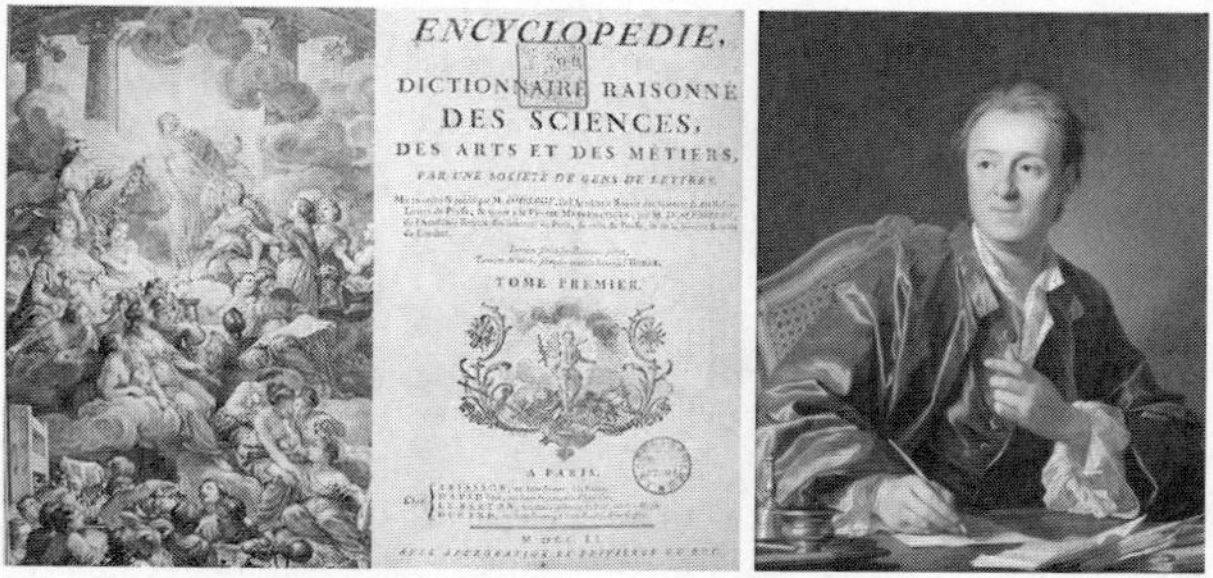

ディドロと『百科全書』の扉　ダランベールとディドロ（右）が編纂した『百科全書』（左）全28巻には、学者、官僚や職人など180人以上が執筆に動員された。大阪府立中央図書館蔵

的な考え方といってもよいし、人間の知と理性がもつことのできる力への驚くべき信頼といってもよいであろう。

　このような姿勢が、啓蒙思想家たちには共有されていた。したがって、現実に非がある、実態にこそ間違いがある、という認識にいたるとすれば、積極的な現実批判が展開されることになる。それは、同時代のあらゆる側面に及ぶものであった。王政による統治のあり方やカトリック教会への批判につながることもあったので、当時においては検閲によって抑圧される場合もありえた。彼らの知的な営みは、合法性すれすれのところにあった、といってよい。

　しかしながら、当時のほとんどすべての啓蒙思想の持ち主たちにとって、王政をはじめ既存の体制を根本から転覆させようとする意図はまずなかった。また、特定の国の体制だけを標的にするものでもなかった。政治や経済、あるいは社会のあり方について、目指すべき目的によりいっそう合致する合理的な新たな考え方を、もっと普遍的に通用するものとして提起することが目指されていたといってよい。あくまでその姿勢は、現実の改善への志向であり、それが世界の刷新と歴史の進歩につながる、と考えられたのである。

したがって、一定の近代化を求めていた国王たちにとっても、あるいは王政の指導者たちにとっても、フィロゾーフ、啓蒙思想家たちは、単純に危ない存在として追及弾圧すべき対象であったわけではない。むしろ、時代の問題点や変化の潮流について参考意見をあたえてくれる存在、一種のブレインとしてうまく活用できればそれに越したことはない、とする判断がありえたのである。近代化を追求しようとする国王たちによって、その宮廷に啓蒙思想家がご意見番として、あるいは政策提言者として、招聘《しょうへい》された理由である。フランスで啓蒙思想が展開したあと、一八世紀末になって王政を転覆させる革命が起こっただけに、かつては啓蒙思想の展開と革命の勃発とに因果関係があるかのように解釈する向きもなかったわけではない。しかし、それはあまりに短絡的で強引な結びつけ方といわなければならない。

『百科全書』がたどった道筋は、この時代の状況を表すものとして象徴的であった。それは王政によって保護されたり、あるいは検閲の対象とされて一時的に刊行停止処分を受けたりした。最近の研究によれば、その読者層も学者や大商人などの市民層だけではなく、王侯貴族もいれば、既存の制度内に地位を占めていた行政官僚なども、その重要な一部をなしていたと考えられている。新たな知への欲求は、その裾野がたいへん広かったようである。

現場に身を置いていた行政や司法の実務家たちのなかには、啓蒙思想の新しい考え方にひきつけられていた人びとがすくなからずいた。現代歴史学によって彼らは「啓蒙のエリート」と呼ばれたりしている。彼らのうちには、みずから筆を執って提言を著すものもいたが、専門の文筆家や芸術家たちと交流をもつものもいた。街中に増えはじめていたレストランやカフェは、そうした交流の場ともなりつつあった。

サロンにおける意見の交換と公論の形成

現実の諸問題を取りあげその解決を論じ合う場として、フランスの場合にとりわけ注目されるのが、サロンという場である。たとえば一八世紀後半のパリでは、ジョフラン夫人の主宰するサロンがデュ・デファン夫人のサロンとならんで、とくに有名な例として挙げられる。サロンという集いの場は、一七世紀前半から、はじめのうちは貴族の館で、その家の女主人のもとで開催されるようになっていった。宮廷政治の仕組みが確立していくなかで、宮廷という徹底して儀礼化された公的な場とは異なる、私的な空間として、世間で生起するさまざまなことがらが話題とされ、意見が交換される場となった。あるいは文学や芸術の作品が、習作の段階からいち早く披露され、感想や批判が交わされる場となった。そこにはフランス社会の上流の人びとが分野を越えて集まり、また周辺諸国からの参加者も姿を現すようになっていった。

イギリスの場合には、多様な問題について意見や情報を交換する場は、男性のみによって構成されるクラブとして定着していった。ところがフランスの場合には、そのような場が女性の主宰のもとに発展していったところが興味深い。多様で高度な議論を主宰できるだけの知的で魅力をもった女性がいた、ということはもちろんであるが、しかしこれは、女性の能力や才能が全般的に評価されていたということではなさそうである。一七世紀にせよ一八世紀にせよ、はたまた一九世紀にせよ、女性は政治などの公的なことがらに口出しなどせぬほうがよい、という主張が一般に通念となっていたからである。であればこそ一九世紀には、フェミニズムの動きが多様に生じてくるのである。サロンを女性が主宰したということは、そこが、男社会であった公的な政治からは切り離された空間だということを、あえて明示するためだったのではなかろうか。これを特定の男が主宰したとなると、一種の派閥や党派の形成、あるいは陰謀集団の密会だと受け取られかねない。

いずれにせよ、こうしたサロンやクラブ、街中のカフェなどで意見が交換されるなかから、公論といわれるものが形成されていく。公論、ないしは世論、パブリック・オピニオンである。もちろん、公論が多数決をもって実態として確認される、などということが起こるわけではない。現在の無作為抽出によるアンケート調査にしても、それが意見分布を知る手段ではあっても、論としての是非が問えるわけではなかろう。一八世紀においても、ある主張が公論であると実態的に確認できる手段が、なにかあったわけではない。そうではなく、自分たちの議論が公的な、ないしは公共的な、すなわちパブリックな利益にかなったものなのだ、という正当化の論理が、きわめて重要な位置を占めていったのが一八世紀であった。公論として主張される、ということである。私的なものと公的なものとの峻別が意識されるようになり、私的なものはプライヴァシーの領域として、公的な、公共的なものはパブリックな領域として、それぞれが区別されたうえで、いずれも重視されるようになる。国政にとってのパブリックなものの重視が強く主張され、私的なものとの混同が忌避すべきこととして指弾されるようになる。

こうして啓蒙思想家や啓蒙のエリートたちが、討論や文筆活動、すなわち言論によって形成した知的な世界は、のちにはしばしば「文筆の共和国」(リパブリック・オブ・レターズ)ともいわれるようになる。そこには、既存の主権国家の国境などには拘束されない、人間社会に共通する普遍的な真理への志向が共有されていた。ただし、そこで彼らの念頭にあった普遍性とは、なによりヨーロッパ世界を思考の前提とするものであったといってよい。もとより当時でも知識人が非ヨーロッパ世界について、知識をもっていなかったわけではない。しかし普遍性への志向にたいして足場をあたえていたのは、あくまでヨーロッパ世界であったということは、時代的な限界として押さえておきたい。

文字文化の拡大

以上のような思想の展開の背景として指摘しておくべきことに、一八世紀を通じての出版文化の拡大という現象がある。啓蒙思想がいかに時代の思潮であったといっても、それなしには普及も交流も困難であったにちがいない。たしかに、一九世紀に印刷技術や紙の製法が機械化によって革命的に変化し、印刷物の量産が可能になったのちと比較すれば、紙のコストは高いし印刷は手仕事であった一八世紀には、まだまだ限界がつきまとっていた。しかし書物の内容は、それまでのように宗教的なものが圧倒的に支配していた状態からすれば、あきらかに多様化へと変化しつつあった。書物の流通量も、世紀を通じて大幅に増大していた。

すでに触れたように、フランスにかぎらずヨーロッパの人びとは、一八世紀には読み書き能力は高くなかった。しかも現代の歴史研究で識字率を推定するさいに用いられてきた、サインを自署する能力のあるなしというのでは、読解力までは分からない。したがってどこまで書物が読めたか、正確な数値は推定もむずかしいのであるが、民衆階層を考慮すればなおさら率は下がるであろう。それでも社会の中間階層以上においては、文字文化への志向はあきらかに上昇していたと思われる。文字を十分に読めなければ、行政にせよ経済にせよ、仕組みのなかにはいっていくことすら困難な状態は、すでに一般化していたからである。第二章で触れたように民衆階層にあっても、文字を読める人が音読することで、文字媒体を通じての情報の共有化は進んでいた。民衆向けの廉価本を含めて、書物の種類は、内容の面でも形式の面でも多様化が明確であった。教育的な配慮の増大にともない、もっぱら子ども向けの書物も出されるようになった。書物にかぎらず新聞のたぐいや、一枚もののビラやポスターのような印刷物にいたるまで、紙に印刷された文字を媒体とする情報発信とその受信が、社会的コミュニケーションとして重要度を増していく過程が本格化する一九世紀の前提は、すでに十分に用意されつつあったといってよい。

一七世紀と一八世紀の対照性

なんという対照、なんという激変であろう。位階制、規律、権威が保証する秩序、生活を固く律するドグマ――一七世紀の人びとはこういうものを愛していた。しかし、そのすぐ後につづく一八世紀の人びとは、ほかならぬこの束縛と権威とドグマを蛇蝎《だかつ》のごとく嫌ったのだ。一七世紀人はキリスト教徒だったが、一八世紀人は反キリスト教徒だった。一七世紀人は神法を信じていたが、一八世紀人は自然法を信じた。一七世紀人は不平等な階級に分かれた社会でのうのうと暮らしていたが、一八世紀人はただひたすらに平等を夢見た。もちろん息子というものは、自分が世の中を作りかえるのだ、自分がやれば必ず世の中は良くなるのだと思いこんで、とかく父親に文句をつけるものである。しかし、連続した世代の間の揺れだけでは、これほど急速で決定的な変化は説明できない。大方のフランス人はボシュエのように考えていたのに、一夜あけると国民は突然ヴォルテールのように考えだしたのだ。これはまさしく革命だった。

これは、フランスの思想史家ポール・アザールが一九三五年に公刊した『ヨーロッパ精神の危機』という書物の一節である。野沢協《のざわきょう》さんの訳文を拝借した。アザールの名文は、いささか図式的に強調されすぎているとはいえ、変化の雰囲気をよく伝えている。たとえ教会の権威主義が批判されるようになったといっても、一八世紀を生きた多くのフランス人にとってキリスト教の信仰は前提であった。そうでないと、フランス革命以後のキリスト教をめぐる歴史の展開は理解できない。また、すでに述べたように、一八世紀の啓蒙思想家たちは、人間社会について、あるべき普遍的で根本的な原理を考えようとしたのではあったが、決して革命という激変を予想もしなかったし構想もしなかった。反カトリック教会、反封建制度の闘士ともいえるような活動をしたヴォルテールにしても、そうである。でなければ、プロイセン王によって招聘はされなかったであろう。

しかし、一七世紀において、王権神授説《おうけんしんじゅせつ》によってルイ一四世の絶対王政を正当化する論陣を張ったボシュエのような考え方が、一八世紀においては、すでに満足のいくものとして受け容れられなかったことは、アザールが述べたようにたしかであった。政治にしても経済にしても、あるいはまた社会現象や社会秩序にしても、それらが宗教的世界と密接不可分に論じられることは依然としてあったものの、時代の傾向としては、それら自体に内在する世俗的な合理性を基準として思考され、宗教的世界は、それらを支える倫理や価値観にかかわるものとして位置を変えつつあったからである。

啓蒙思想が展開したのは、もちろんフランスだけではない。いち早く立憲王政を確立したイギリスはもとより、大陸側でもドイツ、イタリア、スペインなど、西ヨーロッパの多くの社会で共通の性格をもった知的な展開が、時差はともなわれたが進行していた。それらの動きは、相互に影響しあい共鳴しあうものでもあった。とくにイギリスでは一七世紀に、国家政治のあり方や宗教と政治の関係について、たいへんな激動を経験していただけに、フランスなど大陸側よりも先んじて啓蒙思想と同様の考え方が、明確に登場していた。それを代表する思想家が、ジョン・ロックである。

先駆者ジョン・ロックと自然権

ジョン・ロックその人は、啓蒙思想が大きく展開する一八世紀の冒頭、一七〇四年には他界している。しかし、多岐にわたる彼の思想は、彼の死後に生じた知的な展開にたいして、たとえばヴォルテールにたいしてのように、多くのインパクトやインスピレーションをあたえるものであった。彼は、宗教的な立場が異なる人びとにも存在を許容し、そのうえで説得や改宗にあたるべきだという宗教寛容論を説き、人が理性ある判断力を身につけるべく教育を重視しなければいけないことを、早くから力説した。しかしなによりここで押さえておきたいことは、彼の議論が、すでに述べたような一七世紀イギリスの政変の帰結、すなわち立憲王政を理論的に正当化するものであった、という点である。現実の変動とも大きなかかわりをもったのである。

ロック　自然権や政府への抵抗権を認め立憲王政を正当化した

すべての人には、基本的な生存権が認められなければならない。それは生まれながらにして備わっているものであって、これを自然権という。なにものも、それを侵害してはならない。自然権の思想を明確に打ちだしたロックの考え方は、彼に先行したイギリスの思想家トーマス・ホッブズとも共通している。さらにロックはいう。政府は、被治者の同意にもとづいて正当な統治をしてこそ、その存続が正当化できる。そうでない場合には、人びとは政府の交替を要求する権利をもっている。いわゆる人民による抵抗権の確認である。社会は、その構成員相互の幸福を実現するための契約によって形成されているのであり、政治においては、理性の支配を維持するためには立憲王政が適切であると彼は考え、三権分立につながる構想も説いていたのであった。

ロックが唱えた社会契約論と同類の思想は、フランスにおいてはジャン・ジャック・ルソーによってより明確に提唱された。ルソーの特徴は、文明の発達は人の本源的な自由を失わせ、道徳の腐敗をもたらさざるをえないのだとする悲観的な文明批判によって、ロックはじめ他の啓蒙思想家とは一線を画しているところであった。彼は進歩への楽観的な姿勢はとらず、人にとって自然性の回復こそが望ましいと説いた。時代の主たる傾向であった理性の強調にたいしては、むしろ人としての自然の情操、恋愛や友情、家族的情愛などの感情の重要性を強く主張した。一種の自然宗教論とも近いルソーの考え方と、その文学的な著作は、彼を同時代のサロンの寵児《ちようじ》に押し上げた。しかし彼の思想と作品には、あきらかにラディカルな体制批判的な調子が含まれていたので、ルソーは著作の発禁措置や逮捕令に脅かされて一時亡命生活をよぎなくされ、一七七八年、奇しくもヴォルテールの死とはほぼ一月違いで他界したのである。それは、フランス革命が勃発する一〇年ほどまえのことであった。

啓蒙思想の基本理念

こうしたルソーの生き方からも分かるように、さまざまな啓蒙思想は基本的に共通する発想に立ちながらも、それ自体がじつは一枚岩ではなかった。現状を批判するにも、その改善を説くにも、力点の置き方は思想家個々人によって多様であった。ヴォルテールはルソーとは反対に、変貌を開始しつつあった都市に示される状況を文明の発展とみなし、歴史の進歩に主張の力点をおいたのである。

ここで、啓蒙思想の要点について、いくつかに絞ってまとめておこう。

第一は、すでに触れたように、生存権を基本とする自然権としての個々人の諸権利の確認、である。これこそは近代的な人権思想の基本、そしてヨーロッパ型の民主主義の基本に据えられることになる思想である。

第二に、同時代の政治においてみられた恣意性にたいする強い批判がある。いいかえると、それは透明性や公正さへの希求である。しばらくまえから日本でいわれている表現に置き換えるとすれば、説明責任を果たさなければならない、ということになる。それはまた、正義（ジャスティス）の追求ということでもあった。

したがって第三に、当時の裁判（ジャスティス）制度にたいする鋭い批判的考察が存在した。それは、人を裁くという究極の権力行使にかんする理論的考察であった。当時は、依然として拷問をともなう尋問が当然のようになされていた。それにたいして、イタリアの啓蒙思想家ベッカリーアが一七六四年に公刊した著書『犯罪と刑罰』で論難したように、拷問への徹底した批判がなされ、処罰という点でも、社会的な安定を脅かしたことにたいする見せしめの制裁ではなく、罪を犯した人をただす、矯正へと導くための処罰理論へと、主張の力点が変化しはじめていた。晒《さら》しや鞭打ちといった公開処刑が批判にさらされるようになり、禁固懲役刑が主流となりはじめるのである。監獄の整備は、一八世紀末からヨーロッパ諸国において重要な課題として認識されるようになる。

そして最後に、三権分立の思想である。法を制定する立法、法にもとづいた執行をになう行政、法への違反を裁く司法、これら三つの権限を別個に区別して位置づけたうえで、合理的に調整していくことが求められるようになるのである。現代に向かって一般化していくことになる三権分立の制度化は、独立後のアメリカ合衆国憲法において最初の実現をみることとなる。

エコノミーの追求

啓蒙思想家たち、あるいは啓蒙のエリートたちが追求していたことがらのうち、前段でまとめたのは、そのもっとも基本となる諸側面であり、それが主に政治的な現実にどのように対応したものであったか、という点である。彼らに共通していたのは、眼前にある現実の政治や社会、経済の動きを熱心に、かつ批判的に観察し、そこに認められる矛盾や問題点を明確にしたうえで、ではどうすればよいのか、という発想から、目的にそった合理的な改善策を構想しようとした、という考え方の筋道であった。

アザールが指摘したように、これは神の教えであるとか国王の決定であるとだけいって、有無をいわさず従わせるのは、権威的な言説であるが、彼らはそれでは納得しない。なにより、一人一人がみずからの理性と知性とを信頼し、ものごとを論理的にとらえ対象化することが肝要だと考えられた。目的にそってできるだけ有効に対処する、という姿勢が求められた。ある目的を立てた場合に、もっともロスが少なく有効にその目的にたどり着くにはどうしたらよいのか。

エコノミーは、一八世紀から、現在いわれるような経済学としての内実をもって自立した学問領域、ポリティカル・エコノミーの対象となってくる。それでもエコノミーは「経済」をただちに意味したわけではなく、それまでのより一般的な意味、すなわち無駄のない有効な組織化と運用、節約や倹約という意味をもった概念でもあった。語源はギリシア語のオイコノミア、すなわち家（オイコス）のしかるべき取りしきりと運営、という意味であったから、その原義をいくばくかとどめた表現でもあったといえよう。

自由と平等という観点からして理不尽とみなされる規制を排除し、経済活動の最大限有効な追求の自由を保障すること、すなわち規制排除と自由市場の確保は、一八世紀の啓蒙思想の立場からする経済の考え方の基本であった。あとの章でみるように、一八世紀には経済は、まだ工業化に向かって本格的には動き出していなかった。したがって、資本主義的な大規模農業に基本を据えたうえで、流通などの規制排除や自由市場の確保が主張される場合も多く、こうした考え方は重農主義と呼ばれた。一八世紀後半においては、こうした立場からの政策提言は結局は成功できなかったのであるが、しかし、一九世紀において工業化を基本とする産業資本主義経済がヨーロッパで発展するにあたって、これらの原則がすでに重要なものとして論じられていた点は、その前提として無視できないであろう。

規制の排除や自由市場の確保という考え方の基盤には、ただ経済領域にかかわるだけでなく、より全般的な人権思想にかかわる、自由と平等の追求という基本的姿勢が存在している。経済活動の自由、労働の自由、所有の権利、それらは平等に万人に保障されなくてはならない条件である、というのである。そのなかで、目的に適合している「投資と収益の計算」がなされるべきである。現代資本主義にあってはあまりに当然ともいえるこのような考え方が、この時代から明確に共有化されてくる。

「最大多数の最大幸福」という目標

では、完全に自由な競争が実現された場合に、弱肉強食におちいるおそれはないのであろうか。こうした疑念にたいしては、経済学の古典となる『国富論』を一七七六年に公刊したアダム・スミスのように、そこには「見えざる手」がはたらいて調和が生み出されるのだとする、ある種の楽観的な考え方も示されていた。スミスはヴォルテールや重農主義者ケネーらとも直接の交流をもった、スコットランド啓蒙思想を代表する人物であった。

彼らは単純に楽観的であったのであろうか、といえば、そういうわけではない。自由な欲望の追求を理想としていたわけでもない。さまざまな啓蒙思想に共通していたのは、こうした自由や平等という考え方の最上限には、社会を構成する人びとの「最大多数の最大幸福」を実現するという共通目的が設定されていたということである。それが、公共的な領域における至上命題なのである。したがって、自由競争で弱肉強食になってもやむをえない、すべては自己責任である、などと考えられていたわけではないという点には、しっかり留意しておく必要があろう。

啓蒙思想のなかに位置した人びとは多様な現場を踏まえ、さまざまな論点を開示していた。彼らが発信していた思想にはらまれていた多様性と矛盾には、たしかに無視できないものがある。たとえば、なにより理性に信を置く主張と、むしろ感性をこそ評価する主張との対立。個人の責任性と社会の責任性との不調整、ないしは個別意志と一般意志との非適合と、それを処理する仕組みの不在。自由と平等という、二律背反におちいる可能性をもつ原理の無条件での主張。理神論と無神論との並存。あるいは「最大多数の最大幸福」という理想の目的と、弱肉強食におちいりがちな現実との大きな落差。開明的なリーダーによる合理的な管理や啓蒙的な政策が、かえってより抑圧的な現実を有効に機能させてしまう

スミス　『道徳感情論』『国富論』を著し、経済学の始祖となる

こともあるという深い闇。

しかし、だからといって、二〇世紀において効率的な権力の行使を最大限追求するようになる政体、たとえば全体主義的な政体の責任を、あるいは逆にソフトな寛容的抑圧の責任を、さかのぼって啓蒙思想に求めたりするような時代錯誤は、避けなければならない。一八世紀の啓蒙思想によるさまざまな模索のなかから、一九世紀における産業資本主義経済発展の基本となる発想が用意され、政治的な自由と平等という西欧型の民主主義の理念、あるいは自然科学や社会科学を問わず、近代学問の整備につながっていくような論理的な発想が用意されていったことこそ、歴史的に評価しなくてはならないであろう。

第四章　革命の激震と国民の誕生

連鎖する革命のはじまり

大西洋の両岸を洗う革命の波

一八世紀末から一八二〇年代にかけてのことである。大西洋を取り囲む広大な地域世界のうちでもヨーロッパと南北アメリカにおいて、政治体制の変革をもたらす革命や独立を求める革命運動などが、各地につぎつぎと激震を引き起こした。

なかでも先行したのは、イギリスからの独立を求める展開になった北アメリカ植民地の運動である。一八世紀前半までであれば誰も想定しなかったであろう、このアメリカにおける独立革命の成功は、その後に各地で生起したさまざまな運動に、多かれ少なかれインパクトを及ぼしたと思われる。アメリカ合衆国でワシントンを初代大統領とする連邦中央政府が成立したのと同年、一七八九年にはフランスでも、革命が起こって従来の王政が倒された。左の年表にみられるように、一九世紀にはいると、ハイチを先頭にラテンアメリカの各地でも諸国の独立が連続した。

これらの一連の出来事には共通した性格があるとして、「大西洋革命（アトランティック・レヴォリューション)」とか「民主革命(デモクラティック・レヴォリューション)」と一括して名づけるのがふさわしいと主張する歴史家たちもいる。たしかに、これらの革命や運動はそれぞれに多様な個性を示しながらも、自分たちの運命についてみずからが決定権をもちたい、政治的な発言権を確保したい、という願望が示されていたという点で、共通の性格をもつものであった。ただしもちろん、これらの展開には共通の司令部があったわけでもないし、相互に単純な影響とか因果関係を認めることはできない。

1776年	アメリカ独立宣言
1789年	フランス革命
1804年	ハイチ独立
1811年	ベネズエラ、パラグアイ独立
1816年	アルゼンチン独立
1819年	コロンビア独立
1821年	メキシコ、ペルー独立
1822年	エクアドル、ブラジル独立
1825年	ボリビア独立
1828年	ウルグアイ独立

年表　大西洋革命をしるした諸国の独立

フランスは、アメリカ独立運動を支援して援軍まで派遣した。独立宣言と同年の一七七六年、支援を取りつけるために大西洋を渡ってヨーロッパに来たアメリカ独立運動の闘士ベンジャミン・フランクリンは、フランスで歓迎を受けた。しかしそのとき、フランスはまだ旧来の王政であり、彼が支援を要請したのは革命派にたいしてではなく、旧来の王政下の社会上層部にたいしてであった。まだ革命派もいないどころか、フランスで革命が起こるなどとは、誰も想定していなかった。影響といっても、その関係のあり方はなかなか単純ではない。

本書では、それらの出来事の一つ一つの推移をたどることは、使命ではない。一つ一つの出来事は、きわめてドラマチックな色合いをもち、それを生きぬいた人びとにはさまざまな命運をあたえた。それらについては、それぞれの歴史書にゆだねよう。ここでは、それらがどのように連関して、近代ヨーロッパの覇権とかかわっていたのか、それが問題である。ヨーロッパと密接な関係にありながらその外部に位置するアメリカ合衆国は、近代ヨーロッパの覇権を考えるに際して、なかなか微妙な位置にある。まず、そのアメリカ独立革命から要点を押さえてみよう。

アメリカ独立革命への道すじ

すでにここまでの章でみたように、一八世紀に繰り返された戦争は、ヨーロッパ各国に財政上の負担を大きく残した。七年戦争後のイギリスも、経済的な発展を経験しつつあったにもかかわらず、その例外ではなかった。その結果、財政再建とも関係してイギリス政府は、植民地への課税や直接関与を強化しようとしていった。これにたいして、それまで大幅な自立性が認められてきた植民地側が猛反発したのは、当然のなりゆきであったともいえる。

北アメリカの東海岸ですでに経済的な地位を確立していた一三のイギリス植民地は、政治的には本国の統治下にあったものの、それぞれが独自の植民地議会を形成するなど、それなりの自主的な立場を確保していた。一七六五年、本国政府が植民地における印紙税の新設を決定すると、これらの植民地は強く抗議し、イギリス商品不買運動などを展開した。結局、本国政府はやむ動は、それに参加した植民地住民の政治意識を高めることになった。結局、本国政府はやむなく課税の撤回を決定せざるをえなかった。植民地側の勝利である。

ここで問題とされていたのは、たんに増税による経済的圧迫ということだけではなかった。それまで植民地統治にかかわる行財政は、植民地議会との協議にもとづいて決定されてきた。それが無視されて、本国議会の決定が一方的に押しつけられてきた、ということ自体が植民地側によって問題とされたのである。つまり本国による立法は、植民地にまで及ぶものでありうるのか。及ぶとすれば、植民地代表の議員が本国議会に送り込まれていないのはおかしいではないか。植民地側リーダーのうちの急進派は、「代表なくして課税なし」と主張して抗議運動を鼓舞《こぶ》したが、それはこの点をついたものであった。

印紙税の課税では一歩引いた本国政府が、今度は一七六七年に、直接的な植民地への課税ではないとして、茶や紙などの植民地の輸入品目に関税を課すことを決定すると、植民地側はおなじこの論理で猛反発する。問題は、個々の品目や課税の是非だけでなく、より本質的な主権の行使と政治的権利にかんすることがらであった。六七年の関税新設にたいしては、ただちにペンシルヴェニアの弁護士ディキンソンらが、新聞を媒体として本国政府による課税権を否定する論陣を張った。ヨーロッパだけでなくアメリカ植民地でも、印刷物のメディアとしての力が発揮されだしていた。

植民地のあちこちで抗議の声が高まるなか、七三年に、ボストンで茶の荷揚げをしようと入港していたイギリス東インド会社の船が襲撃されて、茶が海に投棄されるという事件が起こった。いわゆるボストン茶会事件である。急進派の一部が引き起こした事件自体は、必ずしも問題の本質に触れるものではなかった。しかし、それまでは言論を中心とした、比較的穏健な対応をしてきた植民地側に、実力行動がはじまったことに、イギリス政府は態度を硬化させた。その結果、ボストン港の閉鎖などの強硬な制裁措置に出たことが、かえって事態を悪化させることにつながってしまう。

それまでは表立った動きをしてこなかったものもふくめて、植民地の指導者たちはすべて、こうした本国政府の措置にたいしていかなる態度をとるのか、決断を迫られたといってよい。各植民地の代表たちは、一七七四年にフィラデルフィアで第一回の大陸会議を開催して、本国との通商断絶を宣言するという強硬な措置を返した。しかしこの時点では、本国とは明確に一線を画して独立に向かうべきだ、と主張したペイトリオッツ、いわば愛国派はまだ少数で、むしろなんとか調整を試みようとする人びとが主流であったとみなされている。本国への抗議文を起草したディキンソンたちも、独立を望むというよりも本国政府との調停を求めていた。

しかし事態を悪化させたのは、植民地に政治的な権限をあたえることなど考えもしなかったイギリス本国の議会や政府であった。強硬策をとるばかりで、民衆までもが政治化しつつあった植民地の状況を、いずれも正確には認識できていなかったようである。近い過去にフランス軍を押さえつけて勝利した経験をえたばかりであっただけに、植民地の武装した住民などは所詮《しょせん》軍事の素人で、恐れるに及ばないと判断したのかもしれない。

想像はともかくとして、実際にマサチューセッツのレキシントンに武器が集められているという情報のもとに、イギリス駐屯軍は一七七五年四月、その押収作戦にでようとして、武装した植民地住民たちと武力衝突を起こした。植民地側も、態度をいっそう硬化させた。同年五月に開かれた第二回大陸会議では、大陸軍、すなわち植民地軍の結成が議決され、ヴァージニアの大農場経営者であったワシントンが、その総司令官に任命された。

独立宣言の精神

軍事的な対決に進みそうな状況になってきたこの時点においてもなお、まだ植民地側がすべて独立を目指して一致団結していたわけではない。ところが本国政府は、植民地から発せられた和解の要請をつれなく無視し、北アメリカ植民地は反乱状態にある、と宣言した。国家への反逆者と規定した、ということである。そう決めつけられた植民地側は、覚悟を決めないわけにはいかなくなってしまった。まさに、パトリック・ヘンリのいった「自由をあたえよ。しからずんば死を」である。

大陸軍、すなわち植民地軍の側も、結成を宣言したからといってすぐに有効な態勢が取れるものではなかった。そうしたなか一七七六年一月、ペンシルヴェニアの印刷職人トマス・ペインが『コモン・センス』すなわち『共通感覚』と題する書物を刊行し、いまや公徳心を失ったイギリス本国にかわって、アメリカこそが共和政を確立して市民たちの自由を実現するにふさわしい、と檄《げき》を飛ばした。この単刀直入に大衆に訴えかける意見書の頒布は、じつに一七七六年のうちに五〇万部にも達したとみなされている。

独立宣言とジェファソン　1776年６月から７月にかけて、ジェファソン（右）、フランクリンら５人の委員が独立宣言を起草、署名し、７月４日、公布（左）された

同年六月から七月にかけて、いわば先手を打つかたちで、大陸会議は独立宣言を起草することになった。現在、アメリカ合衆国の独立記念日となっている七月四日は、この独立宣言が公布された日にほかならない。起草の中心になったのは、ヴァージニア植民地代表のジェファソンはじめ、フランクリンら五人の委員であった。独立宣言には、こう謳《うた》われている。

われわれは、以下の真理を自明のものとみなす。人はすべて平等に創造されたこと。創造主によって、生まれながらの侵されざる権利をあたえられていること。その権利のなかには、生命、自由、幸福の追求が含まれている。それらの権利を守るためにこそ、人びとは政府を構成するのであり、政府は被統治者の同意をうけてその正しい権限を行使する。いかなる形態の政府にせよ、これらの目的に反した場合には、その政府を改革し、あるいは廃止して、人民の安全と幸福をもっとも実現すると思われる原理にもとづく、またそのような形式で権限を組織する、新たな政府を樹立することは人民の権利である。

まさに、前章でみた啓蒙思想の申し子のような内容であった。彼らはジョン・ロックの社会契約論に依拠して、生存権はもとより、個人の自由と権利を自然権であるとしてなにより優先させた。そして政府が権力を乱用してそれを侵害するならば、政府を改廃する革命権が人民にはあるのだ、と明言したのであった。翌一七七七年に大陸会議は連合規約を採択し、一三の植民地はここに合衆国を形成していく姿勢をあきらかにした。

戦闘の結果として独立を宣言するというよりも、まずもって独立宣言を出すことによって到達目標とそれを支える理念を明確化したアメリカ植民地側は、イギリス軍との戦いにおいて当初は苦戦をよぎなくされた。いくら士気が高いといっても、できたての植民地側の軍勢は、武装の点でも指揮系統でもすぐに有効に機能できるわけはなかった。しかし、長年にわたってイギリスと敵対してきたフランスは、七年戦争での敗北への絶好の復讐の機会が到来したととらえた。そして一七七八年にアメリカ独立を承認、資金援助ばかりか援軍をも派遣し、翌年にはスペインもこれに加わった。さらにロシアの提唱で、ヨーロッパ諸国が武装中立同盟を結成するなどしてイギリスを牽制した結果、じきに戦局はアメリカ側に有利に傾くようになった。ヨーロッパ内での合従連衡《がっしょうれんこう》の展開は、このたびは独立を求めるアメリカ側に有利に作用したのである。

一七八一年、陸からはアメリカ軍によって、海からはフランス海軍の艦隊によって攻囲されたヨークタウンのイギリス軍、約八〇〇〇兵は、降伏をよぎなくされた。イギリス政府は、これ以上の軍事作戦はマイナスの要素が多すぎると判断し、戦闘を放棄して和平交渉にはいることを決定した。一七八三年、パリ条約でアメリカ植民地の独立を承認したイギリスは、同時にミシシッピ川以東の地を合衆国に譲ることに同意した。イギリスの完全な敗北である。

独立から合衆国憲法へ

こうしてアメリカ東部にあった一三のイギリス植民地の独立は達成されたが、しかし国家としての諸制度が確立し、それらの機能が順調に動き出すまでには、まだまだ紆余曲折《うよきょくせつ》があった。旧植民地がもとになった各州には独自の憲法があり、中央政府の権限と各州の自立性をどのような関係に置くのか、調整は難航した。合衆国憲法が制定されたのは、一七八七年に各州の代表がフィラデルフィアに憲法制定会議を開き、四ヵ月におよぶ審議を経たのちのことである。

憲法では、市民の参政権を保障した共和政が原則とされ、自治を承認された各州のうえに中央政府が位置するという、連邦制を採用することが決定された。立法権は上下両院からなる連邦中央議会が保持し、行政権は大統領のもとで連邦中央政府がになない、司法権は最高裁判所が統轄するという、三権分立の原則がこの憲法によって史上はじめて明文化された。このことの歴史的意義は大きい。しかも憲法には、将来起こる可能性のある修正のための条項も組み込まれていた。

しかしここまできたのちにも、連邦中央政府の強い権限に反対する勢力は依然として強かった。彼らの主張は、苦難を乗り越えて独自に植民地開発にたずさわってきた各州の自立性を高く評価し、州は独自の権限をあくまで維持しなければならない、というものであった。そのため、各州での憲法批准は容易には進まなかった。やっと一七八八年の夏に九つの州が批准したところで、合衆国憲法が発効し、八九年四月には、独立戦争においてアメリカ軍の総司令官であったワシントンが初代大統領に就任することによって、連邦中央政府が緒につくことになったのである。

現在でもアメリカ合衆国では、各州が連邦憲法に違反しないかぎり独自の法体系をもち、州ごとに犯罪の規定や処罰の扱いが異なっても不思議ではない。きわめて自立的な性格の強い各州の位置づけが維持されている。その起点は、ここにあった。

独立したアメリカは、一八世紀のヨーロッパで育まれていた啓蒙思想を受けて、人民主権の原則を明確にし、当時としては異例の政体であった共和政を採用した。ただし、時代的な限界にも注意しておきたい。権利の担い手として想定されていたのは、ヨーロッパから入植した移民の末裔《まつえい》である男性市民のみであった。

社会構成員のもう半分を占める女性は、まったくの枠外に置かれた。この点でもアメリカ独立のリーダーたちは、同時代のヨーロッパの支配的価値観を共有していたといってよい。

「レディ・ファースト」という表現があるように、アメリカでは女性は丁重に扱うべき存在とされていた。しかしそれは、女性に自立的な行動圏を保障するというのではなく、ようするに上に立つ男性から保護の対象としただけであった。女性は、一人前の市民としては認定されていなかったのである。おなじく、インディアンと総称された先住民も、そしてアフリカから連れてこられた奴隷たちもその末裔も、基本的権利承認の適用外に置かれていた。イギリスにたいするアメリカ独立戦争のリーダーたちの少なからぬ部分は、ワシントンにしてもジェファソンにしても、多くの奴隷をかかえる裕福なプランターであった。こうした状態が独立の原点にあったということは、独立の一〇〇年のち、さらには二〇〇年のちにまで、問題を積み残すもとになるであろう。

アメリカ独立のインパクト

たしかに、そのような時代的な限界がともなわれていたのではあったが、基本的人権という考え方や制度の合理化や民主化が、理念的な主張としてのみではなく、現実の政体において追求されるようになった意味は大きい。ヨーロッパで構想された啓蒙の諸改革は大西洋の対岸において、絵に描いた餅ではなく、その気になれば実現可能なプログラムとなったからである。しかもアメリカの独立は、一八世紀における国際政治経済で覇権国にのし上がりつつあったイギリスから勝ち取ったものであった。

アメリカ独立革命のインパクトは、そうとうに大きかったのではないか、と推定することができる。アメリカで現実になった共和政体は、おなじように独立を目指すラテンアメリカ各地の植民地にも、モデルとして広まる。人民主権ないし国民主権の原則が、一八世紀末にいち早く独立宣言や憲法に明示されたということは、アメリカ合衆国を、自由を求める人たちの憧れの地にしていくことにもなった。一九世紀には、多くのヨーロッパ人が海を渡って合衆国へと向かった。それは、経済的な可能性をそこに見たからであったのはもちろんであるが、同時にまた自由の地、新天地アメリカ、というイメージが働いていたからでもある。たとえそれが幻想であったとしても、アメリカは大きな吸引力を発揮していく。そしてこのイメージは、二〇世紀ともなれば、アメリカ合衆国自身の国際政治上の行動をも規定していくことになるであろう。自由の守り手、スーパーマン国家アメリカ、である。

手なずけていたはずの植民地に嚙みつかれたかたちとなったイギリスからしてみると、敗北の屈辱は大きかったであろう。独立承認後しばらくたってイギリスは、ナポレオン戦争期のアメリカの通商活動をめぐって、ふたたびアメリカと一戦を交えている。一八一二年にはじまる、いわゆる米英戦争である。これは、ナポレオンの失脚とその帝国の解体によって、状況が戦争終結をみちびいた。

しかしひるがえって、より長期的な視点に立ったとき、その後のイギリスとアメリカには、もと本国と植民地という関係で、しかも独立戦争で衝突したにしては不思議なくらい、相互に通じあう関係が保持されていったように思われる。アメリカン・イングリッシュといわれ発音もイギリス本国とは違ったようになるが、もともとイギリスから渡った移民を主体とするアメリカ合衆国は、言語においても英語によってイギリスとおなじコミュニケーション手段をもち、そしてまたプロテスタントの信仰を基調とする文化においても、共通する基盤をもっていた。アメリカ合衆国は独立後も世界各地からの移民を吸収していったので、たしかに二〇世紀にもなると、「サラダボウル」にもたとえられるような多元的な文化状況が生じていく。しかし、ながらく支配的であったのがワスプ（ＷＡＳＰ）、すなわちホワイト・アングロサクソン・プロテスタントの要素を満たす人たちであったことも、また否定できない。

広大で資源豊かな西部を国内にかかえることで、一九世紀には比較的一国内部で経済発展を実現し、巨大な開発と工業化を進めるようになるアメリカは、つねにイギリス資本の重要な投資先でもあった。歴史的に振り返ったとき、イギリスからすれば独立戦争で最後まで流血の衝突を続けるのでなく、早めに見切りをつけて独立を承認する策に出たことが、長期的なアングロ・アメリカの良好な関係を持続させていくうえで結果的に大きかったといえるかもしれない。

フランス革命と近代政治

革命の予期せぬ勃発

一七八九年七月一四日のことである。当時のパリの町の東のはずれ、現在のバスチーユ広場の近くには周囲の民衆街区を見下ろす要塞があったが、そこに、多数の武装した市民と民衆が詰めかけ、守備軍を破ってついには占拠する顚末《てんまつ》となった。すでに、同年五月に国王ルイ一六世によって召集された全国三部会という身分制議会が暗礁に乗り上げ、六月から七月にかけて憲法制定国民議会が成立していた。数年前から深刻化しつつあった重層的な危機にたいする対策がうまく運ばないなか、このバスチーユ攻略という出来事が起こったのである。

攻略の数日後には、要塞を取り壊すための槌音《つちおと》が、周囲に響きはじめる。要塞は牢獄としても使用されていた。バスチーユの攻略と解体は、圧政からの市民の解放を告げるのろしである、という解釈も、じきに流されはじめる。しかしこれは、どうやら現実というよりは、革命派の一部による神話化といったほうが正しそうである。詰めかけたパリ市民が、パリに新たに駐屯させられた国王軍の脅威と対峙しようとしていたこと、これはたしかである。要塞には武器弾薬が保管されているという情報をえて、それらを入手しようとして詰めかけたらしい。しかし彼らの頭には、王政そのものの打倒計画などはなかった。数日前ならば考えられもしなかった、不測の事態であった。しかしこの不測の出来事が、誰しもが予想もしていなかった革命への急激な展開に、道を開いた。

アメリカ独立についてもそうであるが、われわれは出来事の次第と結末をあらかた知ってしまっているだけに、あたかも革命は起こるべくして起こった、と単純に思い込みがちである。しかし、それは後付けの理解であって、出来事と同時代に身をおいてみれば、歴史の展開はそれほど単純でもなかったと言わざるをえない。では、革命の数年前から深刻化しつつあった重層的な危機とは、いかなるものだったのであろうか。

はじめに指摘しておくべきは、旧来の王政は決して反動的で市民を一方的に抑圧していたわけではなかった、という点である。私はべつに、ルイ一六世の王政について弁護役を買って出ているのではない。しかし、身分制の社会で自由が抑圧されていた市民たちの堪忍袋の緒がついに切れて、それが革命の勃発となった、というのは間違った解釈である。かつてフランス革命は、そのような観点から、典型的な市民革命であるととらえられていた。封建制を打破して、市民の自由と平等を前提とする民主主義がもたらされ、ブルジョワジーが産業資本主義の発展を推進する基盤が形成されたのだ、と。

しかしすでに前章でみたように、この時期のフランス王政は、むしろ啓蒙専制というのがふさわしい政策を模索していた。つまり、規制廃止や自由市場の形成、負担の平等といった一定の改革が、上から政策的に追求されようとしていた。しかしながら、王政の仕組みや身分制の原則には手をつけないままで模索されたこの改革は、いずれも中途半端で挫折していた、ということも事実であった。まさに啓蒙専制の限界である。

バスチーユ広場　1789年７月、当時あった要塞を民衆が占拠し革命への道を開く。中央の塔は1830年の七月革命の記念碑

になった。

改革の提起とその撤回とがあいつぐ状態は、政治的な不安定と危機的な政情を募らせること

アメリカ独立戦争に際してフランス王政は、対イギリス政策という観点から介入し、独立を支援した。すでにみたとおりである。独立の達成はイギリスの敗北であるから、この政策目標は達せられたのではあったが、かわりに、軍隊の派遣によって国庫の累積赤字はますます悪化してしまった。いよいよもって財政危機の深刻化である。宮廷社会の浪費も指弾されるようになる。いうまでもなく財政危機は、同時に政治危機でもある。王政による免税特権の廃止と負担の平等の主張は、この財政危機にたいする対応の模索である。累積赤字の解消策を論議することは、ヴェルサイユに召集された全国三部会の主要課題になるはずであった。

社会経済的な危機もかさなった。一八世紀のフランスは、イギリスに後れこそとってはいたものの、長期的にみたときには経済の調子は悪くなかった。むしろゆっくりした成長局面にあった、とみなされている。しかしそのなかで、農業の不作が引き金となった食糧危機と経済全体の収縮とが、一時的に生じることがまだあった。一七七五年がそうである。食糧暴動が各地で頻発し、小麦粉戦争といわれるような混乱状況になった。八八年、すなわち革命勃発の前年にも、天候不順による全国的な凶作に見舞われていた。また、一七八六年にイギリスとのあいだで締結された通商条約は、アメリカ独立をめぐる両国の衝突も一段落し、フランスからすれば産業発展のための技術導入をもくろんだものでもあったが、むしろフラン

スにとっての結果はイギリス商品の流入による経済危機の増幅であった。

　こうして危機は、幾層にもかさなりあって複合していった。この複合的に重複する危機にたいして、王政は有効な手段をすぐには打てなかった。政治意思の決定過程がゆらぎ、時間ばかりが経過するなかで旧来の権威は重みを失いつつあり、変革への希求が急激に高まっていったとしても不思議ではない。

　しかし、そうした動きを促したのはむしろ王政の側であったともいえる。一七八九年五月の全国三部会に向けて、国王はみずから、危機を収拾するための改革案の提言を全国民に訴えかけたからである。それまでは公的に発言したことなどなかった人びとのあいだでも、農民や都市の民衆までを含めて、公共的な施策をめぐる議論が巻き起こった。一七八九年一月から七月にかけて、全国各地から政府に寄せられたカイエ・ド・ドレアンス、つまり意見の陳述書は、その数およそ六万ともいわれている。社会全体が政治化する状況が、生じつつあった。しかしまだ、国王と王政に明確に敵対する言説が登場していたわけではなかった。革命への見通しなどは、誰の頭にもなかった。改革のリーダーたちが求めるようになっていたのは、王政の否定ではなく立憲王政であった。

複合革命のなかの貴族と市民

　同時代人の想定外で生じるところとなった革命という出来事は、二〇世紀なかばの歴史家ジョルジュ・ルフェーヴルが規定して以来、複合革命としてとらえられている。日本を代表するフランス革命史家である柴田三千雄《しばたみちお》さんの一連の仕事が明示してくれているように、複合性の内容をどのようにとらえるかについての理解は、さすがに研究の成果によって変化してきた。しかし革命が複合的な出来事であったこと自体は、現在では共通認識になっているといってよいであろう。すなわち、危機が幾層にもかさなりあう複合的なものであったのと対応して、出来事にかかわった人びとは、それぞれの属する階層や立場から別個の利害をもち、それぞれに要求や不満の解消を求めて、独自のかかわり方をしていた。発想も行動様式も別個であるような、それらの複数の動きが相互に共鳴や反発の関係をとりもちながら、革命全体の推移が決定づけられていったのである。

アメリカ独立についてと同様ここでも、出来事の経過を追うことが目的ではないので、われわれの観点からして要点となるところを整理してとらえておくことにしよう。

複合的な動きの第一には、貴族の立場からする王政への抵抗があった。この対立は一八世紀後半にはいって、支配的貴族の牙城であった高等法院と、統制力を強化したい国王政府とのあいだで、すでに断続的に展開していた。高等法院というのは、もとをただせば王政の輔弼《ほひつ》のために設置されたものであったが、法律の登録を左右していたので、この機関が認めないと王令といえども有効とはみなされなかった。したがって貴族たちは、高等法院を王政への抵抗の拠点とすることもできたのである。

既存体制において特権を保持していた貴族は、王政による中間社団の特権廃止という改革提起と、その改革の撤回という、揺れ動く政治にたいして不信感を募らせていた。もっとも極端な場合には、封建的反動ともいわれるような、領主権の再確認と強化を進めようとする貴族も登場していた。しかしそうした動きも含めて、それらは反動というよりもむしろ、既存の体制における自分たちの立場、貴族からすれば正当な立場と権利とを守ろうとしていたものといえる。これは支配階層内部における対立といえるが、貴族にしてみれば、負担の平等の名において一方的に改革を上から押しつけようとする王政こそが王国基本法に反し、非難されるべき恣意的な政治をおこなっていることになる。王権が特権貴族とのあいだで保ってきた微妙な相互依存関係が、危機のなかで崩れだしていた。

複合的な動きの第二は、生活に余裕のある市民層を中心にしたものである。ブルジョワとしての立場からくる体制への不満が、彼らの革命への関与にとっての前提にあった。しかしそれは単に、平民による特権貴族への反感とか経済活動の不自由さへの不満とかいったものではなかった。革命前のフランス社会は、身分制の原則に立つ階層秩序を保持していたが、しかし身分制とはいっても堅固に固定されたものではなく、平民から貴族への移行も珍しいことではなかった。上層市民と貴族とは、結婚によって家同士が縁戚関係になることも珍しくない。また、王政のもとでは売官制という仕組みがあって、貴族の称号のついた官職も売りに出されていた。これは現代の任用システムからすれば理解しづらいところであろうが、官職売買は汚職であるどころか、公的な制度となっていた。王政は売却益をもって、国庫歳入の一部にあてたのである。逆に裕福な市民は、貴族の称号のついた官職を手に入れる機会さえあれば、貴族への境界を容易に乗り越えることもできた。ところが、一八世紀後半には官職ポストへの回路は詰まりはじめていた。上昇の回路が十分には機能しなくなって、社会的閉塞状態が生じていたと思われるのである。

さらに、平民出身の官職保有者たち、行政官や、弁護士などの法曹、知識人には、前章でみたようなサロンに集い、さまざまな改革論議を展開していたいわゆる啓蒙のエリートたちが含まれていた。彼らはパリだけでなく、各地の都市を中心にして、知識人グループとしてのサロンやサークルに参加し、それらを形成していた。こうしたグループの人びとは革命直前には「パトリオット」、すなわち愛国派と呼ばれるようになった。あるいは救国派と表現したほうが近いかもしれない。全国三部会への代表選出の集会や、改革提案に向けた陳述書の作成、そして三部会開催後の聖職者身分と貴族身分という特権階層代表への政治的対応、国王政府と国王軍の動きへの対抗措置、といった目まぐるしい展開のなかで、彼らは第三身分を代表する者として、変革への意志を共有する集団を形成していくことになる。それが、中央では憲法制定国民議会の議員や、それを支えるジャコバン・クラブなどのクラブ会員たちである。地方都市でも同様のクラブが、メンバーを集めるようになっていった。彼らが、いわば情勢に押されて革命のリーダーとなっていく。

第三身分代表は、身分制のなかでは平民代表を意味していたが、現実には変革を求める自由主義貴族や平民出身の下級聖職者も、そこに含まれていた。全国三部会の三身分制による編成自体が、すでに時代錯誤のものとして、立憲王政を求める第三身分代表には受け容れがたいものであった。事実、流動化していた社会的現実にも対応していなかった。下級聖職者でありながら第三身分代表議員となるシエイエスが、一七八九年一月に書いたパンフレット『第三身分とはなにか』は、こう訴えていた。「第三身分とはなにか。すべてだ。いままではなんであったのか。なにものでもなかった。なにを求めているのか。なにものかになることを」。漠とした、しかし断固とした表現は、この時期の第三身分とそれに同調する人びとの気持ちをたくみに表現している。

立憲王政にもとづく政治体制を築くことで危機を乗り越える、これが、革命当初に変革の主導的位置にいた人びとの考えであった。革命のリーダーたちの動向を大きく左右する要素は、国王や軍隊、貴族や教会との関係だけでなく、むしろ社会のもっと底辺近くからもたらされてきた。都市の民衆や農民たちの、しばしば激しく表面化した行動である。

都市民衆と農民の関与

複合的な動きの第三は、都市民衆の動向である。すでに触れた一七八八年の不作はパンの価格高騰を招き、八九年には食糧暴動が各地で生じた。しかしこの時期の民衆による食糧暴動は、多くの場合に、単なる飢えに由来する食糧の強奪行為ではなかった。彼らの解釈によれば、パン価格の高騰や小麦粉の不足は、儲けをたくらむ悪徳商人や悪い領主の画策ゆえであり、生存を保障する食糧の正しい分配という社会的モラルに反するものだ。正しい状態を維持するのが公権力の役割なのに、それが実現していない現実があり、自分たちの行為は公権力の代わりにそれを「代執行」するものなのだ。こう考えた彼らは、自分たちで決めた価格分だけ金銭を置いてパンを持ち去る、という行動にもでた。このような民衆の価値観は、現代の歴史学では「モラル・エコノミー」と名づけられているものである。それは、同時代に啓蒙のエリートたちが「ポリティカル・エコノミー」の観点から実現すべきと考えていた自由市場の原理とは、まったく別の論理に立つものであった。

都市民衆の動向はすべてが同質であるどころか、さまざまな要因にもとづいて決定されていたといってよい。一口に民衆といっても、たとえば資格をもった職人と雑業従事者とでは、その社会的経済的な立場はまったく違う。情勢に応じてかなりの同質性を帯びたことも想定不可能ではないが、行動の現れ方は、生活の安定を求める動きもあれば、彼らなりの社会的正義を要求する動き、あるいは政治的姿勢を明示しようとした行動など、多様であった。一種の群集心理から集団行動に発展するような場合もあったであろう。

確実であったのは、いずれにしても彼らの行動原理は革命のリーダーたちのそれとは異なっていて、民衆クラブなどの勢力は、革命のリーダーたちを支えてその方針を実現するために組織された実力部隊、というわけではなかったという点である。しかし革命のリーダーたちからすると、実力部隊なしの徒手空拳では変革の実現はむずかしい。都市民衆の行動は、それが大規模に展開すれば、政治情勢を動かすだけの大きなパワーを発揮できることが、バスチーユ攻略をはじめとした大規模な事態から明確になっていく。したがって革命のリーダーたちがどのような関係を民衆勢力と結ぼうとするのか、そして民衆勢力が革命のリーダーの指針にどのように反応するのかが、革命の推移に大きな影響をあたえたのである。

第四が、農民の動向である。農民たちもまた、全国三部会への代表選出と意見の陳述書提出において、行動の主体としてふるまうことができた。彼らにしてみれば、公共的な場において公共的なことがらについてみずからの意見を公表するというのは、ほぼ初体験だったであろう。農民たちには自営の土地を確保したいという要求があり、ときにそれは領主の館を焼き討ちにして証文を反故にしようという行動となって噴出した。バスチーユ攻略のころから翌八月にかけて、フランスの農村部は農民たちのそのような行動で騒乱状態におちいった。このときには、領主が荒くれ者を雇って攻撃してくる、という「貴族の陰謀」が噂として流れ、パニックとなった農民たちは、「やられるまえに、やろう」と先回りの行動を起こしたのであった。ルフェーヴルは農民によるこうした行動を、「恐怖からの前方への逃走」と表現している。

憲法制定国民議会の議員たちは、多くが地主でもあったから、彼らにとっても農民のこの騒乱状態は由々しいことであった。農民をなだめるにはどうしたらよいか。改革派は、ある意味では逆に騒乱状態を利用し、それを抑えるにはこれしかないとして、通常であれば難航したであろう封建的特権の廃止を抜き打ち的に議決することに成功した。保守派の巻き返しのなかで、結局は領主への貢租は有償廃止となったのだが、買い取る必要はないと思い込んだ農民たちの騒乱状態は、武力行使なしにいったんうまく収まった。しかし農民の関心のありかは、彼らこそが人口の圧倒的多数を占めていただけにいっそうのこと、水面下で革命情勢にも関与しつづけることになる。憲法の前文となる「人権宣言」の採択が一七八九年八月二六日になされるが、これも、このような勢いをもった一連の情勢の展開に続くものであった。

こうしておおまかにいっても、四つの自律的な行動主体による動きが関連しあって、革命の状況は動きはじめた。しかも四つの要素それぞれが、その内部は決して一枚岩の状態だったわけではないうえ、時間の経過とともにリーダーシップは変化した。状況を決定づける要素は、きわめて複雑なものだったのである。

フランス革命とヨーロッパ

革命当初にあって追求されていたのは立憲王政であったが、状況の推移のなかで革命は共和政へと向かい、国王ルイ一六世と王妃マリ・アントワネットは国民への裏切の罪で処刑されることになった。他方、革命のリーダーたちは一七九二年四月のオーストリアへの宣戦布告以降、ヨーロッパ諸国と戦端を開いて、自分たちを各地に自由と平等をもたらすべき前衛と位置づけ、革命の輸出を志向することになる。

戦時体制のなかで革命政府が遂行したいわゆる恐怖政治（テルール）、いわゆるジャコバン独裁も、たんなる権力闘争ではなかった。たんなる政治的テロでもなかった。ロベスピエールをはじめとしたそのリーダーたちは、革命には高い徳性がともなわれなければならないとして、それに反するとみなされた者を反革命の名において粛清した。彼らによれば、徳性とは公共善への貢献であるが、恐怖をともなわない徳性は無力なのである。

しかし革命情勢の政治的力学は、極端に走った彼らを少数派とし、今度は穏健派へと傾く。こうして、一七九四年夏のテルミドール反動によるロベスピエール派の排除が起こる。革命は、総裁政府のもとで自由主義的な共和政へとふたたび舵を切るが、左派と右派が対立するなかでリーダーシップが欠如し、情勢は安定しない。対外戦争が決着せず、事態の収拾が求められていたとき登場するのが、その戦争で名をあげていた軍人ナポレオンである。一七九九年ブリュメール（霧月）一八日（一一月九日）に決行されたナポレオンたちのクーデ

ルイ16世とマリ・アントワネットの処刑　革命下の対外戦争のさなか、国民への反逆の罪のため1793年１月に国王が（上）、同年10月に王妃が（下）処刑された

タで、革命の展開には終止符が打たれるところとなった。

われわれの問題との関係でフランス革命をどのようにとらえたらよいかについては、もうすこし後で検討したい。それにしても、ヨーロッパの大国であったフランス王国で政変が生じ、結果において一時的であったとはいえ、旧来の王政が打倒されて政治体制が一変させられた、という事実は、さまざまな重さで周辺各国に受け止められた。

革命という漢語があてられるレヴォリューション、という言葉の原義は、もともとは回転、ないし一巡して回帰することを意味するものであった。政治においては、政府の構成員が交代することを表す表現であった。それが、実力行使をもって政治体制を根本から変換させることを意味するようになったのは、このフランス革命を経てのことである。その変換のあり方にたいしてどのような位置取りをするかによって、政治的な右か左かという呼称が成立する。右派ないし右翼、左派ないし左翼、といった勢力配置の表現がとられるようになるのも、このフランス革命以降のことなのである。

しかもこの革命は、過去からの仕組みと決別するという普遍的な理念を掲げることによって、一国内の政変にとどまらず、他国へも波及することがありうるものであった。すくなくとも、革命のリーダーたちはそう考え、革命の輸出を試みた。他国で変革を希求していた人びともまた、すくなくともその一部は、この革命に、あるいはこの革命が唱えた原理に、賛同する姿勢を示すことになった。革命の推移それ自体は、いまみたように、国内外の多様な要素の連関で紆余曲折を経て、最終的には帝政の開始という、これまた予期されなかったかたちで終結した。しかしヨーロッパ全域に余波を及ぼし、全域を関係に巻き込んだフランス革命と帝政を経たのちに、一九世紀ヨーロッパの政治は、一八世紀までとは大きく異なる進み方をすることになるのである。

主権者としての国民の誕生

近代ヨーロッパの覇権というテーマを念頭に置いたときに、きわめて多様な要素からなるフランス革命のどこに、注目すべきであろうか。

現代の国際政治でも欧米諸国が自明の公理として掲げる人権という点か、あるいは、突き詰めると背反しかねない自由と平等という価値のバランスはいかに取れるのか、といった政治哲学的な問題か。あるいはまた、高邁な政治理念と冷徹な計算が求められる現実政治とのギャップという問題か、一般意志と個別意志の関係や代表民主主義と直接民主主義の関係という問題か、革命的前衛理論の萌芽的な出現のことか、恐るべき民衆パワーの政治的登場か、手なずけようもない群集的なヴァンダリズムについてか、さまざまな言及がありえようかと思う。

しかしなにより押さえておくべきは、アメリカ独立革命同様、主権者としての国民が理念的に誕生したことである。まだ国民国家という表現はなかったにしても、また、まだナショナリズムという明確な表現はなかったにしても、国民国家の原則がこのフランス革命において明確に姿を現してきた、という点である。

すでに言及した人権宣言において、国家主権の担い手はもはや国王ではなく国民にこそある、と明言された。「人は生まれながらにして自由であり、権利において平等である。社会的な区別は、共同の有益性にもとづく場合にのみ、設けることができる」。これが、人権宣言の冒頭、第一条の内容である。第二条は「あらゆる政治的な結合の目的は、人が自然に持っている取り消しできない諸権利を保全することにある。それらの権利とは、自由、所有、安全、抑圧への抵抗である」と説く。そして「あらゆる主権の根源は、本質的に国民のうちにある」ことが第三条で明言されたのであった。

革命が生じたのち、それ以前のフランス王国のあり方はアンシャン・レジーム、すなわち旧体制と呼ばれるようになったが、身分制の原則に立っていた旧体制においても、流動性ないし可動性がまったくなかったわけではない点については、すでに述べたとおりである。少なくとも、政治や経済において社会的上層部を形成していた支配階層にあっては、そうであった。しかし旧体制下の王国が、社団国家といわれるような性格を特徴としていたことも、また確かであった。すなわち身分、各種の職業的な団体やまとまり、あるいは地域的な集団や家族集団を基本的な単位として、集団的なまとまりにおいて諸個人を把握する体制を構築し、それらの集団単位に一定の自律性を付与することによって、社会全体の政治的統合をつけていたのである。

これにたいして革命は、これらの自律的な集団や特権的な身分をいっさい廃止して、少なくとも理論上は、すべての国民を個々人として等しく直接、国家に結びつける考え方をとることとなる。国民はどの地方に住んでいようと、どのような職業を営んでいようと、みな誰でもおなじ法律のもとに置かれ、おなじようにそれらの法律によって拘束されると同時に、それらによって守られる。すなわち同一の権利と義務とを負う。理論上というのは、こうして法的平等を保障された国民から構成される国民国家の原則が明言されたからといって、多様な集団のもとに生きてきた人びとが、すぐに実態的に同一の原則に納得する国民となったわけではないからである。

社会の新生を求めた政治

まったく新しい社会を作ろう、作れるのだ、という、あまり根拠はないながらも心底からの信念にもとづいて走り抜けた革命派の人たちの、そのパッションとエネルギーには、私などはただただ驚嘆というほかはない。理念にもとづいて、革命派はつぎつぎに法律を制定していった。

たとえば長い歴史をもち、それぞれが独自の慣習法などをもっていた旧来の州を廃止して、まったく新たに県を設置した。日本風にいえば廃藩置県である。というよりも、フランス革命の廃州置県のほうが明治日本よりはるかに先行していたことは、よく知られるとおりである。フランス革命によって、多くがほぼ同面積に区分された県には、歴史を引きずらないようにと、川や山などの自然地理からの名称が付けられて、すべての県が法律的には平等に扱われることとなる。法のまえの平等は、個人についてだけでなく、個々の県や自治体にも適用されるべきものであった。国境内の空間が、新たに作りなおされたのである。

時間もまた、革命暦という、旧来のグレゴリウス暦を根本から否定する年月日のシステムに変更され、月の名称には季節を思わせるものが採用された。ナポレオンのクーデタで有名なブリュメールとは、霧の多い時節ということで霧月である。行政機構の合理化と連動していた廃州置県のほうは、一七八九年という早い段階で法律が成立させられたのであったが、現在のフランスの県の原型となる。他方、教会権威の否定というイデオロギー色が濃厚であった革命暦のほうは、一七九二年に立憲王政が否定されて共和政が成立すると同時に施行されたが、この国だけ一週が一〇日では具合も悪かったであろう、革命の終焉とともに姿を消した。

国民教育をいかにすべきかについても、さまざまな検討が加えられている。フランス革命は持続できなかったので、国民教育体制が革命下に確立したわけではない。しかし一九世紀に入って、伝統的な教会中心の教育体制から、国家によって保障される公教育体制を確立しようとする動きは、このフランス革命によって明確な試行がはじめられるところとなった。

ことばや慣習は、地域ごとのばらつきがあってはならない、とする考え方から、言語を国定のものに統一しようとする教育政策も本格化される。国語教育である。主権は国民にあり、といっただけでは実態がともなわないことは、革命派も承知していた。革命の理念が全国民に共有されるためには、同一の言語をもって意思疎通ができなければならない。そう考えた革命派によって、全国の言語調査や習俗調査にも着手された。

平等の社会を実現するには、尺度も同一で平等であるべきだ、という考え方も押し出された。それまでは重さや長さ、面積などの単位も、地域によってまちまちであった。近代国民国家の理念は、それを許さない。度量衡が統一され、メートル法やグラム単位が採用されるところとなる。これもまた、旧体制と別れを告げて社会を新生させる手段であった。

もちろん度量衡の統一には、国内関税の廃止などと同様に、経済的な合理化という目的もある。フランス革命は、時期によって選挙権の設定を変えているので一様ではないが、選挙権という形式で政治参加が認められていたのは男性のみであるから、アメリカ独立革命同様、ここでも男性中心主義は否定しようもない現実であった。さらに、資産による選挙権の限定もおこなわれていた。つまり納税という義務を果たしていなければ、政治的権利も行使できない。早い話が、十全な国民としての権利を得たいなら稼ぎなさい、というわけである。そのためには自由な経済活動が最大限認められなければならない、というのも、フランス革命の基調であった。全国的に同一の条件下に置かれる自由な市場経済、という発想である。

しかし、土地経営の完全な自由化や私有権の徹底は、旧体制下で共同体による共同の土地利用や放牧、森林利用など、つまり入会地《いりあいち》を前提に生業を立ててきた農民にとっては、死活問題が発生するおそれがあるということでもあった。また、営業の自由や労働の自由も明言されて、アラルド法によってギルドが廃止され、ルシャプリエ法によってあらゆる結社は禁止された。人権宣言に謳われていた個人の自由、平等の理念が、法的になにより前面に押し出されたということである。しかしながら、実態として個人の置かれている境遇は、平等でもなければ自由が保障されるものでもない。たとえば、弱い立場の職人や労働者は、団結する自由は認められず、劣悪な条件でも交渉する権利をもてないことになった。フランス革命の理念は、あちこちで現実とは軋轢《あつれき》を生じるものであった。

これらの調整は、一九世紀を通じて、あるいは二〇世紀までかかって、国民国家の枠内で多様に試みられていくことになるであろう。新たな観点からの政治的権利の拡大や結社の自由の実現など、対応の進んだものもあれば、経済的格差や社会的差別など、また新たな脈絡で再生産されていった未解決の問題も少なくないのが現実である。

一九世紀冒頭の大西洋世界

ナポレオンの台頭と挫折

ブリュメール（霧月）一八日、西暦にすると一七九九年一一月九日、ナポレオン率いるクーデタによって、フランス革命は終末を迎えた。クーデタをうけて成立させられた統領政府は、すぐさま宣言する。「市民諸君、革命は開始当初の原則に固定された。これで革命は終わった」と。第一統領となったナポレオンが、一八〇四年には世襲皇帝として帝政を開始することは、よく知られているであろう。皇帝ナポレオンと彼の時代は、ヤヌス的ともいえるような性格を示している。つまり、相互に背反する二つの面をもっている、ということである。

なにより彼は、フランス革命が生み出した存在であった。ナポレオン・ボナパルト。およそフランス的でない姓名。混乱を収拾した皇帝として英雄視されたから、いまではナポレオンはフランスと直結してイメージされるが、父方の姓であるボナパルトは、まったくフランスを想起させない。もし革命が起こらなかったとしたら、そして革命のもとで周辺諸外国との戦争がなかったとしたら、革命直前にフランス領となったコルシカ島生まれの一青年が、こんなにも速く権力の階段を駆け上がることなど、まず考えられなかったであろう。フランス革命が勃発したとき、彼はまだ二〇歳になるかならぬか、皇帝となったのが三〇代なかば。革命戦争が本格化したとき、まだ若い下士官にすぎなかった彼が台頭するチャンスがきわめて小さかったことは、間違いない。おそらく彼自身が、そのことをよく認識していたのではなかろうか。

ルソーの思想になじみ、自由と平等という理念に共感をもっていたらしい若きナポレオンは、どちらかといえば急進派のジャコバン寄りのスタンスを取っていたといわれている。しかし、激動する革命情勢に呑み込まれることを、意識的に避けていたようすである。同時代から彼のことを、天才的な軍事指導者として誉めそやす向きもある。それが当たっているか否かは、軍事史が専門でもない私には判断がつきかねるが、彼がみずからの周囲の状況を的確にとらえて、いまは動くべきでないか、どのタイミングで行動に移すべきか、すばやく判断する力をもっていたことは、どうやら確かなようである。エジプト戦線から、現地に軍を残して一足先に引き上げて、クーデタにいたるまでの動き、あるいは皇帝に即位したあとの政治や経済におけるすばやい政策対応などをみると、そう思わせるものがある。しかも、みずからのイメージアップを図る戦術を、彼は用意周到に採用していた。

ナポレオン自身、みずからが「革命の子」であることを、繰り返しおりに触れてイメージとして押し出している。周囲の支持をいかに獲得するか、そしていったん手に入れた権力の座を確保し、リーダーシップをいかに発揮できるか、そのためにイメージアップを図り、人びとの自発的支持を得ることがいかに大事であるかを、理解していた。イタリア戦線をはじめ前線から、軍事指導者として兵卒の先頭に立って国民のために戦っているのだ、ということを、前線通信で本国に送り、絵に描かせて浸透させる。もちろん誇張もありである。彼ほど、肖像画や自身の登場する場面を短期間に多く描かせた軍人、政治家も、それほど多くはあるまい。イタリア戦線へアルプス越えする騎馬像や、パリのノートルダム大聖堂における戴冠の一場面を描かせた有名な画家ダヴィッドは、彼の好みの画家であった。ダヴィッドもまた、カリスマ性をおびたナポレオンに惚れ込んだようである。

革命を引き継ぐ側面は、イメージというだけではなかった。革命下のイタリア遠征の時から彼は、「イタリア国民よ、フランス軍は諸君の鉄鎖を切断しに来た」と言ってのけている。「自由と解放の旗手」としてヨーロッパ各地に国民的な自由を広めるのだという、革命戦争の正当化の論理。さらにその渦中、占拠したベルリンにおける大陸封鎖令で有名であるが、イギリスを当面の最大のライバルと想定したうえで自国の資本主義発展につながるような経済政策の採用。ようするに、イギリス商品と資本にたいして大陸をブロックしてしまい、その間にヨーロッパ内で工業化を推進させようというわけである。

しかしとりわけ有名なのは、彼の名前を冠して呼ばれる民法典、いわゆるナポレオン法典であろう。その制定には、カンバセレスら当時の一流法学者たちが動員され、一〇〇回以上にわたる会議を重ねたといわれるが、ナポレオン自身、その半数以上の会議に加わって議論に参加していた。まとめられた法典は、私的所有権の確立をはじめとした革命理念の民法上の体系化であった。そして彼は、国家による教育体制の整備にも着手している。

しかしヤヌスには、もうひとつの顔があった。なにより彼は事実上、軍事独裁体制の指導者であった。彼自身が状況判断を誤れば、そのつけは大きい。彼の没落を決定づけるきっかけとなったモスクワ遠征は、その典型であろう。この遠征だけをみるならば、彼を軍事の天才などと呼ぶことはできそうにもない。また警察を動員した市民への監視体制は、自身への暗殺の危険がいつでもあっただけに、いっそう神経を尖らせていたものであった。革命の理念には反してカトリック教会とは復縁し、植民地における奴隷

サン・ベルナール峠を越えるナポレオン　イタリア遠征で大勝したナポレオンは、一挙に名声を高めた。サン・ベルナール峠はスイス・イタリア国境の難所。ダヴィッド画

制も正当化した。新たに帝国貴族を制度化したこともあるが、さらに悪いことには、ネポティズムが露骨になる。つまり、身内の親族などを身びいきして、占領した地域の国王や政治指導者として登用するという誤りである。強力な独裁的権力を手にした者がおちいりがちな欠陥から、彼もまた自由ではなかったといえるであろう。

なにより皮肉であったのは、革命の理念を引き継いで彼が主張した国民の自由という言説が、彼自身を撃つものとして返されてきた、という現実である。フランス軍によって占領された地域の人びとにとって、新たな考え方や制度は刺激的な側面をもった。しかし、ナポレオン率いる軍隊は占領軍以外のなにものでもない。侵略者フランスにたいする国民の一致団結が、各地で意識されるようになる。神出鬼没、ナポレオン軍を混乱におとしいれたスペインの農民ゲリラに、このような一種のナショナリズムの先駆形態が認められるか否かについては、議論の余地があるかもしれない。しかし、占領下に置かれたプロイセンで生じた動きは、あきらかにそのようなものであった。プロイセンにとってナポレオン軍は、いわば過激な黒船であった。国家存亡の危機に瀕したプロイセンの指導者たちは、プロイセン改革として知られる軍制や教育などの一連の改革に着手し、哲学者のフィヒテが「ドイツ国民に告ぐ」という連続講演で国民意識に目覚めよと訴えたことは、きわめて有名な例である。

ナポレオンは、いわばヤヌスの両面をもってヨーロッパ各地を占領することによって、一九世紀に高揚していくナショナリズムの原型ともいえる考え方と態度を広めることに寄与したのであった。そしてまさにそのゆえに、彼は最終的に敗北をよぎなくされた。彼が晩年に流刑地セント・ヘレナ島で述懐したような「世界帝国を打ち立てよう」とした夢は、はかなく潰え去ったのである。

ラテンアメリカ諸国の独立

この章の冒頭で触れたように、近代世界の形成において一八世紀末から一九世紀はじめにかけて、大西洋を挟む両側で生じた革命的な変動という点で、北アメリカとヨーロッパだけでなく、ラテンアメリカ各地で生じたことも見落としてはならない。この時期に、北アメリカやヨーロッパにおけると同様の変動が起こり、ラテンアメリカは、スペインやポルトガルなどによる植民地支配から脱することになる。すなわち、独立国家が叢生することになった。

しかし、その変動の結果として成立する国家と社会は、長年にわたる植民地支配のもとでもたらされたひずみによって、北アメリカやヨーロッパとは異なる条件をかかえるところとなる。ヨーロッパとは離れた地であるが、ヨーロッパがかかわることでその地の歴史的展開は、大きく左右されていたのである。そこでなにが問題となっていたのか、簡潔に要点を押さえておきたい。

一六世紀以来、おもにスペインとポルトガルの支配下に置かれてきたラテンアメリカの植民地社会では、きわめて階層序列のはっきりした秩序が形成されていた。すなわち、支配者であるスペイン本国人（あるいはポルトガルなどの本国人）、ラテンアメリカ現地で生まれ育ったヨーロッパ系の白人クリオーリョ（英語やフランス語ではクレオール）、白人と先住民との混血であるメスティソ、インディオと総称された先住民、白人と黒人との混血であるムラート、自由身分の黒人、そして黒人奴隷という、おおまかにいってこのような階層序列である。黒人奴隷というのは、すでに第一章で触れたように、鉱山や大農場での過酷な労働のために、奴隷交易によってアフリカから連れてこられた人たちとその末裔である。

近世ヨーロッパにおける身分階層社会と異なっていたのは、もともと文化的にも宗教的にも異なる出自と歴史をもった異質な人たちによって、その階層社会が構成されていたという点であった。そのなかでヨーロッパから持ち込まれたカトリック信仰や、スペイン語（あるいはポルトガル語など）が支配的になることによって、ある程度の同質性は認められるようになっていった。つまり、カトリック教会にしても言語にしても、あるいは社会的慣習にしても、南ヨーロッパ的な要素が色濃くなるのにしたがって、ラテンアメリカという表現も一九世紀以降になると広く使われるようになる。しかし、ヨーロッパ系住民と先住民のあいだ、彼らと奴隷たちとのあいだには、それぞれ深い溝がうがたれていた。さらに事態を複雑にしていたのは、本国から支配者として送られたヨーロッパ人と、ほとんど権限をもてなかったヨーロッパ系現地人クレオールとの溝が、きわめて深かったということである。これが、革命的変動への伏線となる。

すでに一八世紀前半に、パラグアイのクレオールたちが先駆的に、スペインとその現地支配者にたいして反乱を起こしていた。クレオールは、一八世紀を通じて大西洋交易ネットワークの発展で富を蓄積し、ヨーロッパでの啓蒙思想の展開にも通じていた。いわば、現地社会の実質的なリーダーになっていった。彼らは、必ずしも本国との関係で独立を望んでいたとはかぎらなかったが、現地社会の統治の中枢からはずされている状態に不満を募らせており、政治的な発言権や自立性の確保には敏感になっていた。そこに、北アメリカの植民地がイギリスから独立したという情報が入る。クレオールたちが大きな刺激を受けたとしても、不思議ではなかった。続くフランス革命にしても同様である。

最初の独立の事例はスペイン領ではなく、奇しくもコロンブスが最初の航海で到達した島のひとつイスパニオラ島の一部、一七世紀末からフランス領となっていたサン・ドマングから生じた。キューバに隣接したカリブ海の島である。ここでは、運動は黒人奴隷の解放運動という性格をともなった。フランスで革命政府が政治的権利の拡大を進めていたことに共鳴した、この島の解放奴隷トゥサン・ルヴェルチュールを指導者とした運動は大きな広がりをみせ、独立を目指すようになっていった。トゥサンは、ナポレオンが派遣した軍隊によって捕らえられ、移送されたフランスで一八〇三年に客死する。しかし、それでも運動が断絶してしまうことはなかった。結局、翌一八〇四年に独立が達成され、ハイチ共和国はラテンアメリカ最初の独立国となる。しかし独立後、内部での勢力争いと武装勢力同士の内戦は絶えることなく、二一世紀の現在も内戦が続くハイチは、ラテンアメリカ最貧国とまでいわれている。

すでにクレオールたちの運動が展開しつつあったスペイン領でも、ヨーロッパにおいてフランス革命に続く戦争とナポレオン戦争によって国際政治情勢が混乱するなか、各地でクレオールが主軸となった独立運動がはじまった。しかし局面は、なかなか単純ではなかった。はじめ運動は、ナポレオンによるスペイン本国の占領と支配に反対したことを契機に激化していった。一八〇九年ごろにはじまる独立戦争の第一局面は、ヨーロッパにおけるナポレオンの敗北への道程と対応するかのように、どちらかというとスペイン本国の圧力が勝り、たとえばベネズエラの革命家シモン・ボリバルが中心になった運動は、いったん頓挫せざるをえなかった。この第一局面は、現地出身のクレオールであるサン・マルティンらの独立軍がアルゼンチン共和国独立を宣言した一八一六年あたりを、一区切りとする。

これに続く第二局面では、逆にスペイン本国での政治的混乱が本国からの干渉を弱体化させ、さらに国際情勢も、独立側に味方することになった。イギリスは、交易や投資の対象として見定めたこの地への、ヨーロッパからの軍事的干渉を起こさせないために海軍力を動かし、独立間もなかったアメリカ合衆国は、ヨーロッパからの南北アメリカ世界への軍事的、政治的干渉を拒否する姿勢を明確にしつつあった。一八二三年に大統領モンローが発した宣言は、それを確認するものである。いわばラテンアメリカ諸国の独立運動勢力は、非公式に、アングロ・アメリカ勢力の支持を獲得したかたちとなったのである。

こうしてスペイン領では、アルゼンチンの独立軍が一八二四年には大勝して独立を確定した。アルゼンチンの周辺に位置するチリ、ペルー、ボリビア、ウルグアイも、つぎつぎと独立していった。メキシコでは、クレオールの独立軍勢力と先住民との微妙な対立関係もからんで、第一局面では情勢は明確にならなかったが、一八二一年、現地のクレオール支配層は、スペイン本国での自由主義革命勃発に反発して独立を宣言し、二四年には連邦共和国憲法が制定された。ポルトガル植民地のブラジルでも、スペイン領とは展開がやや異なったとはいうものの、やはりヨーロッパ情勢の動向と関連しながら、一八二二年には、本国からの独立が実現する。

一九世紀の最初の三〇年ほどを経過したのち、ラテンアメリカ世界は、一八世紀までとはまったく政治的様相を異にする世界となる。しかし、独立がなったのちにまでラテンアメリカ諸国では大土地所有制が存続し、貧富の格差が激しい社会が存続した。一九世紀末から二〇世紀を通じての工業化を経た社会でも、貧富の格差の大きさは現在にまであてはまる。

ラテンアメリカにおける一九世紀はじめの政治革命は、ほとんど社会革命をともなわなかった。それどころか、独立戦争で発言力を強めた武装勢力のボスたちは、それぞれが根拠とする地域で実質上の政治支配者となり、勢力争いを展開することも珍しくなかった。ラテンアメリカ諸国では、こうした一種の群雄割拠的な状況をいかに抑え、社会を安定させて経済発展につなげていくかが、一九世紀を通じての課題となる。失敗したハイチなどは悲惨な状況におちいるが、多くの国では一九世紀末には安定に向かい、経済も発展期を迎えるようになる。しかしこの経済発展は、バナナ、コーヒーなどの輸出用作物や硝石などの鉱物資源に頼った、しかも資本はおもにアングロ・アメリカ経済世界からの導入に依拠した、従属的な性格をまぬかれていなかった。こうしたなかで、ごく一部の富裕層のみがいっそうの富を手にする社会が存続していくのである。

こう書いてくると、ラテンアメリカの社会は独立後もいかにひどかったか、というイメージばかりを強調しているかにみえるかもしれないが、それは、ことの一面のみにすぎない。ラテンアメリカでさまざまな異質な文化が出会うことによって生まれていった、独特の明るさや力強さをもった文化が、そこには形成されていた。ヨーロッパ文化を土台にしながらも、現地のクレオールたちを主要な担い手として独自に形成されていった文化は、現在ではクレオール文化と呼ばれて評価されている。たとえば、ノーベル文学賞を受賞した二〇世紀後半の作家ガルシア・マルケスの作品などを読むと、その圧倒的な生きるパワーとでもいうしかない迫力には、心を奪われるほかない。またいわゆるインディオの文化も、受容したカトリック信仰の底流に根強く保持され、独特の世界観をもったものとして存続していた。アフリカ系の人びとによって持ち込まれた文化もまた、ラテンアメリカ文化に他ではないような色合いを加えて現在にいたるのである。

第五章　離陸に向かう経済と社会の変貌

北西ヨーロッパにおける経済成長の開始

食糧事情の好転

かつてにおいては、信頼度の高い統計が取られていたわけではない。したがって、なかなか正確な数字は得られないのではあるが、一七世紀のヨーロッパは、その海外展開は進展していたものの、全体として経済状態は収縮期にあり景況は悪かった、とみなされている。すでに述べたように、アジアとの関係でいっても、経済生産においてはむしろ劣位にあったのではないか、という議論が説得力をもっている。なにより、ヨーロッパ各地には断続的に飢饉や疫病が襲来したために、庶民においては生存すらもがぎりぎりの線であった。

これにたいして一八世紀からは、諸国間で繰り返された戦争にもかかわらず、経済状態は好転していった。まず北西ヨーロッパを中心にして、持続的な経済成長がはじまった、となされている。もっとも経済成長とはいっても、二〇世紀後半に経験した高度経済成長のようなものとはちがって、それからみれば低成長というほかないレベルであったが、しかし長期にみたときに持続的な成長局面が開始されたことの意義は大きかった。

ここで北西ヨーロッパというのは、イギリス、オランダ、北フランスといった、大西洋岸に面した地帯であり、海外展開においても主導権を握っていたところである。これらのところでは食糧事情が好転し、それまで頻発して社会不安をもたらしていた飢饉という危機からの脱出が可能になった。現代からすると想像できないかもしれないが、かつてのヨーロッパは、つねに飢饉と背中合わせだったのである。

一八世紀からの食糧事情の好転を可能にしたのは、いくつかの要因の複合である。

まずなにより、一般に「農業革命」ともいわれる農業技術の発展や農法の改良があった。たとえば、マメ科の植物を導入することによって根瘤《こんりゅう》バクテリアの作用で地味の改善が進められ、畜産と耕作とが組み合わされることによって、休閑地をおかない農地の有効利用が可能になった。あるいは『百科全書』の挿絵などからもうかがえるような各種農具の改良、家畜の品種改良の前進、干拓や排水事業の推進による耕作地や牧草地の拡大、といった技術的な展開も、食糧生産の増大と食糧事情の好転のもととなった。とくに土地の自由利用がすでに確立していたイギリスでは、こうした技術改良からの収益の拡大は、地主や農業経営者自身による経営の発展に直結していた。

こうしたなかで、一七世紀にアイルランドで本格化しはじめていたジャガイモ栽培が、一八世紀には広く大陸諸国で定着していくなど、新作物の導入も進められる。現在ではジャガイモのないドイツ料理は考えられないような気もするが、じつはその原産地はラテンアメリカであり、ドイツを含めヨーロッパ内で定着するのは一八世紀からにすぎない。ジャガイモは火を通してもビタミンCが壊れないゆえに、そして寒冷地でも栽培可能であったゆえに、庶民にとっては栄養好転を可能にした「ポテト革命」をもたらした、などともいわれる。トウモロコシやトマトもまた、ラテンアメリカから導入されてヨーロッパに定着した作物であった。

主食のパンの原料である小麦の生産も好転する。小麦は西アジア原産である。ヨーロッパにも古くから導入されたとはいうものの、地中海域をのぞけば高緯度で比較的冷涼な地理的条件からして、小麦の栽培は西アジアほどの収穫率ではできなかった。推定されているヨーロッパでの収穫率は、中世における改善以来せいぜい高くても、播種一粒あたり六から七倍

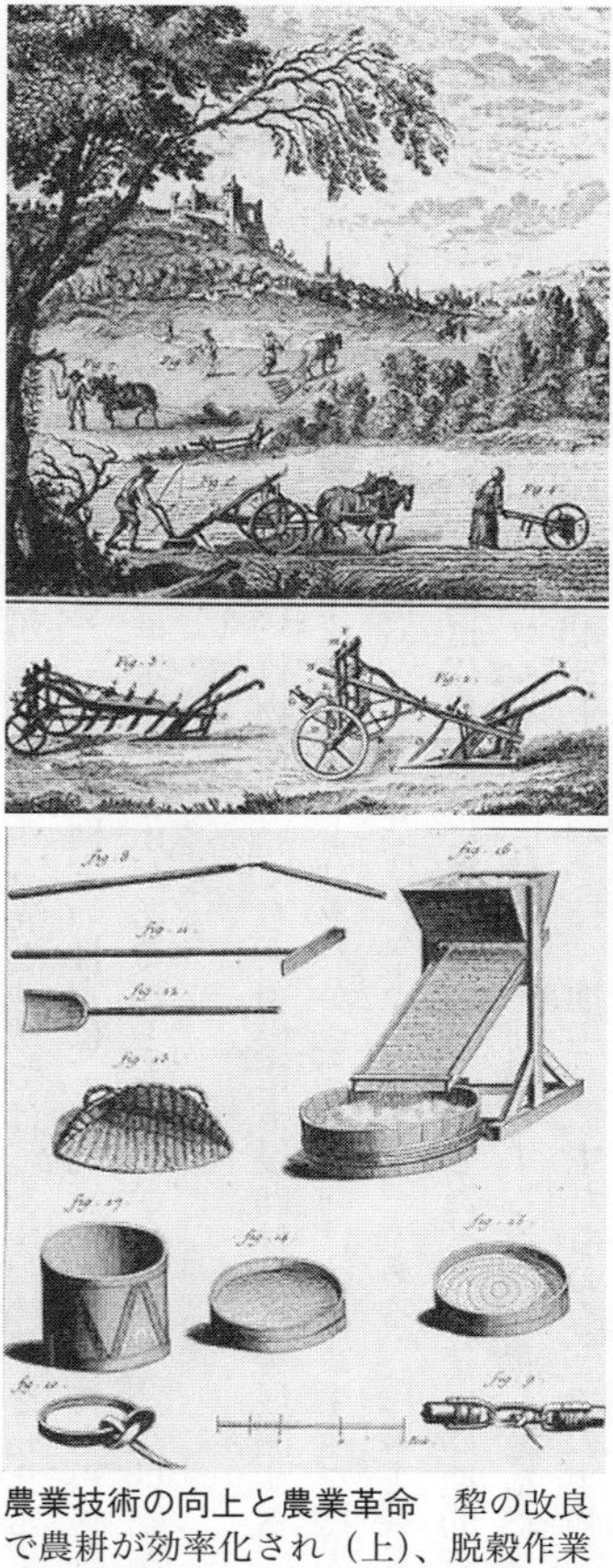

農業技術の向上と農業革命　犂の改良で農耕が効率化され（上）、脱穀作業に様々な道具（下）が開発されるなど農業革命は人口を増加させた。『百科全書』より。大阪府立中央図書館蔵

であったとみなされている。それが一八世紀から先進地域では、まず一〇倍を超えるくらいに向けて改善していったのであった。穀物収穫率の推定は、専門家のあいだでも再検証の動きがあるので、近い将来において推定値に変化があることも予想されるが、一八世紀からの好転の開始、という点は変わらないであろう。

家禽類や家畜の肥育を発展させ、穀物についても大規模に市場向け生産を展開する大農場経営が、先進地帯で姿を現してくる。北西ヨーロッパから、市場向けの農業生産を拡大していく資本主義的な大規模農業経営が、力を発揮するようになるのである。重農主義者たちは、それこそが経済社会における近代化の要になるものと主張した。ごく狭い局地的な市場を相手にするだけではなく、ヨーロッパ内の広域市場を前提とする穀物生産も進んだ。プロイセンやポーランド、ロシアなど東ヨーロッパでは、地主、領主たちのもとでの半強制的な労役による大規模な穀物生産が進められ、生産された穀物はもっぱら輸出に向けられた。

ヨーロッパ内に、後段にみるように都市化や工業化が進展する中核的地帯と、そこに第一次産品を供給することで経済を維持する、いわば中核的地帯に依存した周辺的地帯とが、並存して構造化される状況が生じていた。いずれにしても、以上のような動きが複合的に作用することによって、まずは北西ヨーロッパ一帯から、食糧事情の好転が実現したのである。一九世紀になると農業への機械の導入や技術改良はさらに進み、発展はヨーロッパだけでなく、オーストラリア、南北アメリカといったヨーロッパと深く関係していた地域へも広がっていった。一八世紀なかばから一八七〇年代の不況期にいたるまでの期間にヨーロッパで実現された農業の一大変化は、この間の工業化と経済の世界大への拡大を可能にした人口増を支える役割を果たしたといってよい。

人口学上の旧体制からの離脱

一八世紀からの食糧事情の好転と合致して、やはり北西ヨーロッパを先頭に、人口の継続的な増加の動きがはじまった。双方の因果関係は、そうかんたんではない。いわば鶏と卵の関係である。

それまでのヨーロッパは人口学上の旧体制にあった、というふうに、しばしば表現される。すなわち、ある程度人口が増加してくると、不作がらみの飢饉や食糧難が生じ、栄養失調のために抵抗力の弱った庶民に病気が流行して死亡率が急上昇し、人口の増加が抑制されるばかりか、一時的な減少すら起こって総人口の伸びがつねに抑えられる。こういう状態のことである。

かつては出産と授乳に伴う妊娠の抑制以外に、産児制限がおこなわれていたわけではなかったので、多くの子どもがもうけられた。しかし、乳幼児の死亡率も高かった。たとえば一七世紀のフランスでは、新生児一〇〇〇人当たり二五〇人が一歳未満で死亡した。四人の子が生まれた家では、一人が一歳までは生きのびられず、しかも成人するまでに平均してあと一人は命を落とす。二人に一人しか生き延びる可能性はなかった。多産多死型社会といわれるゆえんである。ヨーロッパのいずこにおいても、数字に差はあれ、事態は似たり寄ったり

死神にさらわれる子ども　飢饉や疫病で乳幼児の死亡率はきわめて高かった。16世紀フランスの版画。*Paysages et paysans* より

であった。

人口の伸びを抑えていた主要因は、飢饉、疫病、戦争という三つの悪弊であった。飢饉から餓死するような事例は少なかったようであるが、ぎりぎりの栄養状態で生きていた庶民にとっては、病気への抵抗力をさらに弱体化させるものであった。疫病のなかでもとくにペストは、黒死病として中世ヨーロッパを震撼させた一四世紀なかばの大流行以来、その後も間歇《かんけつ》的に流行しては、流行地域の死亡率を一時的に急上昇させ、人口全体の伸びを抑制した。そのペストが西ヨーロッパでは、一七世紀末から一八世紀の前半にかけて、いくつかの地域で最後の流行をもたらしたあと、姿を消してくれた。その理由は、よく分かっていない。病因が判明していたわけではないので、予防や治療のゆえではない。歴史上の謎である。戦争は、一七世紀にも一八世紀にも、繰り返し各地を荒らした。のちの工業化以降のような武器の大量殺傷力はなかったので、直接の戦闘で死者が増えたというよりも、畑が戦場となって荒らされ、前線のひどい衛生状態が病気を流行らせる、といった間接的な影響が大きかったとみなされている。まだ食糧の生産性が低く、市場の流通にも限りがあった一七世紀には、その悪影響はとくに無視しがたかった。

現在では地球上の人口爆発が危惧されている一方、いわゆる先進地域では少子化の傾向が顕著である。そこではもはや多産多死型ではなく、衛生や医療、栄養の劇的な改善とともに社会は少産少死型へと転換を遂げている。この数十年で少子高齢化が急進した日本が、その極端な事例であるのは周知のことである。ヨーロッパの場合には、おおまかなところ、一八世紀なかばまでは多産多死型で、そこから一九世紀を通じて多産少死型に転換していったことで人口が急増し、一九世紀末から二〇世紀にかけてゆっくりと少産少死型へと移行していった、という展開が指摘できる。もちろん国や時期による推移のヴァリエーションはあることを前提に、であるが。

二〇世紀末の時点での世界の総人口は約六〇億、二〇世紀はじめでは推定約一五億である。ヨーロッパにおいて人口が増加局面に入った一八世紀なかばではどうか。世界全体では、およそ七億から八億人だったのではないか、という推定がある。この数字は鵜呑みにはできないが、現在と比較して地球上が過疎状態みたいなものだったことは確かである。ヨーロッパとて同様で、持続的な増加がはじまったあと一九世紀はじめの時点で、ロシアを含めておよそ一億八〇〇〇万ないし一億九〇〇〇万ほどであろうという。一八世紀はじめには約一億あまりと推定されているので、一世紀のあいだに八〇〇〇万人強が増加した計算である。二〇世紀はじめでは、ヨーロッパの総人口は約四億二〇〇〇万にまで増加するので、一九世紀を通じてのその急増ぶりがうかがえるであろう。

こうして増加していった人口は、一八世紀に本格化してくる都市の発展、またそれと連動した就業機会の増加と多様化、という社会的条件とも適合するものであった。見る角度を変えれば、生み出されてくる余剰人口は、あらたに興ってくる機械制工業が一九世紀になって発展するにあたって、それを支える労働力を提供するもとになった。

しかし一八世紀の北西ヨーロッパにはじまる人口学上の旧体制からの離脱、すなわち食糧事情の好転と人口の増加局面への転換は、それを経験した社会や人びとに一様の変化をもたらしたわけではない。そもそも人口学上の旧体制において、飢饉や食糧暴動が生じた一七世紀にあっても、上層の王侯貴族や富裕層は食べるに窮したことはなかった。宮廷の宴会におけるメニューなどみれば、その驚くべき美食飽食の世界と、同時代の庶民の困窮の世界とでは、天地ほどにかけ離れていたことがすぐに分かる。一九世紀においても、社会層による生きる条件の差は依然として大きく、とくに生活のための基本的諸条件や制度の整備が人口増加に追いついていなかった都市において、民衆階層はもっとも厳しい条件を生きていたといえよう。

ヨーロッパの近代都市発展のなかでも先行したロンドンなどでは、すでに一八世紀なかばには、都市民衆階層がおかれていた生活環境の劣悪さが問題視されていた。ウィリアム・ホガースという画家が一七五一年に発表した「ジン横丁」という版画が有名である。専門研究者によると、ホガースは、地主を中心としたジェントリー層を支配階層とする安定的な地域社会、イギリス国教会の教区をまとまりとする地域の共同体的社会を、理想像として思い描いていたという。しかし眼前に膨張しつつある大都市には、もはやそのような牧歌的理想像とは対極の現実があり、その「下層の民衆に特有の害悪をただすために」（この版画に付された彼自身の説明文）行動しなければならない、とホガースは主張していた。

ホガースのこの版画は、もちろん誇張して描いたもので現実そのものではないが、次代をになうべき子どもたちが劣悪な条件下に置かれている現実を、とくに強調して告発している。これは、子どもの教育について、民衆階層を対象としても本格的に考えはじめていた時代をよく映し出している。一八世紀なかば以降、子守唄をもっぱら集めた歌集であるとか、子どもを読み手に想定して書かれた物語本や絵本、おとぎ話の集成などが、各国語で本格的に出版されるようになっていく。ドイツで一九世紀はじめにグリム兄弟によって刊行された童話は、日本でもよく知られている。そこでは、もともとの民話にあった性や暴力にかかわる側面は除去され、もっぱら家庭向けのメルヘンとして刊行され、世に広まることになる。安定した中間層以上においては、すでに一九世紀から、少なく産んだ子どもに多くのケアをあたえようとする傾向が顕著になりだしていた。家

ジン横丁　ロンドンの劣悪な生活環境を告発した有名な版画。1751年、ウィリアム・ホガース作

族の姿もまた、変化しはじめていたのである。

新しい経済状況の出現

ヨーロッパによる覇権の経済的基盤を形成したのは、工業化における先行である。工業化と産業革命については、次節において取りあげる。ここではその前段階ともいえる一八世紀の状況について、要点を押さえておきたい。

高等学校の世界史などでは、分かりやすくするためであろう、一八世紀後半のイギリスにおいて産業革命が現実に進行したかの記述がとられることが従来多かった。たしかに一七一〇年代にニューコメンという人物が蒸気力を活用した排水機を実用化して以後、のちにつながるような発明や改良が続く。世紀なかばにそのニューコメン式蒸気機関を改良したワットが、一七六九年に特許を得て蒸気機関の販売普及に携わることになる。その前後、製鉄法の改良や紡績機械の発明改良も進んだことはたしかである。しかしながら、一八世紀には、生産はまだ基本的に手工業が圧倒的に支配していたことを考えると、機械の発明や改良が続いただけでは、工業化の本格的展開には程遠い。

マニュファクチャーないしマニュファクトリーといえるような、つまり手（マニュ）を使う多くの手工業職人を工場（ファクトリー）に集めて分業体制をとり、生産の集中化を図ろうとする動きはすでに各地で試みられていた。そのなかで一八世紀なかばのイギリスから、生産活動の機械化と動力化への移行が緒についていった、というくらいの表現が正確ではなかろうかと思われる。のちから振り返れば、たしかにこのことは出発点として大きな意味を持っていたといえる。しかし他方で同時代には、ほかにも新たな時代の到来を示す動きがあったことを見逃してはならない。

ヨーロッパにおいて生産活動や商業活動は、中世以来ながらく、ギルドなどと総称される同業組合や同職団体を中心にしてになわれてきた。これらの職業団体は、認定料と引き換えに国王や都市によってその職業活動の独占を承認され、同時に専門職の質の高さと後継者の育成、商品の高品質を保証する役割をになう、一種の特権集団であった。経済規模が国内にあって限定されている限りは、それなりに安定した仕組みであったといえる。しかしそれが、経済規模の拡大や自由な市場活動にとって障害となりはじめていたことは、フランス革命前史のところでも触れたとおりである。フランスでも、実態としてはすでに揺らぎはじめていたのであるが、イギリスなどではよりはやくからギルドの解体が進んでいた。経済が大きく発展し、その構造自体を変化させていくためには、ギルドなどによる内部規制は撤廃され、能力と資金力さえあれば誰でもが参入できることが望ましい。一八世紀の啓蒙思想家たちは、市場経済についてそのように主張した。

ワットの蒸気機関　ニューコメン式蒸気機関を改良したもの。ロンドン科学博物館で展示している

また他方では、ヨーロッパ内の広域市場での取引、さらにはヨーロッパ外への経済活動の膨張という現実を受けて、はじめから遠隔地交易を前提にした生産もおこなわれるようになっていた。穀物についてはすでに触れたが、農業だけではなかった。手工業でも生じてくる。都市の内部でギルドによる規制が依然として強かったところでは、それを避けるためもあって、農村部の世帯に生産活動がゆだねられた。それはまた、農村部の余剰労働力をうまく活用する方法でもあった。製品を遠隔地交易に用いるために都市の問屋が農村部の世帯に仕事を発注して、あらかじめ生産機具や原料を貸し付け、完成した生産物を回収する、という方式である。

こうして、亜麻織物などのあまり高品質を求められない繊維製品や粗い毛織物などが生産された。生産された製品は、発注した問屋の手によって貿易商に売りさばかれ、遠隔地との交易のために輸出されていく。現実のあり方は、それぞれの地域の事情に応じて規模も製品もさまざまでありえたが、一八世紀には西ヨーロッパのかなりのところでこのような構造をもった生産が広まっていた。それは、本格的な工場における工業生産の前段階として、しかしあきらかに広域の市場を前提とした手工業生産として、しばらくまえから経済史ではプロト工業化と呼ばれている現象である。単独では資本力のない農村部の世帯は、問屋と結びつくことによって、農業以外でも経済基盤を手にすることが可能になった。それは、農村社会の変容や、農村家族形成の変容といったところにまで、影響を及ぼすものだったのである。

工業化への二つの条件を満たしたイギリス

人力や動物の力、あるいは風力や水力といった自然力ではなく、人工的な動力によって機械を動かす工場生産が軌道にのるためには、最低限二つの条件が前提として必要であった。

一つには、動力伝達や機械作動を問題なく実現するための技術開発が広まっていなければ不可能だ、という点である。正確に作動する機械そのものが数多く生産されるようにならなければ、機械制生産システムは普及できない。そのためには、ユニットとしての部品が同規格で正確に作られ、それらが集積されて全体として組み立てられるアセンブリという、いまでは当たり前と思われる仕組みが、前提としてしっかり構築されていなければならない。いまでも、ものを量産できる機械そのものを生産するための原型である金型《かながた》の生産は、精巧な職人的技術を必要とする。かつても同様である。そうした工程をすでに、高度な技を持った職人たちの分業体制において実現していたのは、じつは精巧な機械仕掛けの時計を生産する現場であった。イギリスとフランス、スイスのあいだで技術競争が熾烈であった一八世紀には、つい最近になってクオーツから電波式の時計にいたる新たな段階になるまで、ゼンマイ式の時計としてはほぼそれ以上はないようなレベルが実現されていた。それは、動力を正確に伝達させる精密機械にほかならない。アメリカの歴史家ランデスは、時計産業こそが技術的に産業革命を用意した、と強調している。

いま一つの条件は、機械に設備投資ができるだけの資本が余力をもって蓄積されていなければならない、という点である。機械に投資したとしても、すぐに元が取り戻せるわけではない。したがって、かなりの蓄積がなければ機械や工場に資本を固定するわけにはいかない。

イギリスで工業化が先行した理由は、一八世紀からのこうした資本力の差である。それをもたらしたのは、一七世紀後半から一八世紀なかばにかけてのいわゆる「イギリス商業革命」による経済覇権の確保であった。つとに川北稔《かわきたみのる》さんが指摘してきたように、イギリスは産業革命に成功したから世界帝国になったというより、世界帝国であったから産業革命を実現できたといったほうが、正確なのかもしれない。この期間にイギリスの貿易額は劇的に上昇し、ヨーロッパとアジア、アメリカ、アフリカといった各地域世界を結ぶ経済ネットワークを、武力で戦争に勝利しながら掌握する。しかも主要には、砂糖、タバコ、茶などのヨーロッパ外からの物産を、国内消費向けに輸入するだけでなく国外へ転売することによって、莫大な利益を上げていた。

イギリスが扱ったこうした物産の背後には、奴隷制プランテーションによる生産、そこへの奴隷供給による商業収益も存在していたことは、すでに第一章で述べたとおりである。一七世紀の政治的激動を乗り越えたイギリスは、立憲王政のもとで議会政治が一定の安定を実現し、他方で一七世紀末に設立されたイングランド銀行によって、金融面での信用の基盤が他国に先駆けてあたえられていた。このようなイギリス経済にたいしては、依然として一八世紀に力をもっていたアムステルダムの金融市場からも資本が投下され、イギリス経済の基盤はいっそう強化されていたのである。

こうして機械技術と資本の双方にともなう諸条件でイギリスは、フランスなど他国の先をいっていた。それにさらに、食糧事情の好転と連動した人口増加と労働力の確保、上述のギルドの解体に加えて商業革命にともなう欲望の刺激、興隆する都市における消費の拡大、といった要素も加えられるであろう。これらの要素が共鳴しあう状況を迎えたイギリスは、他国に先駆けて工業化への道を進みはじめたのである。

生産と流通における激変

産業革命は起こったか

では、イギリスで先行したという産業革命とは、どのように考えればよいのであろうか。ものを生産する仕組みとして、蒸気機関が生み出す人工的な動力を用いた機械を大量に工場に設置し、一度に大量に、能率的に生産ができるようにする。すなわち機械制の大工場である。それによって農業と手工業ではなく、機械制の工業が経済の主軸となる構造が支配的となる。そうして大量に生産された商品は、ものの消費の規模や性格も変化させ、商品を運ぶための流通のあり方、あるいは原料を大量に入手し動かすための仕組みも変化させていく。さらに、人力や自然力を超えた機械の力でものを作るということは、人間の働き方を機械の動きに対応した一定のリズムを刻む、時計の時間を単位として管理されるものへと変化させていく。そこでは職人的な仕事単位の報酬ではなく、労働時間単位の給与体系が一般化する。それらにともなって、人びとの日常生活のあり方も大きく変化する。こういう経済と社会の根本的な変化が、一般に産業革命といわれてきた。

チャプリンの「モダン・タイムス」という映画は、多くの方が知っておいでであろう。オートメイションの工場のなかで、人間が機械を使うのではなく機械に人間が使われてしまう悲哀を、面白くも切なく描いて観る者を飽きさせない。しかし、機械の流れ作業に人のほうが流されてしまう、という、滑稽だが笑うに笑えない場面は、もちろん生産現場の機械化が開始された初期から生じたわけではない。初期に導入された機械はまだ自動制御などとは無縁であったから、かえって機械の扱いに習熟した熟練職人に近い技術労働者を新たに必要とした。したがって、機械にあわせたきわめて単純な労働に従事する非熟練労働者と、そうした新たな技術労働者との懸隔は大きかった。

最近では、イギリスを先頭にはじまった工業化の展開は、それほど急激に進行したわけではなかった、ということから、産業革命と称するのは不適切であるという意見も強く出されている。一八世紀のイギリスで、おもに繊維・織布産業を中心に機械類の発明や改良があいついだことにはすでに触れた。しかし、蒸気機関が発明され実用化されたとはいっても、生産現場においては、すぐに蒸気力で動かす機械が主流になったわけではなかった。一九世紀になっても初期においては、水力のほうが主流であった。機械自体の生産も、まだ急速に進展したわけではなかった。

たとえば、イギリスの綿工業（紡績・織布）における労働者数の推移を示した表を眺めてみよう。一九世紀なかばで大きく転換するまでは、家内労働者の数のほうが工場で働く労働者数を大きく上回っていた。というのも、紡績のための機械化が先行して糸が大量に安く生産されるようになると、かえって家内工業で布を織るための糸が入手しやすくなり、織布は、いきなり工場生産に移行したわけではなかった。紡績における機械化から織布における機械化までは、タイムラグがあったのである。機械化の先陣を切ったイギリスの綿工業でも、事情はこのような状態であった。

	工場労働者数	家内労働者数	推定総計
1810年	100,000	200,000	300,000
1830年	185,000	240,000	425,000
1850年	331,000	43,000	374,000
1860年	427,000	10,000	437,000

イギリス綿工業（紡績・織布）の労働者数　（単位：人）

ということは、生産現場だけでなく流通や消費、さらには労働のあり方や日常生活にまで本質的な変化をもたらしたものとされる産業革命は、イギリスにおいても一八世紀なかばから一九世紀なかばまでの一世紀ほどの時間の幅をもってとらえたときに、はじめていえる変化だということになる。そうであるとすれば、革命という激変を想起させる表現は適切ではない、こういう主張が出てきてもおかしくはないのである。

皆さんは、どうお考えになるであろうか。

私自身は、こうした歴史的実態を踏まえてもなお、産業革命という表現は使ってよいのではないかと考えている。もちろん革命といっても、ここで問題となるのは、一夜にして政権が倒されるといった政治革命のような事態ではなく、経済や社会における構造的な変化のことをいっている。そういう意味ではこの場合の革命とは、あくまでメタファーとしての表現である。じっさい産業革命という表現は、一九世紀のおもに後半になされるようになっていくが、それは、眼前における根本的な構造的変化を革命にたとえていたのであって、短時日の内での変化をいおうとしていたわけではあるまい。現にそこで生じていた構造的な変化は、人類史にとってきわめて大きな本質的なものであったといってよい。

ちょうどそれは、人類史にとっての新石器革命といわれるものと対照してみると分かりやすいと思われる。現在からさかのぼること九〇〇〇年から一万年といわれるが、そのころに人類は農業という名に値する食糧生産の方法を身につけていった。狩猟採集のみでなく、耕作にせよ牧畜にせよ人工的に食糧を生産できるようになったということは、人類の生存発展にとって根本的に大きな条件の変化であった。それがちょうど新石器時代になったころであったことから、この農業の開始は新石器革命と称されたりするのである。この場合、もちろん数年で激変したわけはないのであるが、長期間にわたったにもかかわらず「革命」と称されるのは、それが人類史に本質的な変化をもたらした歴史事象だからである。産業革命についてもまた同様に評価することができる、と、私は考えている。

ここで、産業革命という場合の「産業」と、工業化という場合の「工業」とは、どう使い分けているのか。そういう疑問が出てきてもおかしくない。いずれも横文字にすればインダストリー、あるいはインダストリアル、ということになる。ようするにおなじ単語なのであるが、日本語にするといささかニュアンスに差があるように思える。工業という表現は、人工的なものの生産、産業部門でいえば第二次産業部門をもっぱら想起させる。第一次産業部門の農林水産業でもなく、第三次産業部門のサービス業でもない、ということである。本書で工業化という場合には、この意味で用いている。しかし産業革命という表現は、すでに述べたように、ものの生産現場だけではなく、つまり産業部門としての工業だけではなく、消費や流通、労働や生活のあり方にまでかかわる変化を示すものとして用いられてきたし、ここでも用いている。意味範囲がはるかに広い、ということである。したがって工業革命とはいわず、産業革命といわれてきた。次章で扱う産業文明という表現も、これに準じている。

人口の増加と都市化の進展

一八世紀にはじまったヨーロッパの人口増加は、一九世紀にはさらに加速した。人口増加と工業化との関係もまた、人口増加と食糧事情の好転と同様、単純な因果関係は成り立たない鶏と卵の関係といってよい。しかし人口増加が、社会により多くのダイナミズムをもたらしたことは間違いない。比喩的にいえば、「動かざる社会」は「激しく動く社会」へと変貌していくのである。人口増は、工業化への労働力の供給源となっただけでなく、じきに消費市場の拡大にも寄与することになる。

近代ヨーロッパの特徴の一つは、工業化とともに進行した都市化である。激しく動きはじめた社会状況に対応して、人びとは少しでも成功できる機会を求めて、あるいは有利な職につく可能性を求めて、移動した。この時代のヨーロッパ内での移動は、主として都市へと人びとが集まってくる現象として現れた。工業化が進展する一九世紀、とくにその後半は都市の人口増加が顕著になる。

これは大きなトレンドとして指摘できることなのであるが、しかしこの時代の都市化を正確な人口統計によって測定することは、必ずしも容易ではない。というのも、一九世紀には統計の時代が本格的にはじまるとはいうものの、人の動きの激しい状況で数字化することの困難だけでなく、都市として分類する基準も国によって異なっているからである。イギリスやドイツの統計では、一般に人口五〇〇〇以上の集住地が都市人口として認識されるのにたいして、フランスの統計では人口二〇〇〇以上が一般的である。そんなに小さい規模なのか、という一種の驚きを、現代に生きる日本人であれば感じるのではあるまいか。基準となっている人口規模が小さいという点は、ヨーロッパにおける都市概念や都市イメージとも関連して興味深いところである。

人口五〇〇〇以上を基準にした場合の都市人口が総人口に占める割合は、もっとも都市化が先行したイギリスにおいて一八五〇年に四五パーセント、一九〇〇年になると七五パーセントである。一方同年にフランスではそれぞれ一九パーセントと三八パーセント、ドイツでは一五パーセントと四九パーセントであった。これを人口二〇〇〇以上という基準でとるとすると、イギリスは一九世紀なかばですでに五〇パーセントを超え、フランスは二五パーセント、ドイツは三五パーセントほどになる。人口分布のうえでの都市と農村のバランスは、あきらかに都市の比重が増加の、そして農村の比重が減少の局面に展開しだしていた。あきらかに産業構造の変化と連動していたこの展開は、国によってペースの違いはあったものの、いずれにしても、長らく持続してきた農村人口の優位が決定的に崩れはじめたことを意味していた。

農村人口と比べた全般的な都市人口の増加だけでなく、とくに際立っていたのは大都市人口の増加、大都市のいっそうの膨張であった。パリやロンドン、ウィーンなど、国を代表するいくつかの大都市では、人口増加や経済活動の活性化に応じた都市域の拡大が実施された。都市人口の比較は、都市域の拡大前後で意味が違ってくるが、都市域の拡大そのものが都市化進展の反映であったことは当然である。一九世紀直前と一九世紀なかば、二〇世紀初頭の三時点をとらえてみると、ロンドンでは人口が一八〇〇年には約九〇万、世紀なかばに二三〇万、二〇世紀初頭では四七〇万、パリではそれぞれ約六〇万、一三〇万、二八〇万、プロイセンの首都からドイツ帝国の首都となるベルリンにいたっては、約一七万、四五万、二〇〇万、である。おなじ二〇世紀初頭には、グラスゴウ、モスクワ、サンクト・ペテルブルク、ウィーンが人口一〇〇万都市の仲間入りを果たしたが、他に五〇万を超える人口を擁した都市はバーミンガムなど一六しかなかった。一九世紀においてロンドン、パリ、ベルリンという三都市がヨーロッパでは抜きん出て急成長していたことが、よく分かる。

こうした都市化の進展、とくに大都市のいっそうの大規模化が、近代化として肯定的にとらえられていたのかといえば、必ずしもそうではなかった。同時代において、とくに世紀前半が顕著であったが、都市は膨張する人口に必要な制度や設備が追いつかず、合理的な社会の仕組みとは程遠い、ひどく不衛生な、さまざまな面で病理的な様相を呈する問題空間として認識されることが一般であった。社会改良家は、貧困やモラルからの逸脱を頻発させる犯罪の巣窟として、都市を問題視した。

一九世紀において、とりわけ世紀なかばころまでは、ヨーロッパの都市を舞台としてさまざまな社会運動が激しく展開した。過酷な労働条件に反発したストライキや、政治的な発言権や社会的な平等の要求、あるいは革命の主張などとも結合したそれらの運動は、イデオロギー的にはさまざまな様相を呈していた。しかし共通する背景として、都市民衆の貧困や、充足されない生のあり方への不満、初期工業化に典型であった労働収奪型経営への抵抗、こうした一九世紀都市に固有の問題を見逃すわけにはいかない。

マルクス　『資本論』などで資本主義に代わるべき社会主義への道を強調した

マルクスは『資本論』などを書いて資本主義経済に取って代わるべき社会主義への道を説いたのであったが、その盟友エンゲルスは、イギリス工業都市マンチェスタの労働大衆がよぎなくされていた悲惨な生活を目にして、イギリス労働者階級が置かれている状態について告発のリポートを著している。彼らだけではない。イギリスではヘンリ・メイヒューのようなジャーナリストをはじめ、社会改良家たちが民衆の生活状態にかんする社会調査や、いまでいえばノンフィクション・リポートを公刊し、フランスなどでも同様に、医師や衛生学者などを中心として問題を指摘する報告書がさまざまに発表された。各国におけるそのような報告書のたぐいを一覧にすれば、相当に厚ぼったい書物になるにちがいない。それほどまでに都市の病理は、時代の課題として深刻に認識されていたのである。

輸送と流通の革命

一九世紀は、工業化の進展と並行して輸送と流通の状況が一大変化を遂げた時代でもあった。前述したようにすでに一八世紀から、それまでの交通路の不十分さ、状態の劣悪さを修正しようとする展開ははじまっていた。運河の掘削や川港の整備も各国で追求されていた。水路は、ものを大量に運搬するには陸路以上に適していたからである。こうした陸路や水路の整備と開発は、一九世紀以降も継続して推進されている。商品を動かすにも原料を運ぶにも、そしてまた人が移動するにも、交通路の確保は重要な大前提である。

なにより一九世紀に展開した輸送と流通における革命的な変化は、蒸気機関の応用による交通網によってもたらされた。まず鉄道である。鉄道の敷設も、蒸気機関の実用化や鉄の生産拡大で先行していたイギリスで、いちはやく開始されたことは周知であろう。一九世紀なかばまでにイギリスでは、鉄道のネットワーク化はかなり進んでいた。鉄道も、幹線の主要路線だけでは不十分で、鉄道網といえるほどの路線拡大が進んではじめて、国内の経済や社会にとって決定的に大きな意味をもってくる。大陸諸国では、それは一八五〇年代以降、主として七〇年代からのことであった。

鉄道のネットワーク化によって、人びとの移動が容易になっただけでなく、それまでは比較的狭い範囲で生活が完結していた地域社会に、否応なしに変容が迫られることにつながっていった。おもに都市を発信源とする情報が、ものと同時に迅速に各地に伝わる条件ができた。国内市場の一体化は、消費についても労働力についても、鉄道網ができていなかったとしたらもっとはるかにその展開は緩慢だったに違いない。

鉄道によってもたらされた変化は、人びとの社会的な意識にもかかわっていた。たとえば、鉄道を利用するには時刻表にあわせた行動が求められる。当然である。そうして人びとは、時計によって示される時間を意識せざるをえなくなっていく。それにあわせた行動様式が、学校や工場などでの時計にあわせたタイムスケジュールと並んで、一九世紀になって時計による時間意識が共有化され広まるもとになったのである。それはじきに、時計の時間にそったスケジュール管理を各自がおこなうべし、という近代的な行動様式につながっていく。のんびりしていられなくなるのである。

いうまでもなく移動のスピード感覚も、それまでの動物の力や自然力とはまったく異なるレベルであった。現代に向けての事物の動きや変化のスピード化が、人間にとっての機械に媒介された他律的移動によって、身近なところで端緒を開かれたといってよい。

また鉄道がネットワーク化されたことによって、運行を協調させるための標準時の設定がよぎなくされた。現在では当たり前のことであるが、一九世紀の世界にとっては、それまでにない経験であった。まずは国内における統一的な時刻表示が、鉄道の安全確実な運行のために広まりはじめることになる。現代においては、地球世界が共通の標準時によって同調されている。そうでないと、経済や社会の仕組みは大混乱をきたす、というよりも成立できなくなるものが多いはずである。この国際標準時をイギリスのグリニッジを基準にして設定するという決定は、一八八四年にワシントンで開催された国際子午線会議でなされたものである。

完成したばかりの終着駅　1866年、ロンドンのテムズ河畔に完成したサウス・イースタン鉄道終着駅のキャノン・ストリート

　地球は丸いのであるから、グリニッジを本初子午線の位置とする、すなわち経度ゼロとする原理的な必然性はどこにもない。しかし、そう決定されたのは偶然ではなかった。一つは、イギリスの鉄道会社が、国内標準時の採用を他国に先駆けて実用化してきた経験の蓄積があった。そしてなにより、一九世紀の国際経済と政治においてパックス・ブリタニカといわれるように、イギリス帝国の覇権状態があったことが無視できない。したがって、歴史的に長らくイギリスと覇を競い合ってきたフランスは、この決定に従わず、パリを基準とする主張をしばらくのあいだやめなかったのである。

鉄道の敷設には、防衛や国内治安の確保のためという理由もあった。すなわち軍隊の大量で迅速な移動を容易にする、という作戦手段としての評価である。陸続きで国家同士が接しているヨーロッパ大陸側では、たとえばドイツの場合に典型であったが、国境地帯に迅速に軍隊を運べるように路線を確保する、という展開がみられた。

また鉄道建設は、国内市場の統一といった面だけでなく、それ自体が大量の鉄を使用し、多くの労働力を必要としたことから、製鉄業や関連産業の興隆といった経済効果とも関係していた。鉄道建設という大型事業自体が、工業化を推進する殖産興業の重要な柱であった。その建設には大規模な工事が必要とされたので、多額の資本が求められた。それは重要な投資先となり、ときには国際的な投資対象ともなった。一九世紀末のロシアの鉄道建設に向けたフランスからの投資は、その典型的な事例であった。

大型汽船・カンパニア号　ヨーロッパと北米を結ぶキュナード・ライン所属。『パックス・ブリタニカ』より

蒸気機関の交通への実用化が進んだのは、鉄道のみではなかった。蒸気船である。汽船がはじめて海を航行するようになったのは一八〇九年であったから、鉄道よりも早い。ただし一九世紀なかばまでは、実用化といっても遠洋航海には蒸気と帆の併用が一般的であった。

しかし世紀後半になると完全な大型汽船が、世界の海を走り回るようになる。一八七〇年までには、世界各地を汽船の定期便が結ぶようにもなりつつあった。その経済効果は大きかった。一九世紀はじめと終わりとで比較すると、遠洋航海による輸送コストはほぼ七分の一にまで低下していたという。

次項にみる海を越えた移民の大量移動にとっても、こうした船舶輸送の発展が大きくかかわっていたといってよい。海を越える長距離移動は、冒険に近いような一大決心を要するものから、もっとありふれたものへと変化していったのである。幕末から明治初期において日本からヨーロッパ、あるいはアメリカを訪れた人たちの航海日記や回想などをみると、こうした船舶による移動が、特記すべき冒険というような性格をもはやもっていないことがよく分かるはずである。

ヨーロッパからの移民の世紀

二〇世紀も後半になると、ヨーロッパは主として非ヨーロッパ地域からの移民の受け入れ地域となり、その性格は二一世紀となった現在も変わることはない。しかし一九世紀の後半から二〇世紀はじめにかけては、流れは完全に逆であった。今では一般にあまり意識されることはないのであるが、じつはこの期間にヨーロッパは大量の移民を、海外へと送り出していたのである。その数はトータルでほぼ四〇〇〇万人といわれ、目指された「新天地」はおもに南北アメリカ、とくにアメリカ合衆国であった。

一八世紀にはじまったヨーロッパ諸国における人口増加のようすは、表からも分かるように一九世紀になると急増といってよいものとなった。多くは、おりから進行していた工業化のための労働力として役立った。ヨーロッパ内でも、工業化や都市化がより進んだ地域への、国境をも越えた移動が生じたが、それでも過剰となった分については、域内では行き場を失ったといってよい。あるいは、経済の構造変化から取り残された人たち、近代化への適応に困難を感じて新天地を求めた人、さらにはもっと有利な条件を求めて一旗あげようと海を渡った人もいたに違いない。

こうした移民を外へと押し出したプッシュアウト要因は、基本的には激増による人口の過剰と近代化の余波といえるであろうが、しかしなかには、もっと悲惨な例外的な事情が関与していたこともあった。一九世紀なかばにアイルランドで生じた大飢饉の場合が、その典型である。イングランドによる植民地的な支配を受けていたアイルランドの農民は、食糧として依拠していたジャガイモの凶作が原因で、大量難民となって海外へと脱出せざるをえなくなったのである。近代ヨーロッパを総体としてみたときに、人口が一気に激減した地域は、この時期のアイルランド以外にはない。またユダヤ系住民の移動にも、世紀末にみられたロシアのポグロムという迫害からの脱出のような、難民というべき痛ましい

	1800年	1850年	1900年
イギリス	1,600	2,750	4,150
ドイツ	2,300	3,510	5,640
フランス	2,820	3,580	4,070
イタリア	1,800	2,500	3,250
オーストリア	2,800	3,600	5,000
ロシア	4,000	5,700	10,000

ヨーロッパ諸国の人口　（単位：万人）

事例が存在していた。

入植政策からくる移民もあった。たとえば、フランスがアルジェリアを支配下に置いて植民地化を進めようとした一九世紀なかば、そのために意図的に送り込まれた入植移民がそうであった。より一般的にいって、本国から植民地へと向かう入植移民は、それを仲介したのが民間会社であったとしても、多かれ少なかれ政策的な意図のもとに推進されていたといってよい。ロシアにおいて進められたシベリア開発のための人口移動も、国内における政策的移民といってよいような動きであった。

アイルランドから脱出する移民　大飢饉後、約100万人が海外に船出した。コーク、1851年。*The Illustrated London News*より

移民先が人びとをひきつけるプルイン要因は、どうだったであろうか。一九世紀なかばに起こったカリフォルニアやオーストラリアでのゴールドラッシュなどを例外とすれば、一般には有利な土地の入手や働き口、新しい商売や仕事の可能性、というのが通常であろう。アメリカ合衆国では、西部開拓が農業の可能性を示していたし、北部での工業と都市の興隆が歴史にとらわれない新たなアメリカンドリームを示唆したとしても、不思議ではなかった。独立後の南アメリカでも、ブラジルやアルゼンチンなどにおける大規模な農場開発の動きが、多くの労働力を求めていた。

イタリアなどヨーロッパ内の農村部からも、そうした可能性にかける移民が生み出されたのである。

世紀なかばを境に、ヨーロッパからの海外への移民は、年間にして一〇万ほどから七〇万ほどへと急増の様相をみせている。世紀を通じて人口が急増したイギリスからも、多くの移民が南北アメリカ、とくに北アメリカへと渡った。ドイツやイタリアから、あるいは東ヨーロッパからは、世紀末に近くなって以降その数が増加している。それぞれの母国での近代化のリズムの違いが、関係しているのかもしれない。

すでに述べたように、船舶輸送の技術的な進歩が、移民の増加に寄与していたことは間違いない。その背景では、欧米経済の発展があきらかに規模を膨張させ、現在でいうグローバル化の進展をさらに推し進めていた。もちろん、まだインターネットなどはないのであるが、世紀後半には電信網が世界各地を結びはじめ、すでに世紀なかばには国際郵便の仕組みも進展し、一八七五年には万国郵便連合が成立している。国外へと故郷を出て行った移民たちは、それで故国と関係が切れてしまうのではなく、多くが故郷の家族や仲間と連絡を保つことができる条件ができていた。先に出て行った移民のあとを追って、同郷の人びとがおなじところやおなじ職種につくために海を渡る、というような現象もみられた。

世界各地の都市内にはチャイナタウンが形成されて、一般に安くておいしい中華料理が食べられるので現在でも有名であるが、イタリア系移民も、しばしばリトルイタリアと呼ばれるような街区を形成していった。移民後の適応や経済活動で、同郷のネットワークがものをいう場合が少なくなかったと思われる。しかし、ときには同郷の移民同士での抗争、あるいは異なる出身地からの移民のあいだで衝突が生じることもある。文化の融合や摩擦の現実は、移民の文化と移民先の現地文化のあいだで生じただけでなく、移民同士の異文化間でも生じたのである。

こうして多くの移民を生み出したヨーロッパ諸国のなかでも例外的であったのは、フランスである。一九世紀から少子化の傾向と総人口の緩慢な伸びが明確になりだしていたフランスでは、世紀末には労働力の不足も問題となりはじめ、周辺諸国、すなわちベルギーやスペイン、とりわけイタリアから、農業や工業、港湾労働などに広く労働力を受け容れることになる。ところが経済状態が不調になると、フランス人労働者の側から、これら移民労働者にたいする攻撃もなされるようになった。自分たちの低賃金や労働条件の悪さは移民のせいだ、とみなされ、文字どおり不幸な襲撃事件が生じることすらあった。

大量の移民がヨーロッパを出て世界各地へと散開したのは、この時代をおいて他には見られなかった歴史現象である。すでに触れたように、移民として故郷を発った人びとは、近代化に適合した成功者であったわけでは必ずしもなかったかもしれない。しかしこれだけ多くの人びとが世界各地に移り住んだことによって、ヨーロッパの近代文明が各地へと拡散して伝わるところとなった点は、間違いないであろう。いわば近代ヨーロッパの予期せぬプロパガンダが展開したのであった。ただしそれによって、逆に各地の人びとや文化についてヨーロッパがよく理解し、相互の交流を促進することに寄与できたのかといえば、答が芳しくないこともまた認めないわけにはいかない。ヨーロッパの優越感や先進意識については、もっと後段で触れることにしたい。

新たな階層序列と労働大衆の苦難

支配階級の交代

かなりの資本蓄積を前提として工業化がスタートし、工業化が進展することでさらに富がヨーロッパ内に蓄積される、そういう過程がはじまった。一八世紀後半から一九世紀をとおして展開していった動きである。しかし諸国内部において富は、社会にくまなく平均的に行き渡ったわけではなかった。生存の可能性を示す平均寿命や死亡率といった数字においても、社会階層による差はまだ大きかった。

ヨーロッパの貴族は、フランス革命やナポレオン帝国の支配を経たところでは、すでに封建的特権を失っていた。より一般的にいっても、大規模な工業や商業、あるいは金融が基軸となっていく経済のなかにあって、大きな蓄積を保持していた貴族といえども、伝統的な生き方にただ安住しているわけにはいかなくなる。たしかに貴族は、大規模な所領のある地元では名士としての有力な地位を確保していた。それに、土地所有者を優遇した制限選挙が支配的であった世紀前半には、議員の多数は貴族によって占められた。しかもイギリスにおいて指摘されるように、貴族は大規模農業の経営に関与するのみでなく、新たな資本主義に適応して株式や公債に投資することや、みずから企業経営に携わることもみられるようになる。しかも貴族には、長年にわたって蓄積されてきた文化資本が備わっていた。社交や作法、教養にもとづいた会話や身のこなし、こういったことが、階層としての優越性を示すものとされた。平民がたとえ金銭的に裕福になれたとしても、こうしたことが身についていなければ、支配的な上流階級の社交界には仲間入りできなかった。たんなる成り上がりは忌避されたのである。イギリスのみのことではなかった。貴族と産業界や金融界の上層家系との婚姻による結びつきが、いわば双方の利にかなったものとして歓迎されたのは、そのゆえであった。

経済と富のあり方が変化するなかで、貴族に代わって支配的な位置についたのはブルジョワ階級である。ただし、おなじブルジョワといっても、その階級内にはまた多くの序列が存在していた。貴族と縁戚になり、上流社交界に出入りする上層部と、労働大衆とおなじ街区に住んで小さな商いをしているような下層部とでは、その落差ははなはだしいものであった。一九世紀はじめのころの上層には、すでに以前から地歩を固めていた大商人や金融家がいたが、世紀を通じて、新たに企業を起こして成功した実業家や、事業規模を拡大した実業家や銀行家が、これに加わっていった。

なかには、経営の才覚を示して急速に社会序列を駆け上がっていくような人も現れた。ドイツの富国強兵・殖産興業の波に乗ったアルフレート・クルップなどは、その典型的な例である。一八一二年に生まれたクルップは、失意のうちに他界した父から、鋳物を製作していた小さな町工場を継承した。わずか一四歳であった。そして刻苦勉励して一代で、ドイツを代表する大鉄鋼会社を築いた。まさに立志伝中の実業家である。インダストリーとは、産業と同時にまた勤勉をも意味する言葉であった。しかし、才能と勤勉、刻苦勉励によって成功への道は開かれる、というブルジョワ道徳にもかかわらず、企業規模が拡大し必要な資本も巨大化するなかでは、そうした成功の可能性はけっして大きなものではなかったとも、いわなければならない。

一九世紀の上層ブルジョワ階級は、三つの点で力を保持することによって、その支配力を発揮することができたといえる。

第一は、いうまでもなく経済的な力である。資本力の大きさというだけでなく、労働法や工場法などの社会立法が実現するまでは、経営全般について経営者はほとんど自由裁量でみずから決定でき、あったのは競争と景況の展開による制限のみともいえるような、圧倒的な権力を保持していた。第二には、政治的な力である。徐々に男子普通選挙に向けて選挙権の拡大はあったものの、貴族をも味方に取り込んだ上層ブルジョワの代表は、議会において大きな勢力を示すようになった。国家の行政機構が整備されるなかで上級官職を押さえていったのも、エリート教育を受けた彼らの子弟たちであった。第三には、文化的な力である。公的な教育制度が階層的序列をともなって構築されていくなかで、エリート校の出身者は多く彼らの子弟で占められ、その同窓のネットワークとともに知的エリート層をなした。知的エリートの再生産というだけでなく、規模が拡大して影響力を増した新聞や出版の直接的、間接的支配を通じた社会支配も、無視できないものであった。

これらの三つの点での力が相互に関連して共鳴しあうことによって、数のうえではきわめて限定的であった上層ブルジョワ階級は、たいへん大きな力を行使できたのである。上層ブルジョワたちは豪華な建築の邸宅で華麗な社交生活を送り、都市にあっては観劇やオペラを楽しみ、第二、第三の別邸で優雅な余暇の社交を繰り返した。しかしその徹底した利益追求の経営姿勢は厳格で、子弟の教育から結婚や家庭内秩序にいたるまで、そして労働者にたいする規律の要求も、きわめて権威的な家父長のようなことが一九世紀では一般的であった。

西ヨーロッパでは、もはや旧体制下のような身分制社会ではなかった。依然として貴族が身分としての地位を保持している東ヨーロッパの社会でも、伝統的な身分制としては機能していなかった。しかし、それにかわる階層序列が、最上位の上層ブルジョワと最下位の労働大衆とのあいだに、幾層もの階段を形づくったのである。

初期の工業化と労働大衆の世界

一九世紀の工業化は、いずれの国においても大量の労働者を生み出した。総人口が急増するなかでは、労働市場はいきおい買い手市場となったので、労働大衆の立場は厳しい条件のもとにおかれざるをえなかった。しかもまだ法的措置がまったくない状況では、労働者にとっては不安定な雇用や低賃金、長時間労働や劣悪な労働条件にも、我慢を強いられざるをえなかった。初期の工業化は、あきらかに労働収奪型の経営であったといわざるをえない。制限をかける立法措置がなされるまで、子どもも女性も同様の厳しい条件に耐えて働かざるをえなかった。経営者は、少しでも安い労働力を求めて、子どもや女性を雇用したのである。

こうした悲惨な労働大衆が働く現場の調査や、健康状態や生活についての調査がなされ、改善が提言されたことについてはすでに言及した。しかし世紀のなかばを過ぎるまでは、これらの提言は経済活動の自由の名において拒否、ないし無視されることが一般であった。

それでもさすがに児童労働については、もっとも早くに立法措置が取られた。イギリスでは一八三三年に、はじめての児童労働法が制定された。しかしその内容は、今日からみれば驚かずにはいられないものであった。すなわち、八歳以下の児童労働の禁止以外、九歳から一三歳までは一日八時間以内、一四歳から一八歳までは一二時間以内の労働とされていたのである。フランスでは、八歳以下の児童労働が禁止されたのは一八四一年であったが、この法律では一三歳以下の児童の夜間労働の禁止が規定されている。一四歳以上であれば、夜間労働も可ということである。イギリスでは一八四七年に、女性と一八歳以下の者の労働時間は一日一〇時間以内と定められ、フランスでも一八四八年革命が起こってのち、同様にパリで一〇時間以内、地方で一一時間以内と定められた。いうまでもなく、イギリスやフランスは関連法の制定が早いほうでこそあれ、けっして他国より酷使がひどかったわけではない。

しかも、こうした法律が制定されても、その実施について厳格に監視されたわけではなかったから、早い話が経営者の善意にゆだねられていた。しかし圧倒的に不利な状態にあった労働大衆の側も、ただ黙って従属していたわけではなかった。一日の労働時間を含めて労働条件をめぐる労働争議は、給料や解雇をめぐる争議と並んで、一九世紀を通じて絶えることがなかった。一日八時間労働と週休制度が広まるのは、ヨーロッパでもイギリスなどの一部を除いて第一次世界大戦が過ぎたあとである。二〇世紀への転換期にはなお、一日一〇時間労働をめぐるせめぎあいが一般的だったのである。

労働大衆の側も、こうした争議以外に日常的に、課された条件に不服従の態度を示すことが、とくに世紀なかばまではしばしばみられたのが実情であった。経営の側からすれば由々しい事態であり、モラルの向上が叫ばれることにもなった。しかし労働大衆の側からすれば、日曜日に続いて月曜日までも仲間づきあいのために休んでしまう「聖月曜日」の慣習に示されていたような振る舞いは、職人的な自律性の高い仕事の方式を受け継ぐ独自のモラルなのだ、ということになる。工業化の初期にあっては、なかば職人的な性格をもった労働者や、農業と並行した兼業的な工場労働者や鉱山労働者も少なくなかったので、厳しい労働現場の規律がすぐに浸透していたわけではなかったのである。

賃金の水準は国によっても産業の種別によっても一様ではなかったが、世紀の後半、とくに一八七〇年代からの不況のなかで物価水準が横這いないし下落することによって、結果的には労働者の経済的基盤は改善される方向になった、というのが、大きなトレンドとしては指摘できるところであろう。要するに富の分配が、ある程度は労働者にも行き渡るようになったということである。しかし貧困の問題は依然として払拭されていたわけではなく、労働者のあいだでも上下の格差は大きかった。労働者が、あらためて消費者として評価されるようになるのも世紀末からであった。消費生活全般の変化については後述することにしよう。

社会変革の夢と挫折

状況にたいする慣習的な反発だけではなくて、労働大衆の側からする持続的な組織化の動きも、世紀を進むほどに進行した。ここでも先行したのはイギリスであった。一八四八年に運動が頂点に達したチャーティスト運動は、労働にかんする経済的要求と、議会をめぐる政治的要求とが結びつけられて展開したものであった。もう一つの主流となる展開は、はじめは相互扶助のための組織として結成され、あるいは熟練労働者を中心に進められた、労働組合を組織化して自分たちの要求を実現しようとする運動である。少なからぬ国において世紀のいずこかで、これらの労働組合は合法化されることになる。合法化によって、予期できない直接行動は回避させ、労働者の要求運動を一定の枠組みで対応可能なものにする、ということであった。

というのも、労働組合運動は、他方で社会の仕組みの根本的な転換を求めたさまざまなたぐいの社会主義運動と、微妙な関係にあったからでもある。イギリス型の労働組合運動であるトレード・ユニオン運動は、一九世紀を通じて政治的な問題からは一線を画して、その要求をもっぱら職業上のものに集中して社会改良的な方向をとっていった。ドイツやアメリカ合衆国、北ヨーロッパ諸国でもその傾向は共有されていった。それにたいしてフランスやイタリアなどでは、世紀末から活発になった労働組合運動は、ストライキなどの直接的な行動も含めて、はるかに政治的な意図と結合した革命的性格を帯びたものを、その内部に含んでいた。

さかのぼってみてみると、一九世紀のとくに前半のヨーロッパは、さまざまな政治改革や社会変革の夢が追求されたことで、際立っていたように思われる。一八世紀末にアメリカ独立革命とフランス革命という、二つの大きな変動が経験された。前章でみたとおりである。それらの結果はまちまちであったが、それらの経験は、数で圧倒するような民衆自身の参加が国家政治をも動かしうる可能性を明白にしていた。

しかもヨーロッパにおいて、フランス革命とナポレオン戦争を経て結果した秩序は、日本では一般に「ウィーン体制」として語られるものであった。それは、革命以前の秩序への復帰は事実上無理だとしても、革命や戦乱を二度とヨーロッパ内で起こさせまいとする意図が、ウィーンに集った各国の政治家たちに共有されたことで成立した国家間協調体制であった。それは一言でいって、特定の国家が突出して主導権を発揮するのではなく、多国間における現状の勢力均衡を基本とする平和維持の考え方である。あくまで保守の立場であった。各国内においては、広く民衆も参加できるような自由主義的な民主政治の方向は、社会の安定や均衡を脅かすものとして否定され、なにより寡頭的な支配層による政治の保守的な安定を持続させようとする方針がとられた。混乱要因を排除した安定のもとで、経済を発展させようというのである。

イギリスはこのような基本的方向を共有しつつ、国内政治の一定の安定と工業化における先行で経済覇権を確立した帝国の強みとでもいおうか、経済においても政治においても一定の自由主義的な立場を鮮明にしていく。それは対外関係でいえば、一九世紀なかばに実現する穀物法廃止や航海法廃止などで明確に示されたように、自由貿易主義の立場となる。国内においては、徹底した功利主義的な社会改革をとおして、イギリス帝国の展開に労働大衆をも包摂していこうとする路線であった。児童労働法についてはすでに言及したが、結社や集会の自由の承認、言論や出版の自由などが、他国に先駆けて早くから認められ、制限選挙を補完する体制がとられた。しかしこのような展開をみせたイギリスは、この時期のヨーロッパにおいてもあくまで例外であった。

政治的発言権や自由を求める運動は、一九世紀前半から各国で散発的に生じたが、そのいずれもが支配体制によって挫折をよぎなくされた。成功したのは、オスマン帝国のくびきから脱しようとしたギリシア独立運動くらいであった。そこでは、イスラームのオスマン帝国を抑えようとするヨーロッパ諸国の利害が、独立に有利に絡んでいた。

四八年革命という一斉蜂起

注目しておきたいのはヨーロッパ内部において、ただたんに政治的自由を求めるだけでなく、さらに社会変革を求める動きが、一八三〇年ころから明確に姿を現してくることである。社会変革の中身は、唱える人びとによって多様であった。一八四八年にヨーロッパ各地の都市でほぼ同時革命のようにして勃発した一連の蜂起活動は、歴史的には「四八年革命」

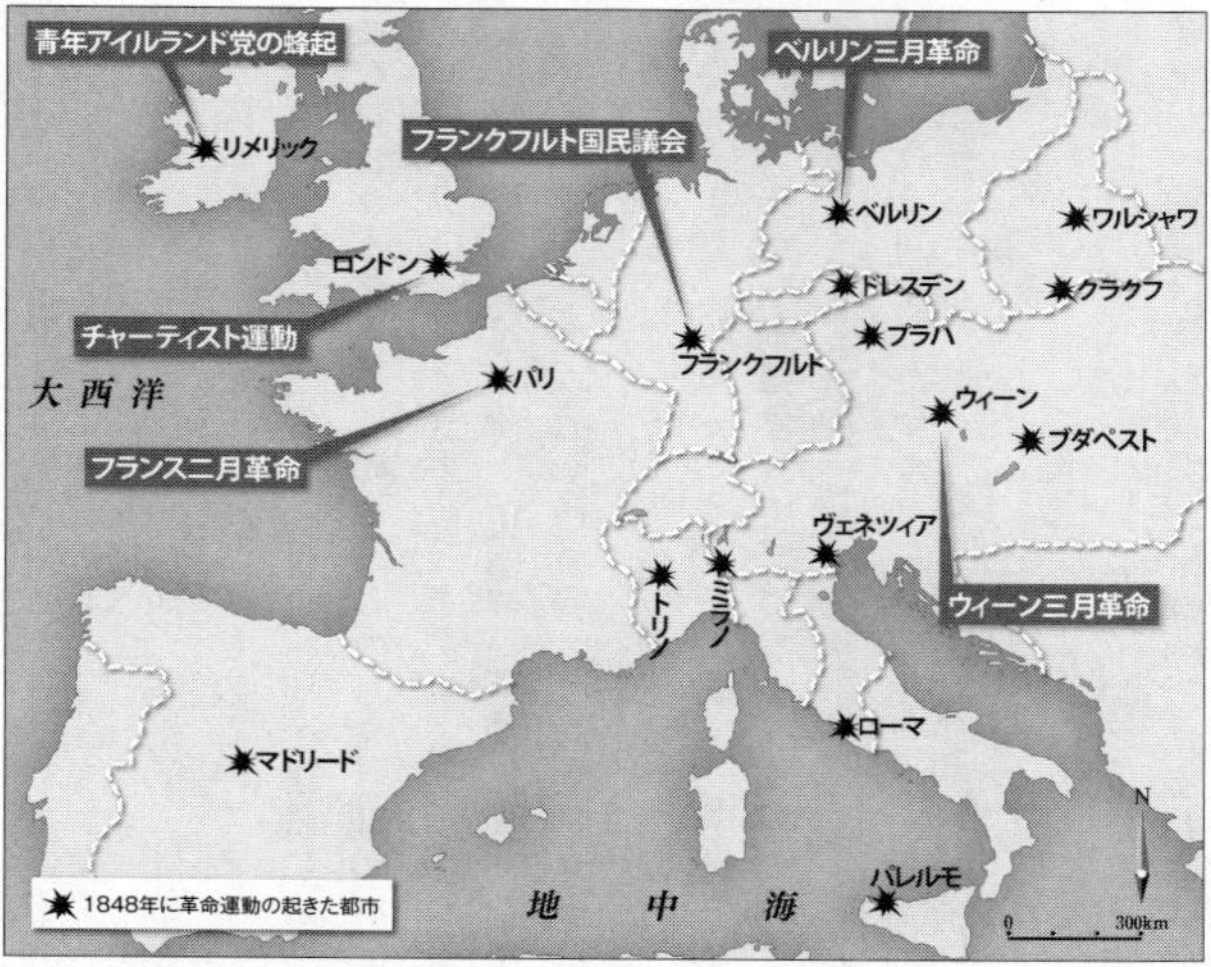

ヨーロッパの「四八年革命」

と総称されているが、そこでは多様な色合いをもちながらも、政治変革だけではなくて社会的な変革を求める動きがさまざまに関与していたことが特徴となっている。

それらの運動は、政治や経済をめぐる複雑な力関係のなかで、いずれも一時的にしか状況を把握できなかった。ようするに既存の支配層によって弾圧されて挫折するか、運動内部の多様な考え方と路線の対立抗争によって瓦解した。社会の最底辺に押し込められていた労働大衆が自己の尊厳を求める運動も、地域の最底辺に埋もれていた少数民族が自己決定権を求める運動も、四八年革命の結末においてはすべて分断され、多様な社会変革を志した夢はすべて挫折をよぎなくされた。

そののち、国内各地に分散していた民衆を国家政治が国民として統合し、その国民国家を世界資本主義体制のなかで中核に位置させるべく、民衆のエネルギーを殖産興業・富国強兵に動員していこうとする時代が、本格的に開始されていく。民衆ないし労働大衆の位置づけが、国家政治のなかで変化しはじめるのである。国家による公教育体制が民衆をも対象として本格化しはじめるのも、また普通選挙制によって成人男子を階層の別なく国家政治に取り込む動きが本格化するのも、こうした一連の展開のなかに位置していた。フランスのナポレオン三世による第二帝政とそれに続く第三共和政、プロイセン首相ビスマルクの主導によって形成されたドイツ統一帝国は、その代表的な事例となる。

他方、こうした政治や経済のメイントレンドに対抗した運動は、世紀後半になっても存続した。社会的な貧困の問題や、労働大衆がおかれた劣悪な生存条件が、実態として十分に解決されたわけではなかったからである。資本主義体制からの転換を求める社会革命は、各国に分断された運動によってではなく、国境を越えてインターナショナルに一致団結した労働者によってこそはじめて実現できる。こう考えたのが、バクーニンらの無政府主義者であり、それと対立したマルクスらの社会主義者であった。彼らによれば、労働者には帰属すべき祖国はなかった。ある意味では、同時代の世界的な経済の連動に対応した発想であったともいえる。

思い切って図式化していえば、無政府主義者は楽観的に民衆の自生的なパワーに信頼を寄せたが、結局はそれが順調に展開できるわけはなく、世紀末には個人が突出した爆弾事件などを引き起こして運動は孤立していった。それにたいし、マルクスらの取ろうとした方針は、思想的な自覚をもった前衛が主導権を握って運動を先導するという路線であった。これもまた当初は、社会変革を夢見るごく少数派の異端的な運動に過ぎなかったが、帝国主義的な国家間対立が激化し、各国内の労働問題や社会問題が解決の方向を明確にできない状況のなかで、世紀末には現実的なかなりの力を発揮するようになる。

独裁を招いた前衛理論

一九世紀末に組織されたいわゆる第二インターナショナルなどの社会主義を唱える国際運動で、主導権を握ったのはマルクスの考えを引き継ぐとする人びとであった。しかしその方向は、階級闘争による社会革命を主張する当初の考え方からは大きく修正を施され、あくまで各国内の議会政治に入り込む形で発言権を確保するという、議会政党としての社会党や社会民主党の形成発展として現実化していった。そのころには、ヨーロッパ各国の政治における左右の対立とは、王党派と共和派とか、皇帝派と議会派といったものが主ではなくなり、多様な色合いをもってはいたが資本主義体制を推進する派と、それを否定して社会主義への道に立とうとする派の対立へと、転換していたのであった。

ヨーロッパの世紀末から二〇世紀初頭にかけて、議会主義的な改良の蓄積を唱えた修正主義に対抗して、それを激しく批判し、あくまで前衛理論に立った暴力的な革命による体制転換を主張したのが、ロシアの社会主義勢力のなかの多数派、ロシア語でいう「ボリシェヴィキ」である。この時代のロシアには、まともな議会制度がまだ存在しなかっただけに、この主張は一定のリアリティをもっていた。じっさい、第一次世界大戦の混乱のなかで、ロシアではボリシェヴィキによる権力奪取が起こる。二〇世紀末までを視野に置いたとき、前衛による革命遂行の方向は、結局は一党独裁や個人独裁という、自由や解放とは対極にある政治につながってしまったといわざるをえない。それは、革命を主張した彼らみずからが招いた挫折であった。

第六章　驚嘆の一九世紀と産業文明の成立

産業文明の成立へ

工業化の進展と経済構造の転換

一九世紀を通してみたとき、欧米主要国と例外的にアジアの日本とが、工業化への道を決定的に進みはじめたことは間違いない。機械化をめぐる技術革新は、それまでの時代とは比較にならない規模と速度で進行しはじめる。初期の工業化を牽引したのは繊維関連の産業であった。すでに述べた繊維産業や農業への機械の導入、鉄道網の発達、こうした展開にともなって製鉄業や機械製造業も大きく発展していった。

これらすべての面でイギリスは、一九世紀なかばまでは確実にほかの諸国を圧倒的に凌駕《りょうが》していた。イギリスの就業人口のうち工業従事者の割合は、一八〇〇年にはすでに三〇パーセントほどあったが、一八六〇年には四五パーセント近くにまで増加を示していた。大陸側において工業化の開始が早かった国であるフランスでも、その割合は一九世紀を通じて三〇パーセントを超えなかった。一九世紀なかばの時点で石炭産出量は、イギリスが五〇〇〇万トンを超えてフランスの一〇倍、製鉄量はイギリスが二七〇万トンでフランスの五倍あっ

クリスタル・パレス　この鉄とガラスでできた万国博の会場には、約５ヵ月間の会期中に600万人が入場し、大成功を収めた

た。おなじころ、さして広くもないイギリスの国土には、すでに総延長八〇〇〇キロメートルにおよぶ鉄道路線が縦横に走って各地を結びつけていた。一八五一年のロンドン万国博覧会には、鉄道を使って全国各地から入場者が集まり、新たな時代を象徴するかのようなクリスタル・パレス、この鉄とガラスでできた巨大建築を賛嘆の目で眺めたのである。世界に先駆けてイギリスのトマス・クック社が、いまでいうパック旅行を開始して大成功していく。

二〇世紀になって石油にその地位を取って代わられるまで、一九世紀を通じて石炭業は、製鉄業と並んで国家経済にとって最重要な基幹産業の一つとしての地位を確立した。一八世紀末からすでにコークスを燃料とした製鉄が中心になりはじめていたイギリスにたいし、まだ燃料として木材を使用することも多かった大陸側でも、一九世紀なかばにはコークス炉が中心となりはじめる。おなじく、製造される鉄材から炭素などの不純物を取り去る技術においても、イギリスは先行した。一八五〇年代にベッセマーが開発した技術は、イギリスからはじまってじきに標準となり、高熱炉で製造されて硬度が高く、しかも不純物の少ない鋼鉄が大量に生産されるようになる。高速運行に耐える鉄道にしても、重さに耐える鉄橋にしても、あるいはまた鉄製の汽船にしても、さまざまな機械や構造材にしても、こうして鉄の応用範囲は格段の広がりをもつようになった。フランス革命一〇〇周年の一八八九年にパリで開かれた万国博覧会には、鉄骨を組み上げた高さ三〇〇メートルのエッフェル塔が聳《そび》え立ち、賛否両論の渦を巻き起こした。一〇〇年間での時代の変化は、誰の目にもあきらかであった。

　イギリスを先頭にして経済構造は、それまでの農業経済中心から、工業化を経て産業経済中心へとシフトしていく。それを端的に示すのが、景況の現れ方であった。景気動向を基本的に左右するのが、農作物の不作といったような農業生産の動向ではなく、過剰生産のような工業生産の動向に移行する、ということである。

古い型の不況	新しい型の不況
不作と食糧危機	過剰生産・過剰投資
供給不足による食糧価格高騰	過剰供給による価格崩壊
地域的・一国的な規模	全国的な規模
周期的な性格はない	周期的な性格を示す
飢饉と死亡率上昇	倒産と失業率の増加

経済不況の新旧対照表

　新旧の対照表に図示したように、古い型の経済不況は、不作が引き金となって食糧危機が起こり、供給不足から食糧価格の高騰が引き起こされる。それが社会危機をあおると同時に経済活動全般の収縮につながって、経済全体が不況におちいるという展開である。それにたいして新しい型の経済不況は、過剰投資や過剰生産によって供給過剰から価格の崩壊が引き起こされるものとなる。過剰な商品がだぶつき、過剰な投資が焦げつくことにはじまる悪循環が、経済全体を不況へとおとしいれる。

古い型においては、農作物の不作が引き金であるから、ヨーロッパ全体で同時に起こることはまれであった。おおくは地域的、ないしは一国的な規模で生じたものであり、天候不順や病害、戦争による混乱などが原因であったから、周期的に生じるような性格のものではなかった。他方、新しい型においては、工業化を経た経済は原料の入手にしても商品の販路にしても、すでに国内市場のみでなくグローバルな市場関係のなかにあったので、つねに一国を超えた規模にまで連動していく可能性がはらまれるようになる。一八七〇年代なかばから生じた経済不況は、世界大不況といわれるように各国を巻き込むものであった。新しい型の景況の周期性については、どのように理解するか経済学者のあいだでもいろいろ議論があったところであるが、周期的ないし反復的な性格が現象として指摘されてきたことはたしかであろう。

古い型にともなわれる社会的な危機は、飢饉と死亡率の上昇であり、食糧暴動や一揆であったが、新しい型においては、企業の倒産や労働者の失業であった。こうした景況の動向に示される経済構造の変化が、いったいいつごろから生じたのかは、国によっても異なっており、偏差をともなっていたのは当然である。しかし一八七〇年代なかばから九〇年代にかけて生じた世界大不況は、欧米にかんするかぎり、古い型から新しい型への構造上の変化がすでに生じていたことを示すものであった。

工業化への多様な道筋

イギリスが先頭を切った工業化と産業経済中心への構造転換にたいし、ほかの国々も手をこまねいているわけにはいかなかった。後発の資本主義国家は、先行して圧倒的に優位を占めているイギリスの経済力に押しつぶされないように、できることならそれと対抗するために、みずからも経済の合理化や工業発展を実現しなければならなかった。無為無策でいるならば、イギリス資本主義経済の支配下に組み込まれてしまう危険は大きかったから、それを意識した国や企業は、政策的誘導や政治的干渉のもとに工業化を急ごうとするようになる。それが、各国で多かれ少なかれ指摘できる殖産興業の方針である。一九世紀が殖産興業・富国強兵を旗印にしたのは、明治日本だけではない。ヨーロッパの少なからぬ国々が先行して採用した共通の政策であった。

一九世紀のイギリスは「世界の工場」といわれるように、繊維製品などの消費財を輸出していただけでなく、各種の機械や機関車、石炭などの輸出でも他国を圧倒していた。製鉄におけるベッセマー法について上述したが、イギリスはまた技術の輸出という点でも、すでに一八世紀後半から支配的な位置を占めていた。一九世紀にフランスを代表する製鉄会社の経営者となるシュネデールやド・ヴァンデルは、イギリスを訪問して経営を学び、技術者のなかにもイギリスで研修を積む者は少なくなかった。あるいは、フランスのサンテチエンヌ地方やベルギーのリエージュ地方で製鉄業が本格化するにあたっては、イギリスから招聘《しょうへい》された技術者が大きな役割を果たしていた。

こうした事情もあって、かつてはイギリスをモデルとして、それとどこまで近いか遠いかで、後発資本主義国の工業化の性格や経済構造について議論する傾向もあった。しかし、圧倒的なイギリスの経済力と対抗しながら工業化を進展させなければならなかった後発資本主義国にとっては、置かれた状況も条件もイギリスと異なっていたのは当然で、工業化のあり方も異なっていてまったく不思議はなかった。各国が、イギリスを中核とした世界資本主義体制のどこに位置しているかによって、また各国内の政治状況や社会条件に応じて、工業化を経て産業文明成立に向かう道筋は多様だったというべきなのである。

どちらかというとイギリスの例に近く、国家政治からの干渉が比較的少ないなかで開始され、国外の市場との関係が早くから大きな位置を占めていたのは、ベルギーの工業化であったといわれる。ベルギーはすでに一八世紀からプロト工業化の経験を豊富にもっていて、一八三一年に正式に公認された国家として独立する以前から、フランドル地方の綿業を中心に工業化も開始されていた。三〇年代からは製鉄業や機械産業がこれに加わり、ボリナージュ地方での石炭業も活発となった。しかも小国ゆえに国内市場には限界があり、世紀前半から周辺諸国をはじめとした輸出が重要な位置を占めていた。しかしベルギーの工業化は、国家による保護政策や投資も工業化推進に関与していた点でイギリスとは異なり、工業化の早い段階から事業銀行が果たしていた役割の大きさでも、他の諸国とは異なる性格を示していたといわれている。

ベルギーの隣国フランスでは、一九世紀はじめのナポレオン帝政による保護政策下に、綿業を中心として工業化が開始され、製鉄業や機械産業も世紀なかばの第二帝政期には本格的に発展しはじめる。殖産興業・富国強兵を強力に推進しようとしたのは、おなじナポレオンでも先代ではなく、その末裔《まつえい》ナポレオン三世のほうであった。しかしフランスの特徴は、大規模経営がかなり早くから登場したにもかかわらず、なかば手工業的な性格をも存続させた中小経営が広範に、一貫して存在したこと、農業の占める割合が大きく、経済が工業主体になかなか転換しきれなかったこと、人口増加や都市化が緩慢なものにとどまっていたこと、などにあった。こうしたフランスの工業化を、イギリスなどと比較して中途半端で不完全なものとみなす立場もあったが、むしろ近年では、大規模な機械制工場と並行して中小規模の経営が根強く存続した緩やかな工業化を、再評価する傾向もみられる。信用体系の整備が必ずしもうまくいっていなかった金融状況や、十分とはいえない天然資源の実情、労働力供給の限界、といったフランス固有の現実的条件に適合した展開だったのではないか、という評価である。

フランス革命にかんする評価が依然として政治的立場に直結していたような一九世紀フランスでは、政治権力の交替は頻繁であったが、しかし国家の一体性という点では何の問題も生じなかった。他方、依然として領邦国家に分立していたドイツでは、状況はまったく別であった。一八三四年に、プロイセンが中心となって加盟一八邦で「ドイツ関税同盟」が発足し、その後、西南ドイツ諸邦が加わって拡大していった。この同盟の理論的指導者であったリストは、ドイツの経済的自立のためには保護関税体制を布いて工業化を推進することがなにより必要である、と力説した。これは、ドイツ圏で統一市場を形成する必要性の主張とも連動しており、統一国家形成へと向かう構想がじきに実現への歩みを速めていく。プロイセンの首相ビスマルクが主導する徹底した殖産興業・富国強兵の政策路線と、そのプロイセンを中核として一八七一年に実現したドイツ帝国の形成である。

ドイツの場合、イギリスはもちろんベルギーやフランスとも違って、本格的な工業化への出発は遅かった。しかし、ある意味で後発の有利さでもあったが、エネルギー源である石炭、そして製鉄・機械製造といった資本財を中心とした工業化が、外国からの技術導入や資本導入とあわせ、はじめから政策的に強力に推進された。他方においては、貯蓄銀行と事業銀行の両方の性格をあわせもった銀行体制が作られ、それが国内における資金の流れをよくした。ドイツが採った方式は、ドイツと同様の後発資本主義国、たとえばロシア、北欧諸国、イタリア、そして日本などでも、多少とも追随されるものとなる。

おなじ後発資本主義国でもアメリカ合衆国の場合には、広大な国土と豊富な資源の存在がヨーロッパとはおよそ異なる工業化への道をとらせた。しかしここでは、ヨーロッパに視野を限定することにして、アメリカ合衆国自体についての言及はおこなわない。

世界大不況と経済覇権の多極化

すでに触れたように、一八七〇年代なかばから九〇年代にかけて、世界は同時的な大不況に見舞われた。一八七三年にはじまったといわれるこの大不況は、成熟していない市場にたいする過剰生産がその主因とみなされているが、これを境にして、すでに生じつつあった経済構造の転換と、経済基軸の再編が決定的になる。一般には第二次産業革命といわれてきた展開であるが、ヨーロッパ全体を眺め渡したときにはむしろ、主導的な産業が農業から工業へと転換を決定的にし、不況を乗り越える過程において、初期工業化で基軸であった軽工業から、基軸も重化学工業へと再編される一連の過程と理解したほうがよいのではないかと考えられる。経済基軸は、繊維製品など軽工業中心の消費財生産から、製鉄を含む金属、機械、化学、電機産業など、資本財生産中心へと再編が進んだのである。

イギリスからの工業製品の輸出総額は、一八三〇年代から八〇年代にかけて約五倍の増加をみたのであったが、綿製品を含む繊維製品の占める割合は七二パーセントから四四パーセントにまで減少した。しかもそのおもな輸出先は、一八二〇年代にはヨーロッパ内が五割以上を占めていたのが、世紀なかばにかけて激減し、代わってラテンアメリカやアジアの割合が増え、八〇年代になるとアジアだけでも五〇パーセント以上となり、ヨーロッパとアメリカ合衆国とを合わせても一割に過ぎなくなる。このことは、欧米における繊維産業を中心としたイギリスの優位が完全に相対化し、基軸が資本財生産に移行したことを反映するものであった。

しかも資本財生産の面でもイギリスは、ほかの国々からの猛追を受けた。世紀末になってイギリスに追いつき追い越したのは、早くから覇を競っていたフランスではなく、さらに後発のドイツであり、アメリカ合衆国であった。たとえばエネルギー源である石炭の生産において、一八七〇年にはイギリスの一億七〇〇〇万トンにたいしてまだドイツは三七〇〇万トン、合衆国は三三〇〇万トンに過ぎなかった。しかし三〇年後の一九〇〇年には、イギリスも二億三〇〇〇万トンに増加していたのではあったが、それにたいしてドイツは一億四〇〇〇万トンまで増加し、合衆国にいたっては二億四五〇〇万トンとなって、ついにイギリスを追い越した。蒸気機関についても同様で、利用が急上昇した一八七〇年代以降において、イギリスはもはや圧倒的な地位を占めてはいなかった。鉄の生産量では、一八五〇年に世界の生産量のじつに六割以上をイギリスが占めて圧倒的であったが、世紀末にはそれは二割にまで低下し、合衆国とドイツに追い抜かれたのである。

崩れなかったイギリスの優位

こうして工業化においては、イギリスの一極支配状態から、世紀末には多極化の局面を迎えていたことはあきらかであった。すでに言及したように産業経済の基軸も、軽工業ではなく重化学工業へと転換し、国家の軍備拡張による需要の増大にのって、製鉄業におけるドイツのクルップ、フランスのシュネデールといったような巨大企業が、その地位を確立していた。クルップが拠点にしたエッセン、シュネデールが拠点にしたルクルーゾなど、企業城下町として巨大企業の家父長主義的な路線にそって成長する都市も現れた。

世紀末には、それまでには存在しなかったまったく新規の産業も誕生した。たとえば合成肥料や化学繊維、合成薬品や爆薬などまで製造する化学産業、発電と送電のみでなく電気関連の設備や器具を製造する電機産業、石油で動く新しい内燃機関を備えた自動車を製造する産業などである。これらの新規産業においては、ドイツやアメリカははじめから主導的な位置を占めたのであった。

では、以上のような世紀末に生じた変化が、パックス・ブリタニカといわれるイギリスの優位を完全に揺るがしたのかといえば、必ずしもそうではなかった。イギリスの首都ロンドンの中心であるシティーは、世界資本主義体制の中核となる金融市場としての地位を維持して、英ポンドは依然として世界経済における基軸通貨であった。海運や保険においても、イギリスの優位はまったく崩れていなかった。

賑わうシティー中心部　正面に王立取引所、左側にイングランド銀行がある。19世紀末。『よみがえるロンドン』（柏書房刊）より

一九世紀なかばからイギリスが唱えるようになった自由貿易論は、イギリスがみずからの経済の圧倒的優位を前提にできるからこそ可能だった主張であり、それにたいして後発資本主義国が反発したのは当然であった。ときには二国間で、一八六〇年にナポレオン三世のもとでフランスがイギリスと結んだ通商条約のように、自由貿易体制がとられることもあった。しかしこの英仏条約にし

ても、フランスがさらに工業化を推進するためにイギリスからの技術導入を図ったという面が強かった。したがって多くの後発国が工業化に一定の成果をみたのち、世界大不況におちいった世紀末には、ふたたび保護関税体制下での覇権争いへと転じたのである。英仏の自由貿易体制も、一時的なものに終わった。

経済構造が転換し、基軸も大きく変化するなかで、欧米市場だけでなく広く全世界に商品市場を求め、また工業生産に必要な原料や資源を求める動きが、世紀後半から世紀末へと進むにつれて激しくなる。欧米諸国が東アジアにおいて本格的に開国の圧力をかけ経済関係を迫る展開を強めるようになったのも、アフリカを「分割」するような動きを起こしたのも、このような転換と基軸の変化、覇権の多極化に向かう展開と関連していた。すなわち、再編されつつある世界規模での資本主義的連関構造の周辺へと世界各地が組み込まれていく展開における、それぞれの時期に生じた圧力だったのである。

このような一連の過程は、平和裏に進行したわけではなかった。経済覇権争いを激化させていく欧米諸国は、みずからの意図を貫徹するためには武力をもってしても世界各地に展開した。「富国」という国家目標を追求するためにとられた「強兵」政策は、国家財政に重い負担を課すものであり、はたしてこうした海外展開が経済的に見合ったものであったのかどうかについては、議論があるところである。しかし他方では、軍備拡張がさらに自国の工業化をうながし、工業化の進展がさらに軍備拡張を可能にする、という産軍持ちつ持たれつのサイクルがいっそう強まった、という面も無視できない。二〇世紀にはいってすぐに激化した英独間での建艦競争で有名なように、欧米諸国は相互の疑心暗鬼と相互牽制とから、軍拡競争と軍事同盟関係の模索という消耗で非生産的な方向へ向かってしまうのである。

金融資本の台頭と投資活動の拡大

軽工業を中心とした初期工業化と比較して、重化学工業が中心となった産業経済では、必要となる資本の量もきわめて大きなものとなるのは当然であった。多額の資本を調達するために、一九世紀なかば以降になると、各国で株式会社が当然の経営組織形態となっていった。株式会社はさらに必要となる資本を、株の追加発行のほかに社債の発行によってまかなう方式をとるようになる。資本を必要とする企業と利益を求める投資家とが出会う場として、株式市場が、世紀を進むにつれて経済にとっての重要性を増していく。国家的な事業のために発行される国債もまた、債券市場においてその重要性を増した。

こうした拡大する資本の動きをめぐる展開から結果した三点に、注目しておきたい。

第一は、金融資本の台頭である。個人投資家の動向は無視できなかったが、資本を集積した銀行や機関投資家による投資動向は、その量においてきわめて大きな位置を占めるようになる。銀行も一九世紀なかばまでは、一族経営によるものが支配的であった。その活動は非公開で、もっぱら大企業や政府、王侯貴族やトップクラスの金満家を相手にした直接的な金融活動をしていた。ロスチャイルド銀行はその典型である。その力量は一貫して弱まることはなかったが、世紀の後半に台頭してきたのは新しいタイプの、株式形式による銀行であった。銀行による投資や融資が、大企業を含めた企業活動において決定的に大きな位置を占めるようになったのである。

第二は、産業経済の規模拡大と金融資本の台頭とともに、一九世紀後半には巨大な経営規模をもった企業、ビッグビジネスが出現していったことである。その背景には、国家による大規模な富国強兵政策との関連や、競争の激化をともなう世界規模での事業展開といった経営環境の変化があった。巨額を技術革新に投資でき、世界市場を相手にできる巨大企業が、この競争に参入することができた。ドイツでいうコンツェルン、合衆国でいうトラスト、そして日本の財閥のように、とくに急追せざるをえない位置にあった後発資本主義諸国において、世紀末から企業の合同やグループ化が金融資本と連携して進行した。あるいは大企業が相互に価格協定を結び、市場を分有しようとするカルテルが、大不況を経たドイツなどの基幹産業においてとりわけ発展したのである。

第三は、欧米からの外国への投資、とくに非ヨーロッパ地域への投資が非常に拡大したという点である。とりわけ世紀末の世界大不況のあいだ、利回りの低いヨーロッパ内での投資よりも、より高い利益につながるヨーロッパ外への投資が活発になった。一八八〇年代のフランスで、東南アジアのインドシナ三国や北アフリカのチュニジアの植民地化に積極的に動いた第三共和政の首相ジュール・フェリーは、植民地化の目的の一つとして、有利な投資先の確保を必ず掲げていた。もっとも、フランスから外国に向けられた投資で現実に大きかったのは植民地対象ではなく、工業化の資金を必要としていたロシアを対象とするものであった。それはおもにロシア政府発行の公債を、フランスの個人投資家が購入するという形式をとっていた。両国が九〇年代に入って仏露同盟を締結して関係を緊密化したことと、こうした投資動向はもちろん無関係ではなかった。国際政治と経済とは、密接にリンクするようになっていた。

他方、企業や事業銀行が直接海外に投資する活動もみられ、イギリスやドイツの投資はこの方式が中心であったといわれている。とりわけイギリスは、世紀末において世界における輸出資本量のほぼ半分を一国で占め、第二位のフランスをはるかに凌ぎ、それは第一次世界大戦まで変わることはなかった。貿易収支だけからみるとイギリスの赤字は年を追うごとに悪化の一途をたどっていたが、しかしその海外投資先からの利益、あるいは海運や、ロイド社で有名な巨大な保険ビジネスなどによって、大幅な黒字が生み出されていたのであった。世界資本主義体制の中核において多極化が生じながらも、英ポンドが世界経済の基軸通貨であり続けていた現実には、このような基盤が存在したのである。

世界の経済動向を左右するほどの質と量とをもっていたイギリスからの海外投資が向かった先は、世紀末において南北アメリカが総額の半分以上を占め、ついでオスマン帝国を含むアジアが一五パーセントほど、アフリカ一三パーセント、オーストラリア一一パーセント、そしてヨーロッパはロシアを含めても六パーセントに過ぎなかった。投資は金利や配当の収益につながったが、また投資先の開発に向けられる設備や機械の輸出にもつながった。ただしその開発は、とくに植民地的な支配地域については自国の競争相手を作らないように工業化への投資ではなく、むしろ現地の資源開発や港湾整備などのための投資であるとか、世界資本主義体制の周辺に位置づけられる分業の位置にみあったものに限定される傾向を示した。あるいは債務国への干渉手段として使われることもあった。スエズ運河会社へのイギリスからの投資が、一八八〇年代にイギリスによる事実上のエジプト保護国化につながった事例は、その典型である。オスマン帝国にたいするドイツの影響力も、ドイツの銀行による投資なしには考えにくいであろう。

農村世界の持続と変容

差のつく東西ヨーロッパ

これまでみたように、工業化の展開によって産業経済へと構造転換したヨーロッパが、それによって、地球規模で各地を連関構造のなかに巻き込んでいく世界資本主義体制における中核地帯として位置したことが、一九世紀の世界を「ヨーロッパの世紀」ともいえるような状態にしたのは間違いない。しかし、おなじヨーロッパといっても、工業化や都市化の過程が同一でなかったことは、ここまでの記述でも触れてきたとおりである。

工業化が社会空間上におよぼした決定的な変化は、都市化という現象であった。前章でみたとおりである。しかし、それでは一九世紀からのヨーロッパは、おしなべて都市的な社会になってしまい、一八世紀には支配的であった農業を基盤とした社会、それを支えていた農村における人びとの伝承的な生き方がまったく姿を消してしまったのか、といえば、もちろんそんなことはない。また、工業化が早くから展開しはじめ、世界資本主義体制の文字通り中核として主導権を握った北西ヨーロッパと、それにたいして経済的には、あるいはまた政治的にも、半周辺的な位置をよぎなくされていった東ヨーロッパとでは、歴史的な状況はそうとうに異なっていた。

本書の冒頭でも述べたが、現在でもヨーロッパ各国の農村風景にはとても豊かなものがある。たしかにグローバル化がいっそう進展する現在、ヨーロッパ各地の農村が、そして農業が、抱えている課題には深刻なものが少なくない。価格競争は激烈である。食の安全の問題もまた、さまざまに課題をかかえている。しかしスローフードにしても地産地消にしても、ヨーロッパではたんなるブームではない歴史的な経験と実質をともなっていることも、また確かであろう。

一八世紀からイギリスなど北西ヨーロッパを先頭にして、農業革命ともいわれるような大きな変化がはじまったことについては、すでにみたとおりである。この変化は、一九世紀にもなると農業への機械の導入や、肥料・飼料の改良、さらには化学肥料の登場など、新たな科学技術の進歩にともなう変化へと拡大し、また加速していった。一九世紀なかばに生じたいわゆる「ジャガイモ飢饉」以降、戦争にともなう危機を除けば、西ヨーロッパは食糧危機からは遠ざかることができた。生産性は大幅に向上したとみられる。また、鉄道網の発達など、大量輸送手段の整備は、農産物の流通にも大きな変化をあたえていった。こうして工業化の進展にともなって、農業自体も大きく変化の動きを速めたのである。

きわめておおまかなスケッチとしては、このようにいってよいであろうが、しかしおなじ時期に東ヨーロッパでは、状況はそうとうに異なっていた。

一八世紀に北西ヨーロッパで資本主義的農業としての大規模化が進展しはじめていたころ、東ヨーロッパにおいては、農奴制的な労働を強化する形で大規模な農業が推進されていた。農奴制的労働というのは、領主ないし地主のもとで農民たちが移住の禁止をはじめとして、さまざまな強制や制約など不自由な状態におかれ、賦役《ふえき》として生産労働に従事せざるをえなかったことをいう。それによって大量に生産された農産物は、工業化の進む西へと輸出され、地主である貴族のふところを潤した。ただし、おなじ東ヨーロッパといっても、たとえばプロイセン東部やポーランドの場合と、ロシアの場合とでは、農民たちの農奴制的といわれる状態も、かなり異なっていたとみられ、ことはそれほど単純ではない。しかし共通していたのは、一八世紀ともなると世界資本主義体制ともいえる国際経済関係のなかで、東ヨーロッパは穀物輸出地域として、中核からは外れた位置にあったという点である。

プロイセンのフリードリヒ大王やロシアのエカテリーナによる上からの近代化路線は結局成功しなかったのであるが、それがこうした位置からの脱却を試みたものであったということについては、すでに第三章で触れたところでもある。オーストリアのマリア・テレジアの長男、啓蒙専制君主といえるヨーゼフ二世も、一七八一年には農奴解放令を発布している。しかし農民たちの人格的自由が承認され、移動の自由もあたえられた。しかし農民は、賦役労働からの解放は金銭によって買い取らなければならなかったので、実効性が薄かったうえ、ヨーゼフの死後には保守派の巻き返しによって事態は後退せざるをえなかったのであった。

ロシアでは、農奴解放令はやっと一八六一年になって皇帝アレクサンドル二世によって発布された。ここでも、人格的自由はあたえられたものの、土地の分与は金銭と引き換えであった。つまり買い取る資金がなければ、農民には不可能であった。したがって、すぐに近代的な農業経営や、西ヨーロッパのような自由な労働市場の形成につながったわけではなかった。それでも、世紀末からのロシアにおける産業資本主義発展にとって、一つの前提を用意するものになったとはいえるであろう。

農村は衰退したのか

工業化の進展が都市化の進展と並行して進んでいった点については、すでに何度となく言及してきた。では、労働人口に占める農業従事者の割合は、どのように推移したのであろうか。おおまかなところを二三七頁の表で確認してみよう。工業化がいちはやく進行し、農業の大規模化も進展のはやかったイギリスの場合には、農業従事者の割合の減少もまた驚くべくはやくからみられたことが分かる。一九世紀はじめには半分ほどをまだ占めていたのが、二〇世紀初頭には、すでに一割を切るにいたっている。

イギリスと覇を競っていたフランスでは、農業従事者が労働人口の一割を切るというのは、第二次世界大戦終結後の戦後復興から成長期へと進むなかで、はじめて生じた現象であった。それは同時代の社会学者によって「農民の終焉」として指摘され、問題にされたものである。そうしてみると、いかにもイギリスの先行状況は際立っている。しかし、後発資本主義国として国策的な殖産興業をすすめたドイツでもまた、一九世紀はじめと二〇世紀はじめとを比較すると、比率の急速な減少をみてとれる。しかもそれが、一九世紀末以降に加速していたことも分かる。

じつは、一九世紀のヨーロッパにおいて、労働人口に占める農業従事者の比率が減少していったことはあきらかであるが、気をつけたほうがよいのはつぎの点である。すでに述べたようにこの時代のヨーロッパでは、経済構造の転換とも関連して総人口が急速に増加していた。したがって、ほぼ世紀なかばまでについては、農業従事者の比率の減少は、絶対数の減少を必ずしも意味していなかった、ということである。絶対数においても明確に減少しはじめる分水嶺が、一八七〇年代からの大不況にともなう農業危機を乗り越える過程であったと、おおまかに押さえておこう。

社会的な職業構成上は、工業や商業、サービス業の比重が高まり、農業の重みが後退する現代型への移行現象が、こうして一九世紀のヨーロッパではじまっていた。しかし、農業従事者の比率や絶対数の減少のはじまりは、ただちに農業生産が軽視されるようになったことを意味するものではない。近接した国家同士が、いわばつばぜりあいを展開しているような状況にあっては、食糧確保が基本命題だったことはいうまでもないからである。

フランス歴史学の刷新をリードしたアナール派の歴史家の一人ルロワ・ラデュリがつとに

指摘したように、われわれがうっかりするときわめて古い伝統あるものと思い込みがちな農村文化の特徴は、じつは一九世紀や、せいぜい一八世紀にまでしかさかのぼらないことが少なくないという。たとえばそれぞれの地域独特の「民俗衣装」に類するもの、特有の様式をもった家具、あるいは地方料理などである。それは、農村自体の経済的余裕の拡大や、市場経済の活性化と連動した社会的な位置取りの変化と分かちがたく結びついていた。彼によれば、少なくともフランスにかんしては、「農村文明の絶頂期」は一九世紀なかごろの、フランスの農村人口が最大となった時期と重なっていたのである。

	1820年	1850年	1870年	1910年
イギリス	46	22	15	6
ドイツ	80	65	49	18
フランス	75	64	49	42
アメリカ合衆国	75	65	50	33

労働人口に占める農業従事者の割合　(単位：パーセント)

たしかに変化の兆しが現れていたことは明確であった。すでに述べたように、機械化など農業自体の大きな変化も生じつつあった。それだけではなかった。兵役は、農村の若い男たちに、生まれ育ったのとは別の世界を経験させ、その魅力に気づかせることにもなった。ところによっては、産児制限の普及が、農村にも少子化への傾向をもたらしはじめていた。それは、分割相続による土地経営の細分化を防ぐため、あるいは公教育の普及にともなって親が、少ない子どもにできるだけ多くの配慮をあたえて社会的上昇に向かわせたい、そのような願望のため、であったのかもしれない。

学校教育や国政選挙への参加、さまざまな行政や税制とのかかわりなど、ローカルな生活を越えた広域的な、あるいは全国的な仕組みとのかかわりの増加。新聞や通信販売などをとおして入ってくる、都市発の情報との接触機会の増加。鉄道網の発展によって便利になった都市経験。これらもろもろが、農村地域の生活文化にも大きな変容をもたらしはじめていた。

国や地域によってその濃淡の違いはあったにせよ、こうした均質化ないし均一化への圧力はかかってきていた。しかし、第一次世界大戦前においては多くのところで、それぞれが特徴をもった地域的な文化が、農村を基盤として存続していたことも確実であった。

フォークロアとなった農村習俗

フォークロアという表現は、こんにち比較的なじみのあるものであろう。激動する現代においては、なにかノスタルジーをくすぐるものでもある。この言葉が最初に現れたのは、一八四六年のイギリスの雑誌に考古学者のトムズがペンネームで載せた一文であった。フォークは、フォークダンスやフォークソングで分かるように「民」という意味であり、ロアのほうは「知」を意味している。したがってフォークロアは、「民の知」つまり民俗世界に伝承されてきた知という意味と、「民衆についての知」すなわち民俗研究という意味と、二重のニュアンスをもって使われていくようになる。

フォこの一九世紀なかばに創出された新造語は、ドイツでのフォルクスクンデをはじめ、フォルクロール、フォルクローレなど、各国語でも同様の意味で用いられるようになる。イギリスをふくめ、この表現が普及する過程は、各国で民俗調査が、農村の生活文化や信仰、年間行事などを主たる対象として、広く展開されたことと同時であった。一九世紀後半から第一次世界大戦にかけてである。

それらの調査研究は、広く各地の医者や教師、文筆家、あるいは好事家など、在野の研究者によってになわれていたことを特徴としている。地域的な言語表現がふつうであった時代にあって、それぞれの土地になじみがないとか、土地勘がないと、調査も困難だったのではないかと思われる。しかし、その調査研究の関心のありかを振り返ってみると、近代的な観点からみて、あるいは都市的な観点からみて、珍しいとみなされるもの、国民的な基準からして外れているもの、あるいは逆に国民文化の遠い歴史的起源を幻視させてくれるようなもの、といった習俗、慣行に、その中心がおかれていることが一般的であったようにみえる。

したがって、それらの調査結果には、現在からすれば、かつての生活のあり方をしのばせてくれる貴重なものが多いが、それらを参考にするには注意が必要である。しかしまた観点を換えれば、それぞれの国について膨大な記録が残されているということは、それだけこの時代の各地には、特徴ある生活文化が持続していたということを示してくれてもいるのである。

それらの生活文化について詳述している余裕はないが、おおまかにいって、人の一生にしても一年の暮らしのリズムにしても、個々人が自由に好き勝手にふるまえるものではなく、依然として地域や職種によるある種の決まりを受け継ぎ、その枠内からはみ出さないように過ごす、というものであったといってよい。

一日の太陽の動きと季節の変化にリズムを合わせた、自然と土地に密着した生活の実態と、それと不可分な感覚や意識の世界があった。すでに近代医学になじんだ民俗研究家の医者は、農村における民間医療の慣行や衛生の観念に、おまじないのような呪術的な要素をもった独特な特徴をみてとっている。それは医療にかぎらず、一年の各時期を画していた祭礼についても、冠婚葬祭についても同様であった。たとえばカトリックの農村地域では、一般にきわめて早い時期に新生児洗礼がおこなわれていた。極端な場合には、生まれて数日の内に両親の属する教区教会に連れて行き洗礼を受けさせた。新生児にとっては危険がともなう時期の洗礼を、医者たちはすでに他者の目で批判的に記録したと思われる。しかし伝承を重んじて早期の新生児洗礼をおこなっていた農村住民にしてみれば、そうやっていちはやくキリスト教を基盤とした共同体に受け入れられ、名づけによる社会的な誕生の認知をしてもらう必要が優先されていた。洗礼なしに死んだ場合に、その子は正式にキリスト教徒として認知されていないがゆえに、その魂は救われずに彷徨《ほうこう》する危険にさらされる、と言い伝えられていたからである。そのように民俗学者は報告している。

こうした事例のように、伝承されていた行動の論理と近代的な思考とがぶつかり合う局面が多様に生じていたのが、一九世紀である。初等教育が義務化される世紀末になると、子どもたちは六歳ころに入学して、統一的なカリキュラムにそった教育を受けるようになる。伝統的には、子どもたちはその年頃から家庭や地域のなかで、農作業や家事の手伝いを見習いながら、大人の世界になじんでいく準備にはいるのが通例であった。人生のリズムは、おおきく変化せざるをえない環境におかれていく。その決定的な分岐点が、一九世紀後半だったのである。

こうした変化がはじまるなかで、農村を中心ににになわれていた地域文化の独自性、とくに、標準語とは別の地域独自の言語で表現された文学を高く評価したのは、それぞれの地域に根をおろした文化人たちであった。世紀転換期において、たとえばアイルランドのような、イギリス帝国内にあってケルト系の言語をもつ地域では、民族性の復権という意味の込められた文学運動や言語復興運動が明確になっていった。南フランスのプロヴァンス一帯でも、のちにノーベル賞を受ける文学者ミストラルを推進者としたフェリブリージュという運動が、フランス語とはまったく異なるプロヴァンス語を用いた文学表現の推進など、プロヴァンス文化の擁護運動として展開した。やはりフランス語とはまったく異なる言語地域としての過去をもつブルターニュ地方でも、はやくから独自の文学を評価する運動がおこされていた。

こうした地域文化擁護運動、あるいは復権運動は、歴史的な独自性を強調しそれに依拠するものであるだけに、伝統主義や保守主義のとりでとされる側面と、やがて二〇世紀後半になって澎湃《ほうはい》として生じてくる地域主義的な主張と運動の先駆けをなす側面との、両面をはらむものであったといえるであろう。

めくるめく一九世紀

実験室を出た科学技術と産業文明の成立

一九世紀における産業文明の成立を支えたのは、科学技術の大幅で急速な進歩であった。たしかに一八世紀には、蒸気機関をはじめとした発明改良などが進んでおり、さらにさかのぼれば、一七世紀は一般に科学革命の時代ともいわれている。それ自体は異を唱えるべきものでもない。しかし一九世紀における科学技術の進歩は、それがきわめて広範な分野においっせいに展開したものであったという包括性と、それらの展開の速さと、そしてなによりそれらが学者の頭のなかや実験室を出て、生産の現場や庶民の生活にまで大きくかかわるものとなった、という点を特徴としている。

自然科学を先頭にして進歩した学問研究は、その知的な地位を確立するとともに、その担い手は、社会的にも尊敬に値する専門的な職業人として認知されるようになった。かつてであれば聖職者がついていた知的な牽引者、精神的なリーダーという位置に、専門知識や専門技術をもって貢献するスペシャリスト、エクスパートが取って代わってつく時代、専門家の時代への扉を、一九世紀から二〇世紀初頭にかけて学者たちが開いたのである。そこではまさに、学問の前進と科学技術の応用による人間社会の進歩が、ゆるぎない確信となっていたかにみえる。世紀末ともなると、「科学的でない」という非難の言葉が、決定的な意味をあたえられるような状況が生じていった。

この時期に、ただ学問の進歩が決定的になったというだけでなく、また生産現場での状況が大きく変化し工業化が決定的に高度化しはじめたというだけでもなく、人間の生活や価値観までもが大きく変化させられていく、そういう文明史的な変化が生じた。すなわち産業文明が誕生した。そのように私は考えている。

そしていまわれわれが生きている二一世紀は、その産業文明からつぎの文明に向かう文明史的変化が生じつつある。いまだ輪郭が明確でないつぎの文明は、知識情報文明と、仮に名づけておこう。ここで注目している一九世紀、とりわけその後半から二〇世紀初頭にかけては、二〇世紀末までわれわれがなじんでいた産業文明下における経済と社会の基本が、そしてそれを支える科学的解明や技術的前進のもとになる前提的な要素が、ほぼ出そろった時代といっても過言ではない。

医学の場合が、変化の事例として分かりやすい。現在では、とりたてて西洋医学などといわなくても、医者、病院、医学といえば、欧米において進歩してきた医学を意味していることがふつうであろう。そうでない療法にのみ、東洋医学とか漢方とか、別の名称がつけられている。しかし西洋医学が、病気の原因を特定して治療法を確立し、あるいは予防法をも手に入れることができたのは、一九世紀後半になってからにすぎなかった。たしかにそれまでも、病気にたいする臨床的な対応の工夫は、すでに積み重ねられていた。天然痘予防のための種痘が、牛痘を用いてジェンナーによって開発されたのは、一八世紀が一九世紀に変わるころであった。

しかし、そもそも細菌という目には見えないものの存在を特定し、その働きが解明されるようになるのは、一九世紀なかばにフランスの化学者パストゥールが、発酵の研究をおこなうなかで乳酸菌の働きを実証的に確認したことにはじまる。パストゥールによる研究は、はじめから社会的な応用と密接に関連して進められていた。すなわち、彼の研究成果はブドウ酒の酸化を予防する方法につながってブドウ酒生産の発展におおいに寄与し、つづいて微粒子病の研究によってフランス養蚕業に、ということは絹糸と絹織物産業の発展に寄与したのである。

パストゥールはその後、より直接的に人間の病気にかかわる研究へと移り、伝染病予防の研究に没頭した。その結果が殺菌法の開発や、狂犬病の予防接種の開発であったことは有名である。彼自身は医者ではなく化学者であったので、予防接種そのものは医者との共同研究で進められた。彼の名を冠したパストゥール研究所は、現在でもフランスが世界に誇る医科学および化学研究所といってよい。こうして一九世紀後半において、細菌学という分野が確立していくことになる。その急速な進歩に貢献し、結核菌やコレラ菌を特定して治療や予防への道を開いたのが、ドイツの細菌学者コッホであることも、有名であろう。かつてヨーロッパの人口増加への障壁をなしたペストの病原菌も、日本の北里柴三郎たちのグループと、フランス人のイェルサンによってほぼ同時に特定された。

伝染病の予防対策自体が、社会的な問題とかかわるものであったが、パストゥールもコッホも、医学による社会貢献や社会衛生の普及について、きわめて意識的であった。化学者や細菌学者、医者など、医学にかかわる学者たちは、検診による個人の保健衛生や、上下水道の整備などによる社会衛生のいずれについても、それが社会秩序の要になるものとして重要であることを説いた。彼らは、衛生観念を支える整った行動様式や道徳心、合理的な思考方法を広げるための伝道師という役割を、みずから専門家として演じたのである。

科学技術の挑戦と変わりゆく生活の情景

現在でもわれわれは、台風や地震などで電気が使えなくなると、生活がほぼ壊滅的な影響を受けることに改めて気づかされる。コンピュータがいかにすぐれた機能をもつといっても、電源が入らないことには働きようがない。産業文明の成立にとって、もっとも基本的な条件をなしたものの一つが、電気の実用化であった。

電気にかんする学問的な進歩は、すでに一九世紀はじめから、たとえば電流の単位アンペアに名前の残るアンペールなどの学者たちによって、着実に実現されていた。しかしそれらの成果が、社会生活のさまざまな側面において実用化されたのは、一九世紀末であった。オイルランプやガス灯しかなかった夜の生活は、アメリカの発明家エディソンによって開発された電灯のおかげで、一変させられた。「きらめき輝く妖精のごとくだ」。このように世紀末の人びとは、電灯の輝きを歓迎した。一九〇〇年パリ万国博覧会の電気館に施された夜間照明の絵を見ると、当時の人たちの驚嘆の思いが伝わってくるような気がする。電気は、動く

リュミエール兄弟の映画のポスター　1894年、兄弟はパリのカフェで最初の映画「工場の出口」を公開し、話題を呼んだ。*Ce fabuleux XIXe siècle*より

映像、映画も実現した。画面から迫ってくる列車に、観客は思わず逃げようとしたという。ふつうの写真が、やっと社会で共有されはじめた時代である。分かる気がするではないか。

　またコミュニケーションという点では、電信が海底ケーブルで世界各地を結びはじめている。一八八〇年代からは電話も実用化され、直接に顔をあわせなくとも、リアルタイムでの言葉のやり取りが可能になった。これらはいずれも、現在のインターネットにまで展開してくる情報通信技術の出発点をなしたものであった。まさにコミュニケーション革命が実質化しはじめたのである。

　身体的な移動という点でも、現在につながる決定的な変化がもたらされた。鉄道や船舶の技術革新については、すでに触れた。はじめのうちはせいぜい時速四〇キロメートルで走ればよかった鉄道は、世紀末までには八〇キロがふつうになった。一八八一年にはベルリン郊外で、ジーメンスが最初の市内電車の走行に成功した。一八九〇年代からヨーロッパ各地では、市内電車の普及が急速に進んだ。一八九〇年のロンドンを最初として、ブダペスト、パリなどで、電車を使った地下鉄が営業を開始することになる。

さらに移動を個別化し、簡便にして速度も上げたのは、エンジンを備えた自動車の開発である。ドイツの技師ダイムラーが、ガソリンエンジンの四輪自動車を完成したのは一八八六年であった。世紀転換期には、自動車はまだ一品生産の手づくり、珍しい高級品にすぎなかった。しかしフランスでは早くから関心も強く、一八九五年にはフランス自動車クラブが結成され、九八年には最初のモーターショーがパリで開催された。一九〇〇年には、タイヤ会社ミシュランによって有名なガイドブックの刊行も開始されている。

世界初の自動車　1886年、ドイツのダイムラーが開発した初のガソリンエンジンの四輪自動車

ほんとうの意味でモータリゼーションが進むには、自動車が一部の富裕者のみ買えるような高価な商品ではなく、広く普及する必要がある。それがはじまったのは、アメリカ合衆国からである。一九〇八年、それまでの価格の半分以下で操作も楽な大衆車「フォードT型」が開発されたのである。開発したヘンリ・フォードはさらにコストを下げるため、フォード・システムといわれる大量生産の組み立てラインを導入し、一九二三年には年間生産台数が二〇〇万台を超えた。自動車は家電製品と並んで、一九二〇年代には大衆消費社会の到来を告げるシンボルとなる。フォードはもとエディソン電灯会社の機械工で、一九〇二年に起業してあっという間に自動車業界を席巻し

ヘンリ・フォードとフォードT型　機械工から身を起こしたフォード（右）は、1902年に起業し、1908年に近代的組み立てラインを導入、フォードT型（左）を量産し大成功する

た。彼が開発した生産システムは、徹底した時間管理下での効率的分業体制であった。彼自身、謹厳実直なプロテスタントでもあり、じつに産業資本主義の理念を体現した人と事業であったともいえそうである。

こうした変化のリストをあげていけば、尽きることもないくらいである。移動にしても通信にしても、メディアにしても表現にしても、人、もの、情報の流れが量的に拡大するとともに密度が増し、多様化し、スピードが速くなるという展開が、止めようもなくこの時代から起動しはじめた。人びとのスピードへの欲望は、なぜと問うこともなく、ほとんど自発的に自己回転しはじめたようにすらみえる。しかし、スピード化を内蔵した社会がどれほど逆に人びとを緊縛していくものであるか、まだ当時の人たちには想像もできなかったようである。一九一三年に、当時、感性鋭い作家として注目を浴びていたシャルル・ペギーはこう記している。「世の中はイエス・キリストの生誕以来、ここ三〇年ほどのあいだに変化したほど、変化したことはなかった」と。たしかに、生活の情景を一変させるほどの動きが、起こりはじめていたのであった。それにしても、ペギーが第一次世界大戦に出征して戦死しなかったとしたら、その後の変化をどのように語ったであろうか。

世紀末のパラダイム転換と科学信仰

右に述べた細菌の発見という世界は、それまでは目に見えなかったものを見ることから思わぬ展開がはじまったともいえる。電気もまた、それ自体としては決して目にはできないものである。もっと物質的な物理学の分野でも、「見えないものを見る」ことから急速な展開が進んだ。放射線という、肉眼とはまったく無縁な世界があきらかになっていったのである。

キュリー夫妻　妻マリはポーランド出身、夫ピエールはパリ生まれ。二人は協力して、放射線を発見した

われわれには子どものころからなじみのレントゲン撮影は、ドイツの物理学者レントゲンが、人の身体を透視することのできる物質を発見したことに起源がある。彼がこの物質をX線と名づけて発表したのは、一八九五年のことであった。フランスのベ

クレルがウラン塩から出される放射線を発見したのは翌九六年、ついでキュリー夫妻がウランの鉱石から出る放射線を確認してラジウム、ポロニウムと名づけたのが九八年であった。ここに、二〇世紀の原子核物理学への扉が開かれた。こうして、物質の目には見えない働き、あるいはごく微細なミクロの世界へと、物理学は前進していくことになる。

そうした方向は、分子生物学や遺伝子学などを想起すれば分かるように、自然科学に広く共通したものとなっていく。それらの発展は、二〇世紀を進むにつれて、学問分野の細分化や緻密化を進めると同時に、また原子力産業や薬品開発、遺伝子操作のような、巨大産業の可能性にもつながっていったものである。

理論物理学においても、ドイツのプランクが量子仮説を導入して輻射《ふくしゃ》エネルギーの不連続性を発表したのが一九〇〇年、アインシュタインが光量子概念を発表したのが一九〇五年、有名な一般相対性理論は一九一六年に公表された。物質の客観性や連続性を前提にしていたそれまでの知のパラダイムは、転換のなかにあったといえそうである。

じつは人の心という「見えない世界」をめぐっても、精神分析の試みが、一九世紀末からウィーンの医者フロイトによってはじめられていた。これもまた二〇世紀になると、大きくその分野を膨らませていくことは周知のごとくである。立ち入って説明するほどの余裕も能力も私にはないので詳述はできないが、フロイトは、心理現象の動因の根本には性欲があるとし、これをリビドー（欲動）と名づけた。そしてエディプス・コンプレクスの概念で有名なように、乳幼児期の子どもが父母にたいしてもった関係のあり方が、のちのその人の心理を規制していると考えた。意識の検閲者としての自我や超我によってリビドーが抑圧されて無意識層に沈潜《ちんせん》することが、神経症の引き金になる。その治療には、無意識層にあることを意識に引き出して解放してあげることだ、フロイトはこう考えた。

フロイトによれば、人は必ずしも合理的な計算にもとづいて行動するのではなく、自己の意識にはない別の力によって行動に押しやられている。これは、近代合理主義の考え方への疑義の提出でもあった。彼自身は近代合理主義を批判したわけではないようであるが、その理論は神経症の治療についてだけでなく、広く思想や文芸の世界にも刺激をあたえるところとなった。彼が一九〇〇年に公刊した『夢の解釈』は、既存の学会からは猛反発を受け、道徳家たちはフロイトの性欲論に眉をひそめた。

近代合理主義は、認識主体と認識対象としての客体との、主客分離を大前提とした。実証主義は、外在的な実在を現実性の認識根拠とした。これらにたいしてフロイトが提起した無意識の理論は、主体が認識していないところでその主体を決定づけている無意識があり、記憶のなかに沈潜している現実性がありうると考える点で、本質的な挑戦であった。おなじように、一九世紀を支配してきた合理主義と実証主義にたいして、現実性にかんする別の考え方を提起しようとする哲学が、一世を風靡《ふうび》した。たとえば世紀末のドイツ語圏ではニーチェ、あるいはフランスの哲学者ベルクソン。

既存の価値観や世界観について再考を促すような力は、別のところからも発信された。たとえば、生物の進化を生存競争によって解釈したダーウィンの進化論がそれである。一八五九年にイギリスの博物学者ダーウィンが『種の起原』を刊行したとき、進化論自体はとくに目新しいものではなかった。しかし、生物すべてが環境条件に対応した生存競争と適者生存の過程を経て自然淘汰のなかで進化してきた、人もまた生物進化の例外ではない、とする彼とその仲間の主張は、大反響を巻き起こした。

聖書に依拠して神による天地創造を説いてきた教会が、ダーウィン理論を激しく非難したことは有名であろう。反対論者との論争には、ダーウィンの一世代下の友人ハクスリーらが応じ、自然淘汰説は世紀末までには広く定着していったといえる。ところが、ダーウィンの自然淘汰説は予期せぬところにまで波紋を広げることになり、科学の外皮をまとったイデオロギー的な主張に利用される事態すら生じた。人間社会の歴史にも適者生存は当てはまるのだとする、社会進化論である。

ダーウィンたちの考察は、同時期におなじ理論を樹立したウォレスと同様、さまざまな博物学的観察に基礎をおく実証研究のなかに位置している。ところが社会進化論は、あらかじめ政治目的や価値観を主張するために、淘汰説をご都合主義的に援用した。自由市場における勝利を正当化するためであったり、帝国主義的な国家間対立を生存競争にたとえたり、さらには黄禍論《こうかろん》やユダヤ人排斥と結びついた人種主義的な社会進化論や、優秀な種のみを存続させるべきだとする優生学にいたるまで、ヴァリエーションはさまざまである。

自己の価値観の主張が科学の名において正当化される事態は、「科学信仰」とでもいえるような意識がそうとうに広く共有されていたことを示唆している。自然科学、社会科学、人文科学のいずれを問わず、一方では間違いなく学問的な前進があり、それも、二〇世紀にはさらに加速度をつけていくような急速な展開を示しはじめていた。しかし他方では、それに反発するようなオカルトブームであるとか神秘思想への傾斜も並存していた。科学的ということが、検証の可能性が共有されている状態をさすのであれば、それは望ましいことであった。しかし現実は、そうとばかりはいえなかったのである。現実の科学の進歩と科学信仰と似非《えせ》科学とオカルト志向とは、それぞれが複雑に絡み合って裏腹のような関係をなしていたといえるであろう。

スペクタクルの普及

宮廷文化に代表される王侯貴族や上層ブルジョワからはじまった芸術への嗜好性は、一九世紀にもなるとその裾野を大きく広げるようになる。一八世紀までは、市民層にまで共有されるようになっていたのはまだ一部の都市に限られていた演劇やオペラ、バレエ、コンサートが、一九世紀には多くの町において、ふつうに演じられ、多くの市民に趣味や楽しみの対象として共有されるようになっていった。それぞれのジャンルにおいて、表現上の洗練も進んでいく。

主要都市に建設されたオペラ座をはじめ、常設の劇場は、おなじく一九世紀に各地に建設されていったミュージアム（美術館・博物館）とならんで都市にとって不可欠な施設の一つとなる。すでに触れたように、一九世紀末から二〇世紀はじめになると、これに映画館が加わってくる。著作の翻訳も各国で相互に進められていったので、鉄道による移動の簡便化や新聞などのメディアによる情報伝達の進歩もあり、演劇や各種の舞台公演、音楽、一言でいってスペクタクルが、各地で共有されるようになる。ヴェルディのオペラは本拠地イタリアだけでなく、またヴァーグナーは本拠地バイロイトだけでなく、ヨーロッパ各地で上演され、歓迎や反発を引き起こすことになる。また二〇世紀はじめのパリを魅了したバレエ・リュッス、すなわちロシア・バレエ団は、ディアギレフというロシア人興行師が率いた多国籍ダンス・カンパニーであった。

スペクタクルの情報は、各種の定期刊行物で共有された。なかでも、多くの発行部数をもつようになった大衆新聞が果たした役割は、無視できない。それは、消費の促進全般についていえることであろう。一九世紀はじめまで新聞は、おもに意見新聞や政治新聞が主流であった。世紀なかばころからそれらに混じって、一般情報紙とでもいえるような新聞が姿を現し、世紀末までには一〇〇万部を超えるような部数の新聞が登場した。フランスの『プチ・ジュルナル』やイギリスの『デイリー・メイル』である。国際政治の記事や三面記事が耳目を引き、芸術や文芸の欄が文化的な関心を引き出した。部数の増加は単価の引き下げを前提にしており、単価の引き下げは広告収入の増加を前提にしていた。日常生活にかかわる多様な商品が、人びとを消費へといざなう。量や内容はともかく、経営的には現在のマスコミと共通する状況が、世紀末までには成立していた。

当然ながら、商品やサービスがそうとうに広く行き渡っている状態がなければ、新聞広告は意味をなさない。一九世紀なかばに主要都市に姿を現したデパートは、世紀末にはその実質を確立していった。工業化による大量生産システムに向かう時代にあっては、大衆の消費をいかに掘り起こせるかが、経済の重要なテーマとなる。世紀末になるとヨーロッパの労働大衆は、生産力としてだけではなく、消費力として評価されるようになっていく。デパートという大型小売店は、多様な商品の魅力を訴えかけるディスプレイに工夫を凝らし、いわば商品が演じるスペクタクルの舞台となった観を呈した。

パリのイタリア劇場　宮廷で育てられたバレエや演劇は、都市の劇場で裕福な市民たちが鑑賞した

新聞広告が本格化するのと軌を一にして、通信販売のシステムも本格化する。割賦販売も消費の欲望を掻き立てる。都市から高まった消費への欲望は、世紀末には農村部をもとらえはじめていた。商品カタログ普及の本格的開始でもあった。現在のインターネット市場は、その質量ともスケールが違うとはいえ、歴史的にみればこうした一九世紀末の展開の延長線上にある。

スポーツ文化の誕生

いま一つ、現在との関係で触れておきたい一九世紀における変化は、スポーツという身体文化の誕生である。もちろん、身体を動かして駆けたり跳んだりは、いつの

クーベルタン　オリンピア競技の復活を提言し、1896年には第１回オリンピック大会がアテネで開催された

時代にもあったであろう。しかしそれ自体を目的とするスポーツ、さらにはそれを競うという競技運動は、それほど普遍的でもなければ自明のものでもない。伝統的には祭礼などで、力比べや投擲、のちにサッカーだのラグビーにつながるような競技などが、おこなわれていた。あるいは、農作業と結びついたダンスのようなものは、身体技法として存在していた。

一九世紀のヨーロッパでは、学校教育が普及するにつれて、知育と並んで体育が取り入れられた。理由づけはいろいろであった。健康な身体に健全な精神が宿る、という主張もあった。一八九六年に、クーベルタンの提言をもとに近代オリンピックが開始されたとき、はじめに主張されたのはまさにこれであった。スポーツで身体を鍛えることは個人としての健全な生活につながる、と。あるいはまた、個人の身体訓練と同時に集団スポーツも推進された。これには、ルールに即した行動を身につけさせるためとか、若者の欲求不満や暴力性を発散させる機会、国力増強や闘争心の喚起のため、といった理由もあげられる。サッカーやラグビーは、じきに地域ごとに拠点をもつ社会スポーツとして隆盛し、二〇世紀になるとプロ化して大衆を熱狂させる、現在の原型が形成されていくのである。

働くことと一体化した身体技法にかわって、身体をすばやく、あるいは限界まで動かすことそれ自体を目的とするスポーツという身体文化が、人びとを大きくとらえていった背景には、産業文明の成立による社会生活の変化を指摘できるであろう。鉄道や自動車といった他律的な移動手段に典型であるような、直接に身体を動かす必要の少ない生活が広まるのである。ありていにいえば、つねに運動不足になる生活である。さらには地域的な、あるいは年齢的な連帯性の弱体化が、伝統的な身体技法の退化を招いて、これに輪をかける。

スポーツという身体文化の台頭は、当時重要な問題となっていた衛生や健康保持という課題と密接にかかわっていた。近代的な身体感覚や身体技法が求められていた。スポーツ普及の推進者たちは、あきらかにそれを意識していた。そうして各種のスポーツ・クラブが各地に形づくられ、現在でもヨーロッパで盛んな社会スポーツの基盤とされていくのである。

第七章　国民国家と帝国主義

国民国家の構築という課題

国家内部の統一性の確立

第五章と第六章とにおいて、われわれは「近代ヨーロッパの覇権」について、一八世紀後半から一九世紀を通して主にその経済と社会の変貌に焦点をあわせて検討してみた。この章では、一九世紀にはいってからのヨーロッパ内部の国家政治のあり方と、ヨーロッパ世界とその外部との関係に焦点をあわせて考えたい。そのために、少しまた時間をさかのぼらせよう。

われわれはすでに第四章で、一七七六年のアメリカ独立宣言における人民主権の主張や、一七八九年のフランス革命で出された人権宣言に国民主権が明記されたことについて、とらえてみた。それぞれの歴史的文脈を思わせる違いは存在したが、とくにフランスのように古くからの歴史的連続性をもった有力国家にとって、国家主権の担い手が国王ではなく国民なのだという主権在民の主張は、一八世紀末においてきわめて大きな歴史の転換を宣言するに等しかったと思われる。

そのフランスでは、しかし、国民という理念を基盤とした政治や社会のシステム変更、あるいは人びとになにより国民という自己認識を一般化させるという意識改革は、その実現の多くが一九世紀に積み残された。しかも、革命下に追求されはじめた国民国家の構築は、革命に続くナポレオン帝政、その後の王政復古から七月王政、短い第二共和政とナポレオン三世による第二帝政を経て第三共和政確立にいたるまで、それぞれの体制変換が革命や激動をともなうという政治状況のなかで、決して順調に進行したわけではなかった。国家における統治者と被統治者とのあいだに多様な緊張関係をともないながら、それでもほぼ一世紀を経て、フランス革命の後継者を自任した第三共和政のもとで軌道に乗ったものである。

ウィーン会議　各国の利害が衝突して半年以上に及ぶも、ナポレオンのエルバ島脱出の報で急遽、妥協が成立、現状維持を図った

そのフランスにかぎらず、一九世紀を通じてヨーロッパ諸国では、政治体制が国王や皇帝を戴くものであったとしても、もはや国民の意思を無視した政治は遂行困難になっていた。あるいは国民の合意を何らかの形式において調達できない政治は、その実効性を十分には発揮できない時代となっていた。このことは、どのように考えればよいのであろうか。ここまでにも散発的には言及しているのであるが、あらためて少し整

理しておこう。

第五章で触れたが、いわゆるウィーン会議によって合意された方向性は、フランス革命以前の秩序理念が正統なものであるという考え方を基本にしていた。正統主義といわれる立場である。当時の為政者たちはこれを共通了解にしたうえで、多国間の勢力均衡による現状維持を図った。ある種の平和維持体制を構築しようとしたものではあったが、このような後ろ向きのベクトルでは、すでに政治的発言権や自由と自立を追求しはじめていた人びとを、抑えきることはできなかった。しかもこの時代には、経済構造の転換、すなわち工業化を主軸とした資本主義化の推進、それに見合った国内市場の一体的な整備、商品市場としても労働市場としても「国民経済」といいうるような市場の統一性を確立することが求められていた。その点で、一九世紀なかばから鉄道敷設が重要な位置を占めたことには、すでに言及した。法律のうえからも、全国が同一の法体系のもとに置かれることが望ましかった。

国家としての政治的一体性をまだ確保していなかったドイツとイタリアが、一九世紀なかばに政治的な統一国家形成を急いだのは、当時としては至極当然の選択だったといってよい。工業化において断然先行したイギリスの経済覇権状態をまえに、どの国もきびしい経済競争のなかで経済的にも政治的にも国内の統一性を確立し、多かれ少なかれ富国強兵路線をとることによって、国際的な位置を確保しようとするようになる。当時の軍隊の効率的な組織化と展開、という点だけを考えても分かるはずであるが、これは、国内各地に暮らす人びとを同一の運命共同体の一員、すなわち国民として動員する、という体制をともなうものであった。多くの国家は、徴兵制を施行するようになる。

また工業化の進展は、統一的な国内市場をもった国民経済の確立だけでなく、新たな産業文明に即応するような規律を内在化した労働大衆の存在を必要としていた。「聖月曜日」の慣習をやめないような労働大衆は、産業文明が求める労働にはそぐわない。合理的な行動規範と一定のリズムに従って働き、衛生的な日常生活を送り、消費者としても重要な位置を占めるような労働大衆とその家庭が求められるようになる。賃金は出来高計算よりも時間計算が主流になっていく。労働時間に準拠した週給制や月給制へと、つまりは現在われわれがなじんでいるシステムへと、移行が進められたのであった。

国家政治によって国内が統一的な法体系のもとに置かれ、国民生活のさまざまな側面について統治の対象にされるということは、一面で各種の労働立法や、一九世紀末からの社会立法が示したように、労働大衆を含めた国民全体の健康や衛生的生活に配慮が払われるようになった、ということを意味していた。しかし他面でこれは、生活の多くの側面に国家が干渉する仕組みの成立をも意味している。福祉国家ないし社会国家への展開を予測させるような動きが、一九世紀末から生じてくるのであるが、他方で国民は生活の存続のためには、否応なしに制度サービス網に依拠せざるをえなくなっていく。

国民教育のための制度的な確立もまた、時期の早い遅いという差があったとはいえ、一九世紀のヨーロッパ諸国で共通の政治課題となった。それは、要求に対応して拡大せざるをえなかった選挙権と、そのもとでの選挙の実施という、国家政治の大衆化への展開、政治の裾《すそ》野の拡大に対応するためにも求められていた。こうして一九世紀には、国内に暮らす人びとを国民として育成して、彼ら自身に国民としての自己認識をうながし、法のうえからもシステムとしても統一的な国家体制を、いかにして政治的にも経済的にも構築できるかが、重要な課題とされた。一九世紀のヨーロッパが、国民国家の時代といわれるゆえんである。

公教育の整備と指導者の養成

フランス革命下に制定されながら施行はされなかったいわゆる「ジャコバン憲法」、一七九三年に制定された憲法では、それに付された人権宣言の第二二条でこう謳《うた》いあげている。「教育は、あらゆる人に必要である。社会は全力をもって、公共の理性の進歩に助力しなければならず、教育を全市民の手の届くものにしなければならない」と。革命では社会と人間の新生という課題が掲げられていただけに、公教育をいかに実施すべきか、さまざまな議論がさかんになされた。しかし革命の動乱とそれに続いた帝政のもとでは、なにか政策を持続的に実現するだけの時間的余裕はなかった。

民間の教育者による教育上の試みや改革の模索は、ヨーロッパ各地でさまざまになされていた。幼児を含めた児童教育におけるペスタロッチやフレーベルの名前は、とくに有名であろう。スイス出身のペスタロッチは一八世紀末から、その弟子フレーベルは一九世紀前半に活躍した人である。彼らの影響はドイツをはじめとしたヨーロッパ諸国だけでなく、時間差をともなって遠く日本にも及んできたものである。他方、もっぱら子ども用に作製された児童書の刊行も、一八世紀後半からは各国で目につくようになっていた。しかし、一九世紀なかばまではヨーロッパでも、国家が初等・中等・高等の公教育全体にたいして主導的に関与して整備しようとする動きは、あまり具体化されてはいなかった。

革命以来、国家による関与を模索しはじめていたフランスでは、七月王政下の一八三三年に、市町村には必ず最低限一つの公立小学校を設置すべしという法律が制定された。推進者の名前を取ってギゾー法と呼ばれるが、教会が運営していた既存の学校も承認され、他方では子どもを小学校で学ばせることが親の義務とされたわけでもなかったので、初等教育を充実させるうえでの現実的な効果はまだほとんどなかった。

プロイセンでは一九世紀はじめから、シュタインやハルデンベルクといった政治家の名前で知られる改革の一環として、公教育にたいする国家主導の整備が追求されはじめていた。しかし、中心となっていたのは国家の指導者を育成し再生産するという、いわばエリート養成の教育体制であった。近代日本の旧制高等学校がモデルにしたといわれるギムナジウムと、そこから大学に、という教育コースの整備である。

初等・中等教育にまで整備の関心が届くようになる一九世紀後半までを視野においたとしても、国によって教育体制や学校制度の仕組みは多様であった。しかしおしなべて共通するのは、整備が優先的に着手されたのはプロイセン同様、指導者の育成という目標からであったという現実である。

言語学者にして政治家であったフンボルトをリーダーとして、プロイセンの首都に一八一〇年に創立されたベルリン大学は、そうした傾向を代表する存在であった。エリート養成は、イギリスの場合のパブリック・スクール（私立の高等学校にあたる）からオクスフォードやケンブリッジの大学へという道筋、フランスの場合のリセ（公立の高等学校にあたる）から高等専門学院へ、といった具合に、これもまた国によって個性は存在したが、いずれも、ギリシア・ラテンの古典にかんする教養を重要な柱にしたものであった。そういう意味では、いきなり工業化や社会の近代化に向けての実学的な要素が重視されていたわけではなく、むしろ古典を含む幅広い教養にもとづく多面的な能力が、エリート・コースに乗るためには必須の要件だったのである。世紀前半においてドイツ精神の喚起や国家統一をめぐって、フィヒテやヘーゲルといった大学教授でもある哲学者たちがドイツで重要な役割を果たしたことからも、この時代の高等教育のあり方が想像されるであろう。

しかし一九世紀を進むにつれて、実学的な要素や科学教育が拡大していったことも間違いない。多くのところでは、一八六〇年代あたりから、高等教育の本格的な制度的整備に力が注がれはじめた。それは、本格的に進展しつつあった工業化や、政治や社会における制度化の進行を受けて、管理者クラスの人材の質量ともの充実が求められるようになったことと、無関係ではないと考えられる。実験や実習を重視した科学教育では、ドイツの大学は先んじていた。ドイツ型のゼミナール方式による教育体制は、他の多くのところでも一般化していくようになる。

初等公教育と向上した読み書き能力

他方、一九世紀なかばまでは一般に民間のイニシャティヴや教会の関与にゆだねられていた初等教育においても、世紀後半にはいるとともに状況の変化がみられるようになってくる。ドイツを含めた西ヨーロッパでは、小学校の制度的な整備が本格的に進められていくのである。一八七〇年代のイギリス、一八八〇年代のフランスをはじめとして、国家が関与して無償義務の初等公教育体制が構築されていった。無償であるから学費はかからないものの、親は子どもを通学させなければならない義務を法的に負うことになった。

これらの国において児童労働をめぐる規制が強化され、禁止されたのと、無償義務教育の考え方は同一の基盤に立っている。将来において貴重な労働力となり、兵力として役立ってもらわなければならない子どもたちは、たいせつに育成しなければならない。政治的にも、まだ男性のみであったとはいうものの普通選挙が実現し、あるいは選挙権が拡大し、労働大衆の発言や意識が無視できないものとなってゆくなかで、規範にそって積極的に国家を支えてくれるような労働大衆が求められるようになったのである。

この点をきわめて明確にして初等教育の整備を推進した事例として、フランスの第三共和政の初期の指導者たちをあげることができる。初等教育を無償義務化した法律は、そのリーダーの名を取ってフェリー法と呼びならわされている。ドイツへの敗戦の一因を教育体制整備の後れにみてとったフェリーらは、愛国心をもって共和政フランスの未来を支えることに貢献できる子どもたちの養成を、課題として明言した。そうしたなかで、学校建築のあり方や管理体制、教師の養成や教育内容にいたるまで、多くの点で国家関与が明確に制度化された。国家によって制度的に位置づけられた言語である国語、現在の国民国家形成にいたる歴史、国土の現状を理解させる地理、こうした科目の教育が重視されたのは、フランスにかぎったことではなかった。

　初等教育の無償義務化から進められた公教育制度の整備拡充にしたがい、読み書き能力は向上した。一九世紀なかばにはまだ五割程度だったとみられるフランスの識字率も、世紀末の九〇年代には九割を超えた。識字率の上昇とは、この場合には国語能力の獲得を意味している。というのも、古くから国家としてのまとまりをもっていたフランスでも、国語であるフランス語を母語としない人びとが、たとえばブルターニュやプロヴァンスやバスクなどの地域をはじめとして、少なからず存在していたからである。旧王政のもとで開始された言語統一は、一九世紀において依然として課題であった。

　ことはフランスだけの問題ではなかった。地域言語ないし方言を考慮にいれれば、多かれ少なかれいずれの国も同様の課題を抱えていたのである。歴史や地理を通じた祖国の観念の教育、算数を通じた合理的思考様式、体育や教練による規範に則した行動や身体技法の習得とならんで、国語教育は、いずれも均質的な規格を備えた、そして相互にコミュニケーションが容易な国民を形成するにあたって、その要となるものであった。

　しかし他方で、公教育制度がそれほどの軋轢《あつれき》もなく浸透していった背景には、大衆新聞などの普及や広がりつつあった言語メディアを介して、労働大衆を含めて人びとが知的な関心や情報への欲求をひろく持つようになっていた、という面があったのを無視することはできない。あるいは、選挙権の行使はもとより、日常的に必要度が増した行政的な手続きであるとか、社会生活上の必要から、人びとはより高い教育を求めるようにもなる。一面でそれは、社会的地位の確保や立身出世のため、子どもの社会的上昇のためといったものであったが、しかし上昇志向を満たすためのみではなかったであろう。第六章に示したような社会の現実的変化が大きく生じるなかで、知への接近は必要に迫られたものであり、国民全体に情報や知への欲望がうながされるような状態が、多くのところで世紀末までには生じていたのである。

ネイションの三重の意味

国民国家 Nation-State というのは、一つのネイション Nation が一つのステイト State を構成するという、国家形成にかんする政治原理である。逆から表現すると、一つのステイトを構成しているのは一つのネイションなのだ、という考え方にもなる。いまではネイションという言葉自体が、国民という意味と、その国民を基盤とした国家という意味とを、あわせもつものとしてとらえられている。このような国民国家の考え方は、二〇世紀において、アジア・アフリカに存在したヨーロッパの旧植民地が独立を求めた運動を展開し、それを達成して国家を形成していった際に拠って立った基本原則であった。一九世紀がヨーロッパにとって国民国家構築の時代であったとすれば、二〇世紀後半は、じつはアジア・アフリカにとっての国民国家の時代であったといえる。

現在の国際連合はユナイテッド・ネイションズ United Nations であり、国際関係はインターナショナル international、つまりネイション間の関係である。しかもネイションは、まだ個別の独立国家を形成していなくても自分たちが同一の歴史的由来や言語文化を持つ、したがって国家 State を形成すべき存在なのだ、と主張する集団を意味することもできる。こういう場合には、日本語では民族という単語で翻訳される。

こういうしだいであるから、ナショナリズムについて取りあげる場合にも同様であるが、ネイションは国家、国民、民族という三重の意味内容を含みもっている言葉なのである。日本語ではこの三重の意味をいっぺんに表現できる言葉はないので、ことはいささかややこしい。

ここまでみてきたように、ネイションがこのような意味をもってとらえられるようになったのが、一八世紀末から一九世紀のヨーロッパにおいてであった。それ以前にも、ネイションという言葉は存在していたが、意味合いが違っていた。一般にその意味は、ネイティヴと同様に、ある地域で生まれた人びとをさす「同郷の人間集団」という意味あいに近かったと思われる。国家との意味の重なりは、必然とはみなされていなかった。ネイションの語源、ラテン語のナティオは、生まれるという意味をもつ言葉である。

第三章で言及したアダム・スミスの『国富論』は、一七七六年に刊行された経済学の最初の体系的著作として名高い。そのタイトルでは当然のように、ネイションが国民を意味すると同時に国家をも意味するものとして用いられていた。スミスは、スコットランドを代表する啓蒙思想家である。このころまでに、啓蒙思想家のあいだで国民という理念が明確にされてきていた。しかし、それはあくまで理念上、理論上のものであり、まだ政治的現実と対応するものではなかった。アメリカ独立宣言が、『国富論』刊行とおなじ一七七六年であった。

一八世紀末から一九世紀にかけてのヨーロッパで、国民という理念にもとづいて国家構築が追求されるようになったのは、しかし、たんに社会の上部から指導者がイデオロギー的に誘導して進めたというものではなかった。フランス革命の展開が示したように、国家内の住民たちは、それぞれの位置からそれぞれの意識をもって、社会と国家のなりゆきについて発言を求め、実際にその行動が革命の推移や国家政治の動向を大きく左右するようになったのである。国民主権の原則をたてる国家であればもちろん、そうではない国家の場合でも、旧来の正統性のうえに安閑としてはいられなくなる。

新興統一国家と国民形成

ヨーロッパにおいて一九世紀に新しく形成された国家のリーダーたちは、その政体がどのようなものであるかを問わず、国家の命運がネイションと一体なのだと明示することで、その正統性にかんする合意を調達する方向をとるようになる。あるいはとらざるをえなかった。そして統一体として形成された国民国家のもとで、はじめて国家間の競争に伍してみずからの命運を切り拓いていけるのだ、という点が強調される。こうしたなかで新たな国家が

ドイツ帝国の成立　ビスマルク主導で独仏戦争に勝ったプロイセンはじめドイツ諸国は、ヴェルサイユ宮殿でヴィルヘルム１世のドイツ帝国皇帝を宣言した

形成されたのちになっても、国内各地の住民に国民としての自己認識をうながすこと、すなわち国民形成が課題でありつづけた。これは後述するナショナリズムの問題でもある。

ここで新興国家の形成について個別に詳細にみるわけにはいかないが、こうしたあり方は、一八二〇年代にオスマン帝国からの独立に成功したギリシア、一八三〇年革命の展開にのってオランダから独立したベルギー、そして多様な統一運動の展開を受けて、工業化の中心ピエモンテをもつ北部サルデーニャ王国を核に統一を達成したイタリア、これらのいずれについてもしかりであった。これらの新興国家は、およそ歴史的過去には存在したことのなかった統一王国として出発すると同時に、国民形成が問題となったのである。そしてまた、有力な近代国家となるドイツ帝国の形成にしても、しかりである。ドイツについては、統一前後の過程について少し触れておこう。

ナポレオン軍による制圧で危機感を募らせたプロイセンでは、フィヒテの「ドイツ国民に告ぐ」という連続講演が有名であるが、外敵フランスへの対抗を掲げて、ドイツ国民としての一体性の確立というイデオロギーがはやくから打ち出された。しかしそれは、すぐにドイツ諸国の全体をとらえたわけではなかった。現実におけるドイツ統一への歩みは、まずは経済的な一体化という現実路線にそって、ドイツ関税同盟の結成という形で開始された。

一八六二年にプロイセンの首相に着任したビスマルクは、殖産興業・富国強兵政策を強力に推進してプロイセンの強国化を実現すると同時に、そのプロイセンを盟主とする北ドイツ連邦という形で、やはり関税政策を基盤に政治的な一体化を図ろうとした。しかしこれには、おなじドイツでもプロイセンによる権威的な方向づけを嫌う南ドイツ諸国は賛成せず、離反した。ドイツの国家統一は、結局、宿敵とされたフランスとの戦争を契機に実現することになる。プロイセン主導で軍事的に勝利したドイツ諸国は、プロイセン国王ヴィルヘルム一世を皇帝として、宿敵フランスのヴェルサイユ宮殿で勝利のうちにドイツ帝国成立を宣したのである。一八七一年のことであった。

ビスマルク　ドイツ帝国初代首相。国民意識育成のためポーランド系住民など少数派を敵視した

帝国成立後にその初代首相となったビスマルクは、もともと諸国に分属していた住民の一体化をうながし、帝国の一員としてのドイツ国民意識育成を図るために、国内にいたポーランド系住民や南ドイツのカトリック教徒住民など国内少数派を、「帝国の敵」とみなして標的とした。それが、一

カヴール　イタリア王国初代首相で、ピエモンテの貴族出身。統一戦争を主導し、イタリア王国成立に貢献

八七〇年代にビスマルクが展開した文化闘争という政治である。帝国を名乗ったドイツは、フランスのような中央集権制を徹底させたわけではなく、単一の国民教育カリキュラムを導入できたわけではなかったが、それでも公教育のあらゆる面で祖国愛の教育という新しい側面が膨らんでいった。

国民形成を主導しようとした考え方は、国家を形成している自分たちが独自の特徴によってまとまっている、つまり国家としてまとまる歴史的理由を正当に保持しているのだ、ということを強調する点で共通している。ロマン主義的な神秘性をともなって主張された雄々しきゲルマン魂、それに基礎づけられたドイツ精神の高貴さ、こういった言説は、その代表的なものであろう。すでに何回か言及したフィヒテは、こうした傾向に棹さす存在でもあった。古文書の文献学的な研究や言語研究、習俗研究も、この時代にあっては、こうした国民（民族）としての固有な起源を探究することと無縁ではなかった。

もちろんこうした傾向は、ドイツ固有のことではない、イタリアでも、過去を称揚してそこに一体性の根拠を求めるという姿勢は、顕著にみられた。チェーザレ・バルボは、イタリア統一実現の立役者となったピエモンテの政治家カヴールとともに『リソルジメント』誌を刊行したおなじくピエモンテの政治家であったが、彼はイタリア史にかんする著作を出版してその栄光の歴史的過去を称揚した人でもあった。彼らにとって統一とは、栄光の時代の再生（リソルジメント）以外ではなかった。

では、一九世紀に国家統一が問題とはならなかったフランスのような場合には、どうだったのであろうか。とくに革命以来の共和派の伝統は、自由と平等の実現という人類普遍の課題を掲げ、啓蒙の普遍主義を引き継ぐような側面をもっていたのではなかったか。たしかにそうなのではあったが、他方でまた、このような課題の実現で人類の先頭を切るのは共和政のフランス以外にはない、という強烈な自己認識をも主張していた。客観的な根拠などどこにもないとはいえ、これほどまた強烈な特殊性の自己主張もないであろう。

ネイション、あの三重の意味をはらみうる理念であるネイションの名においてなされる、こうした固有な特殊性の主張に示されているのが、一九世紀におけるナショナリズムの重要な一面である。つぎにわれわれは、グローバル化が明確となっている現在でも国際政治において大きな位置を占め、地域紛争の火種ともなっているナショナリズムが、そもそも近代ヨーロッパにおいてどのように生成展開したのか、整理して考えてみたい。

ナショナリズムの諸相

近代ナショナリズムの生成

研究者によっては、ナショナリズムについて近代以前の時代、たとえば中世にまでその起源を求める向きもある。しかし、これには私は賛同しがたい。一般的にいって、一定の共同性を認識している集団が、自他を区分するためになんらかの基準にもとづいて排他的な境界線を引いて、その内部をまとめたうえで外部と対峙していこうとする動きは、いつの時代にもどのような社会であっても存在しうるであろう。包括できる集団や範囲の大小はあれ、それをネイションというまとまりの名において現実化しようとするのが、ナショナリズムである。そして、政治理念ないし意識としてのネイションは、すでに言及したように一八世紀の後半になって浮上してきたものであった。

ネイションは決して永遠のものではなく、どこかの時点に始まりをもつのであるから、いずれ終わりも来る、ということを一九世紀後半に明言したのは、フランスの碩学ルナンである。彼は、個別のネイションはやがて欧州連合といったものによって取って代わられるにちがいない、とも予言していた。ネイションは不朽の先験的実在というわけではなく、ひらたくいって歴史的に形成されたものだということである。

ベネディクト・アンダーソンが提起した「想像された政治的共同体」としてのネイション

という捉え方は、二〇世紀末の国民国家論に大きな影響をあたえて一世を風靡した。エリック・ホブズボウムは、ナショナリズムが唱えたネイションの歴史的伝統は多くが事実とは異なっており、じつは一九世紀における国民形成過程で創出されたもの、ないしは捏造《ねつぞう》されたものにほかならないことを、多様な事例によって明確にした。あるいはまた、ナショナリズム研究の基礎をあたえる仕事を残したアーネスト・ゲルナーは、言語に基盤をおいた同質的な高度文化を必要とし、しかも効率的に作動しなければならない産業社会こそがナショナリズムを必要とした、とする見解を示した。それらの違いはあっても、ネイションとナショナリズムを近代に生成展開したものとする考え方は共通である。

ここでの私の立場は、近代ヨーロッパの覇権という本書の課題との関係で問題になる範囲で、ネイションとナショナリズムをとらえてみようとするものである。歴史的な過程に即して考察することが目的であって、理論的な検討や評価を試みるつもりはない。ナショナリズムを、国家の正統性にかんする歴史主義的なイデオロギーととらえるにせよ、政治支配者による国民統合のためのイデオロギー操作とみなすにせよ、あるいは、国家としての自立を求め政治的決定権を行使しようとする運動とみなすにせよ、産業化の進展する社会における文化的な統合理念とみなすにせよ、いずれにしても、一九世紀から二〇世紀にかけてナショナリズムは、それぞれの時期の文脈に応じて多様な意味あいを帯びながら、現実の政治や社会のあり方に大きな作用をあたえるものであったことは間違いない。

国民主義としてのナショナリズム

ここまでの本書の記述からも、ネイションという理念とナショナリズムの生成にかんしてフランス革命が大きくかかわっていたことは、お分かりいただけるはずである。しかしそのかかわり方は、決して平板なものではなくて、いささかよじれたともいえそうな、政治と思想との複雑な相互関係であった。

何回かすでに言及しているように、フランス革命において、国民こそが国家の主権者であり、正統な権威の唯一の源泉である、という思想が明確に打ち出された。国民こそが政治の中核に位置し、国家と社会をになうものとなる、という考え方は、しかしすぐに実態として政治に反映され、現実の政策や制度に結実したわけではなかった。フランスをはじめヨーロッパでは、おおむね一九世紀末までの一世紀をかけて、それが制度的には現実のものにされていったといってよい。

しかし世紀の前半、保守的な立場を明確にしたいわゆるウィーン体制のもとにおいては、こうした考え方はしばしば、当時の体制を批判する自由主義思想やその運動と結びついたものとなった。国や地域によってかかえていた課題は一様ではなかったので、自由主義的な運動のあり方も一様ではなかった。政治的発言権や選挙権の拡大を求める主張、あるいは現状改善のためのなんらかの政策要求など、幅の広さをもち、その運動主体も実業家から労働者、学生などにいたるまで、さまざまであった。こうした当時の自由主義と連動したナショナリズムは、国政において国民が中心にならなければならない、国民であり国家であるネイションとしての利害と価値とが最優先されるべきだ、という考え方を表したものとして、国民主義という訳語がしばしばあたえられてきた。この場合、同時代の政治的文脈においては、左翼に位置する場合が多かったといってよい。

一八世紀末のフランス革命とナショナリズムとの関係が一筋縄でなかったというのは、つぎのような理由にもよっている。フランスの革命勢力は、人権宣言に示されたような人類に普遍的にあてはまるべき革命の理念を、ヨーロッパ全体に広げるのだという正当化のもとに、革命戦争を展開し、その「大義」はナポレオン帝政によるヨーロッパ帝国形成の主張にも援用されていた。しかしこうしてフランスによって掲げられた、旧来のくびきからの解放と国民としての自由の確立、という国民主義的な大義は、じきに、軍事制圧してきたフランスにたいして、占領された者による支配からの解放の論理となって返されてくることになる。第四章でも触れたところである。

しかし、フィヒテやヘルダーのような当時のドイツ思想家による主張は、ことはただフランスによる支配からの脱却のみにあったのではなかったことを示していた。

革命期のフランスにおける国民理念は、大義を共有するものであれば出身地を問わなかった。アメリカ独立の立役者の一人、『コモン・センス』で有名なペインが、革命下に国民公会議員となることにはなんの抵抗もなかった。逆に亡命した反革命の貴族は、革命派にとっては国民ではなかった。こうした普遍的な価値の名において国民をとらえる革命フランスにたいして、ドイツの初期ナショナリズムの思想は、むしろ、ネイションとは言語的な共同体、文化的な共同体としての自然な分割単位であって、ドイツはまさにそのような存在として自立して歴史的使命を果たすべき存在なのだ、という固有性の主張であった。しかもドイツ・ナショナリズムはその初期から、フランスとは異なった意味において、ドイツ国民を「選ばれた民」として位置づけていた。ドイツ国民こそは、人類における至高の価値を体現しているのだ、という信念である。

こうした初期のドイツ・ナショナリズムには、価値を倫理的で内在的なものとみなす傾向が強く、みずからがその価値を押し広げるべき存在だとするような、フランス式の発想はなかったとみなされている。むしろ、そのような価値をもったドイツを侵犯するフランスという、不倶《ふぐ》戴天《たいてん》の敵と対峙することを通して、いわば敵にたいする憎悪という感情をばねとして、ドイツ国民の価値と一体性を強調するものであった。それには、フランス軍からの解放という現実課題とセットになっていたという時代的な文脈が、関係していたのかもしれない。

ドイツによるフランスへの敵対感情をばねとしたナショナリズムにたいして、フランス側では、つねに普遍主義的な理念の体現者という面のみが突出していたのであろうか。必ずしもそうではなかった。たとえば一八七〇年に引き起こされた独仏戦争に際しては、フランスもまた、野蛮で残虐なドイツという戯画的表象を、文明の体現者フランスと対比して繰り返し描いたのである。ドイツにたいする憎悪の敵対感情が、一九世紀末から第一次世界大戦までのフランス政治を突き動かす一要因であったことは、すでに言及したとおりである。

しかし、世紀後半から世紀末にもなると、ナショナリズムの様相は、その初期とは相当に変容していったことも確かである。この点についてはもう少しあとで取りあげよう。いまは、一八世紀末から一九世紀はじめのナショナリズムの生成期においては、その担い手が知識人や官僚など教養ある、ないしは教育を受けた中間層以上を中心としていたこと、それにたいして一九世紀末にもなると、政治状況や経済社会の大きな変動を受けて、労働者や農民、労働大衆までを含めた国民全体がかかわるものとなっていった点だけを、指摘しておきたい。この転換において、公教育が果たした役割が無視できないことは、すでにみたとおりである。

自決権を主張するナショナリズム

一九世紀のヨーロッパであらたに形成された独立国家、あるいはイタリアやドイツのように小国分立状態から統一された国家において、なにより国民国家としての一体性を確立することが重要な課題であったことには、すでに触れた。いまだ独立国家を形成していたわけではなかったその他のさまざまな民族集団にとっても、いかに政治的決定権をみずからのものとするか、いかに国家としての独立を達成できるかは、重要な、またみずからに遠いものではない課題として、認識されるようになっていった。

おもに、ヨーロッパ内でも帝国の支配下に置かれていた人びと、たとえばオーストリア帝国内の非ドイツ系のさまざまな民族や、オスマン帝国内の被支配少数民族の人びとは、初期ナショナリズムから展開しはじめた考え方に、大きなインパクトを受けたと思われる。歴史的、文化的な共同体としてのネイションは、その共同体の政治的、制度的表出として国家を形成しているのが当然である、というのだからである。国民国家の原理は、被支配状態からの解放の論理、独立の要求を裏づける論理として援用可能であった。一八世紀後半に、ロシア、オーストリア、プロイセンという隣国によって分割され、地図上から国家としての姿を消してしまったポーランドにとっても、独立の回復を求める運動のために同様のことがいえた。

こうしたネイションとしての自決権や独立を求めるナショナリズムは、二〇世紀にアジア・アフリカで澎湃《ほうはい》として勃興した民族主義運動と、歴史的な文脈は異なるにせよ、同様の位置づけをあたえられるものだといってよい。西ヨーロッパにおける国民形成や国民国家構築のためのナショナリズムとは位置の異なる、民族主義と翻訳されることが多いナショナリズムである。

一九世紀を通じて第一次世界大戦にいたるまで、こうしたナショナリズムにもとづく自決権の主張は、東ヨーロッパやバルカン半島一帯などでさまざまに生じることになった。帝国の側にしてみれば、それらにどのように対応するかが、問題でありつづけた。ヨーロッパ内の国際政治情勢と帝国の側の対応が、ナショナリズムの運動を展開している諸集団に、新たな対立や混乱を引き起こすことにもなった。

たとえば一九世紀なかば、四八年革命の動乱がヨーロッパ各地を吹き荒れるなか、オーストリア帝国内のハンガリーでも、コシュートを指導者とするマジャール人によって独立政府の樹立が宣言された。しかし、マジャール人はいったん政治的自決権を手に入れると、その領域内にいた別の諸民族の動きを、今度は抑えこもうとした。対オーストリア戦争という情勢も大きく作用していたであろうが、そのためにクロアティア人は、オーストリア帝国軍に加勢してハンガリーを叩く側にまわった。ハンガリーの独立はいったん挫折するが、プロイセンとの戦争に敗れたオーストリアは、帝国内の事態を収拾するためにハンガリーと妥協（アウスグライヒ）を結んだ。一八六七年のことである。これ以降マジャール人はドイツ人と並んで、オーストリア・ハンガリー二重帝国という形式のもとに、第一次世界大戦に敗れて二重帝国が解体するまで、帝国内の多数の諸民族を支配する側にまわったのである。とくに一八九〇年代に建国千年祭などを契機に展開されたマジャール化の政治は、領域内のクロアティア人など他の諸民族の強い反発を招いたのであった。

ボヘミア（チェコ）など、二重帝国内で支配される側に残った諸民族は、それであきらめたわけではなかった。彼らは、オスマン帝国内で自決権や独立を求める運動を展開していたスラヴ系の諸民族とならんで、一九世紀後半から第一次世界大戦にいたるまでのヨーロッパにおける国際政治の動向に、重要な一角を占める要素となる。オスマン帝国からは一九世紀のうちにルーマニア、セルビア、モンテネグロが独立し、二〇世紀はじめにはブルガリアとアルバニアも独立した。しかし、二重帝国だけでなくロシアやイギリス、ドイツやフランスまでもが自国の勢力圏拡大をねらって干渉し対立するなかで、バルカン一帯の諸民族は独立

バルカン半島　1913年。民族の対立と排他的なナショナリズムのため、「ヨーロッパの火薬庫」といわれた

国家を形成したものもそうでないものも、相互にきわめて排他的なナショナリズムの立場を強め、みずからの利益追求に走った。こうした展開が、スラヴ系の青年によるオーストリア皇太子暗殺事件と、それをきっかけとした大戦の勃発への、いわば爆薬を用意してしまうのである。いわゆる「ヨーロッパの火薬庫」としてのバルカン」である。

ポーランドの場合には、分割される以前においてかつて大国としての過去をもっていたことは、周知であった。しかしそうだからといって、ネイションとナショナリズムを根拠とした独立の回復が容易に進んだわけではなかった。四八年革命で一時成立していたプロイセンの自由主義的立場に立つ内閣は、自国内で展開されたポーランド独立運動をにべもなく弾圧した。ポーランドは第一次世界大戦の結果、敗戦国のドイツ、オーストリアの両帝国とならんで、革命勃発によってロシア帝国も崩壊したことによって、はじめて独立を回復するのである。やがて、ナチス・ドイツとソ連によって、ふたたび蹂躙《じゅうりん》されてしまうのであるが。

歴史文化的な価値づけ

帝国内での政治参加権拡大や自治権獲得への呼びかけにしても、完全な自己決定権の確立や国家独立の要求にしても、そのような要求を掲げた人びとがそれを正当化するために、自分たちのネイションとしての過去のあり方を喚起しようとしたという点は、すでに一瞥《いちべつ》したドイツやイタリアなどの場合とまったく同様であった。民族固有の起源に根拠を求めようとし、過去の国家の存在に歴史文化的な正統性を根拠づけようとする姿勢は、民族主義としてのナショナリズムに共通するものである。

たとえばチェコ人の場合、一四世紀の中世ボヘミア王国の歴史が黄金時代として、ナショナリズムの立場からことさらに強調されることがみられた。じつは第一次世界大戦前においてチェコの政治家たちは、独立を求めるのではなく、より現実的に二重帝国の連邦化による自主的な決定権を求めていた。第一次世界大戦後にチェコスロヴァキアとして独立国家を形成したのは、大戦終結にともなう帝国解体の政治力学を彼らが見きわめた結果である。しかし独立後も、ハンガリーやポーランドとの領土問題だけでなく、ドイツ人など国内に少数民族問題をかかえ、チェ

スメタナ　チェコ国民楽派の祖。連作交響詩「わが祖国」の第２曲「モルダウ」が著名

コ人にたいするスロヴァキア人の不満と対立も顕在化することを避けられなかった。これらは、直近ではドイツ系住民保護を主張したナチス・ドイツによる侵略や、さらには現代のチェコとスロヴァキアへの国家分立という事態にまでつながってくる。

音楽のような、一見したところ政治性とは遠いかに思われるものでも、こうしたナショナリズムとおおいにかかわるものがあった。とくに民謡や民族固有の音楽の探究は、そうした傾向を代表している。一九世紀から二〇世紀にかけて、すぐれた音楽家が民族意識の鼓舞や

コダーイ（左）とバルトーク　ともにブダペスト音楽院で学び、ハンガリー民謡を収集、民族音楽を現代に生かす

シベリウス　交響詩「フィンランディア」はロシア支配下の民族意識を煽ると上演を禁止されるほど支持された

高揚を求めて作品を残し、あるいは歴史的な独自性を求めて古民謡の探究に携わった。チェコのスメタナやヤナチェク、ハンガリーのバルトークやコダーイ、フィンランドのシベリウスたちは、それを代表する存在であろう。シベリウスが一九世紀末に作曲した交響詩「フィンランディア」は、一九世紀を通じてフィンランドを支配してきたロシア政府によって、フィン人の民族意識を煽動するものだとして上演を禁止された。すでに国家を形成している場合に、国歌があらたな国民統合の旗印とされたのと同様の作用を、こうした音楽は果たす可能性をもっていたのである。

イギリス帝国によって植民地的支配のもとに置かれていたアイルランドでも、同様にみずからの政治的決定権への参加、あるいは自治権を獲得しようとする運動が、一九世紀を通じて展開され二〇世紀に引き継がれた。それについては関連書の記述に譲るとして、ここでは、その運動のなかでもアイルランド独自のケルト系文化の伝統や言語の復権、その維持ということが、一九世紀末から重要な要素となったことにだけ触れておこう。これについてはこの学術文庫から出されている原聖『ケルトの水脈』がかかわっている。

ナショナリズムの大衆化と覇権抗争

ナショナリズムの初期形態が、教育を受けた中間層以上を基本的な担い手としていたのにたいし、一九世紀末から二〇世紀はじめともなると、ナショナリズムの裾野は大きく広がり国民全体へと拡張していったという点については、すでに言及した。一九世紀末までに変容が進んだところでは、産業文明の成立といってよい状況が経済社会についてあきらかとなり、政治においては国民全員が、ただし男のみではあったが選挙権者として参加する代表制民主主義が基本形となる状態が一般化していった。ヨーロッパ諸国では、世紀末までには多くが普通選挙制度や公教育制度を取り入れて、すでに国民の政治的統合の過程をかなりの程度において進めていた、といってもよい。あるいは、初期ナショナリズムにおける国民主義が、一世紀の経験を経て制度として現実的な姿をとり、近代西欧型民主主義が一般化しつつあった。

実態においては経済的にも社会的にも、あるいはまた政治参加においても、格差がさまざまに存在していたにもかかわらず、このような過程における大衆の国民化は、なぜ可能だったのであろうか。現代ドイツの歴史家ヤイスマンが『国民とその敵』(木村靖二編)に収録された講演でいうように、じつは近代におけるナショナリズムの最大の約束は、「一体性のなかでの平等」ということである。ヤイスマンのいうところに耳を傾けよう。

他のたいていの世界観や政治的綱領が一体性や協調を目的を達成するための手段としかみなさなかったり、あるいはまったく注意をはらわなかったりするなかで、ナショナリズムの場合一体性の形成は目的そのものです。一体性を保ちつつ平等を達成するといっても、政治的な改革や社会の変革はなんら必要ではありません。そのために必要な唯一の条件は、その国民に属する者一人ひとりが、その社会的ステイタスに関係なく、自分はドイツ人であるとかフランス人であるとか、またイタリア人であるとかスペイン人であると感じ、そしてまさにそうであるがゆえに同様の帰属意識をもつ他の者たちと平等なのであると感じることができる、という信念が存在すること、これだけです。（辻英史訳）

したがって、さまざまな地域主義があろうとも、それ自体はなんら国民的一体性と抵触するものとは限らず、むしろ一体性内部の下位区分として、国民国家に豊かな内実をあたえる共生関係に位置づけることも可能になる。地域にかぎらず、さまざまな下位区分についても同様である。しかも一九世紀後半になると国民国家は、徴兵制にもとづく軍隊と公的な学校制度という、大衆の国民化においてたいへん大きな位置を占める国家装置を手にしたのであった。国民統合は、これらのまことに多様な回路をとおして、一体的なネイションすなわち国民国家への帰属、同一性の感覚の共有として現実化していった。

大衆の国民化に結果するような、国民国家としての内実を確立しようとする展開は、他の諸国との関係や非ヨーロッパ世界との関係でいうと、富国強兵路線を進もうとする過程と同時並行していた。むしろコインの裏表のように表裏一体であった、といったほうがよい。一九世紀のヨーロッパ諸国にとっては、世紀を進むほどに、世界における有力国家としての政治的な位置の確保と、工業化を経たのちの経済競争における覇権の争奪戦、それらにともなう植民地や勢力圏の獲得競争、こういった一連の展開に身をさらす状況が進行していったのである。

自由主義と結びついた国民主義としてのナショナリズムと国民国家構築の時代のあとに、排外的なナショナリズムをともなった帝国主義と植民地争奪の時代が来る、という解釈は間違っている。少しまえまでは、そのような誤解が流通していたかもしれないが、それは修正しなければならない。国家の内部システムにかかわる国民国家構築の時代は、国家外部との関係でいえば、同時に帝国主義といいうる展開が多様になされた時代であった。一九世紀末に経済規模の拡大にともなって金融資本の役割が増大していった、という点についてはすでに触れたところであるが、これを帝国主義の起点と考えるのは、そこに資本主義の最終段階をみようとしたレーニン主義的な、あまりにも狭隘《きょうあい》な帝国主義理解にすぎない。帝国主義の問題については、もうすこし後段でみることにしよう。

ナショナリズムと排外主義

たしかに一九世紀末には、排外的な性格をあらわにしたナショナリズムが、いずれの国においてもつよくなったようにみえる。そのような歴史的脈絡が存在していた。

工業化が進行するなかで多極化しつつあった経済覇権をめぐる抗争、激化した植民地獲得競争や勢力圏争い、こうした状況において、国家の威信とか権威といった観点が、国民もまた政治参加するようになっていただけに、重みを増して多くのものに共有されるようになっていた。他国には負けるな、当面の競争相手は叩かなければならない、あるいは、自分たちの国がもっとも優れているのだから世界をリードするのは当たり前である、それを阻害するものは排除しなければならない、といったような考え方、というよりも感覚が、優位を占めるようになっていた。

大衆化した新聞は、競争相手にかんするマイナスのイメージ、あるいは脅威の感覚を、さまざまなカリカチュアを用いてひろめた。二〇世紀はじめに、イギリスの『デイリー・メイル』紙は一〇〇万部を超えるという当時としては驚異的な急成長をとげた。その発刊者の名前からノースクリフ革命ともいわれるこの成功は、当時の覇権抗争のなかでイギリス帝国が揺るぎない地位を確保しつづけていることを賛美する記事、反対に競争相手のフランスやドイツを見下しこきおろす記事を配して、ジンゴイズムといわれる大衆の排外的で熱狂的な愛国主義に巧みに取り入ったからでもあった。

ノースクリフ子爵　『デイリー・メイル』を発刊した新聞王。本名、アルフレッド・ハームズワース

一八八〇年代から九〇年代にかけて、世界の景況が芳しくないなかで、自国の経済や社会に問題が生じた際に、それを外部のもののせいにする、というとらえ方が、少なくとも一部において強く表明され、さらには暴力現象まで現実に生じた。なにか国の外部からの妨害があるとか、国内にあって国民として運命を共有していない異分子が悪いのだ、とか、外国人労働者のせいだ、といった風潮である。ドイツではポーランド系

住民が社会的に差別され、南フランスではイタリアからの出稼ぎ労働者が襲撃された。ロシアなどでも、ユダヤ人にたいするポグロム、すなわち襲撃事件が多発した。

そうして国民国家の外部にスケープ・ゴートを立てることによって、国民国家自身の責任を免除して、むしろそのタガをいっそう強化しようというわけである。暴利をむさぼるユダヤ人投機家による国際的陰謀、というような反ユダヤ主義の言説が一部の新聞紙上で繰り返される現象は、世紀末においてはドイツやフランスなどの国々に共通してみられたものであった。排外的なナショナリズムの言説は、ヨーロッパに根強く存在しつづけてきた反ユダヤ主義や、一九世紀末から一定の力を発揮しだしていた優生学的な議論とも、容易に結び合うことになった。

これをナショナリズムの変質とか堕落とだけいって、すませるわけにはいかない。ナショナリズムはその当初から、基準の設定において多様性をもっていたとはいえ、内外の境界線を明確に引くことにおいて成り立つものであった。ネイションとして内部をまとめるために、外部に明確な敵性国家ないし敵国民を設定するか、あるいは自己の特徴や固有性を強調するか、力点のおき方は、国によっても時期によっても、あるいは主張する人によっても異なっていた。国民の一体性を確保すること自体を目的とするナショナリズムは、そのような融通性をもっているからこそ、歴史的な文脈の変化にたいしても対応できたのであるが、その分、一九世紀末におけるような排他的な、排外的な様相をとる可能性は、その当初からつねに内包されていたといわなければならない。東ヨーロッパにおいて独立を目指した少数民族のナショナリズムをめぐっても、状況や程度の差はあれ、それはまったく同様であった。そして現代においても、それはつねにつきまとっている危険な可能性である。

さまざまな帝国主義

アジアの政治勢力との武力衝突

当初はアジア交易に参入するかたちで開始されたヨーロッパ諸国とアジアとの関係は、おそらく一八世紀なかばころから徐々に変わりはじめ、一九世紀になると、ヨーロッパ内部で進行した工業化とそれにともなう経済社会の変化に連動しながら、本格的に変わっていった。直接的な植民地化、ないしそれに準じる形式において介入がはじまる。もちろんアジア各地には、古くからの歴史をもつ国家や、政治的に大きな力を保持する勢力が存続していたから、この展開はそうたやすく進むものではなかった。そこで、ヨーロッパの国家によるアジアの国家との直接的な戦争、あるいはアジアの政治勢力との武力衝突、といった出来事が起こるようになる。

一八四〇年から四二年にかけてイギリスが清に仕掛けたアヘン戦争は、その典型的な事例である。アヘンという麻薬の取引を清政府が規制しようとしたのを口実に、イギリスは戦争を仕掛けて勝利した。イギリスは、没収されたアヘンにたいする高額な補償金を獲得しただけでなく、アヘン貿易の自由化を含め、いわゆる門戸開放を強要した。すでに鉄板を用い高性能の大砲を備えていたイギリス艦隊のまえに、中国のジャンクの軍艦は相手ではなかった。イギリスは戦略的要地として、香港の統治権をも奪取したのである。

相手が中国のような大国で、ヨーロッパ諸国がいずれも直接介入を追求しているような場合には、連合を組んで制圧にかかる、という事態も生じた。一九世紀なかばにイギリスとフランスが手を組んで中国に仕掛けたアロー戦争は、その事例である。アロー号というイギリス船籍の小さな船が、海賊行為の疑いで清朝警察の臨検を受け、その折にイギリス国旗が侮辱された。この小さな出来事が、イギリスによる軍事介入のきっかけであった。フランスによる軍事介入の口実は、おなじ一八五六年にフランスからの宣教師が清朝の警察によって殺害された、という事件であった。

結末は、この時期の英仏はじめヨーロッパ諸国のねらいのありかを明示している。一八五八年の天津条約にしても、六〇年の北京条約にしても、基本は、貿易とキリスト教布教の自由化、外国人の国内移動の自由化といった、門戸開放の要請であった。経済の動きの自由化、中国もヨーロッパ基準の政治社会にせよ、という要求である。この時期にウェスタン・インパクトは、文字通りの軍事介入という形式をとるようになっていた。こうした中国情勢が幕末維新期の日本の政治選択に大きく作用したことは、いうまでもない。

イギリスとフランスの植民地帝国形成

一九世紀を通して第一次世界大戦にかけて、ヨーロッパ諸国による植民地帝国形成への動き、植民地争奪の展開は激化する。それはアジアのみでなく、あらたにアフリカを含めた世界各地を対象とするものであった。状況を、大きく整理してまとめてみよう。

この植民地帝国形成の先頭に立ったのは、一八世紀を通して優位を確保していたイギリスである。イギリスは、東インド会社を介したインド支配から直接統治へと舵を切り、これに抵抗して引き起こされたインド大反乱を抑圧すると、一八七七年にはインド帝国を成立させて、イギリス女王であるヴィクトリア女王をインド皇帝とする直接統治体制を布く。インドを拠点化したイギリスは、アフガン一帯では南に勢力圏を拡大したいロシア帝国を牽制し、またペルシア湾岸とアラビア半島でも発言権を強めた。インドへの海の道の要衝に位置するスエズ運河をめぐって、一八七五年に運河運営会社の株式をエジプトから買収して支配権を確立したイギリスは、さらに八二年にはウラービー・パシャの蜂起を軍事制圧して事実上エジプトを支配下に置いた。

さらに南アフリカでは、ナポレオン戦争後にすでにケープ植民地を確保していたイギリスは、そのすぐ北側に位置するトランスヴァール共和国とオレンジ自由国に戦争を仕掛け、一九世紀末から二〇世紀はじめにかけて圧倒的多数の軍勢を送り込んで、この地の軍事制圧と支配強化を進めた。ブール（ボーア）人というオランダ系植民の末裔《まつえい》が形成していたこれらの国では、豊かなダイヤモンド鉱山や金鉱が発見されていたのである。さらに一九世紀を通じて進められたオーストラリアとニュージーランドへの植民活動の本格化、東南アジアでのマレー半島からビルマにかけての支配権確保などとあわせると、イギリスの植民地帝国は文字通り地球世界を覆うものとなっていた。

そのイギリスを追ったのは、フランスであった。ナポレオン三世の第二帝政と、なにより第三共和政のもとで、海外膨張を本格化するようになる。一八世紀にインドや北アメリカでイギリスに敗れたフランスは、マルチニックやグアダルーペといったカリブの島々では権益を確保した。これらは、一九世紀に支配下に置いたタヒチやニューカレドニアなど太平洋の島々と並んで、現在にいたるフランスの海外県、海外領土のもととなる。

フランスは北アフリカで、地中海の対岸に位置したアルジェリア、チュニジア、モロッコというイスラーム圏に属する諸国を、つぎつぎと軍事制圧して支配下に組み込んだ。これらのいわゆるマグレブ三国は、二〇世紀後半になると独立することになるが、これらの地から導入された労働移民は、フランス本国に現在にまでいたる移民問題を残すもとになる。いわばフランスは、一九世紀以来の強引な膨張政策のツケを、いまだ払い続けているともいえるのである。アフリカでは、サハラ以南においてもフランスは、海岸部と内陸部のいずれを問わず、植民地あるいは勢力圏の拡大に奔走した。

アジアでは、フランス植民地として大きな存在になったのはインドシナ三国であった。アフリカでの膨張政策が現地でしばしば激しい抵抗に遭遇したのと同様、アジアでの軍事展開も容易ではなかった。はじめカンボジア、ついでヴェトナムを軍事制圧したフランスは、インドシナ連邦、すなわちフランス領インドシナを一八八七年に成立させた。ラオスも征服されてここに組み込まれたのは一八九三年、いずれも第三共和政時代である。植民地帝国形成については、皇帝派も共和派も、政治的立場を超えて推進派であった。

東南アジアの植民地化とアフリカ分割

英仏と並んで古くから活発な海外活動を展開してきたオランダは、一九世紀なかばにはアフリカからは撤退し、ジャワやスマトラ、ボルネオを中心として、主に現在のインドネシアの領域にあたる東南アジアにおいて、植民地支配を強化する方向へ転換した。かつての帝国スペインは、中南米諸国の独立後もキューバや、アジアのフィリピンなどいくつかの島々を領有していたが、これらは、一九世紀末に海外進出を本格化しだしたアメリカ合衆国との戦争の結果、グアム島やプエルトリコ島と同様、合衆国に譲渡せざるをえなかった。スペインはアフリカ西岸にもいくらかの領土を保持していたが、もはや過去の面影はなかった。かつての海洋帝国ポルトガルも同様であったが、しかしポルトガルはなおアジアではマカオ、チモール、ゴアといった拠点を確保し、アフリカでも西岸寄りに散在していた拠点から、一九世紀後半になると勢力圏拡大へとふたたび動き出す。

一九世紀の国民国家構築と並行していた殖産興業は、他方で相互の競争をにらんだ富国強兵政策をともなっていた。世紀転換期の英独によるいわゆる建艦競争を待たずとも、一九世紀を通じてどの国も、それまでになかったような軍備強化を進めた。鉄の需要を喚起する軍拡路線は、工業化の促進と国内産業育成政策とも照応する。後れて統一国家を実現したドイツやイタリアも、後ればせながら植民地帝国形成に参入した。とりわけドイツは、強力な富

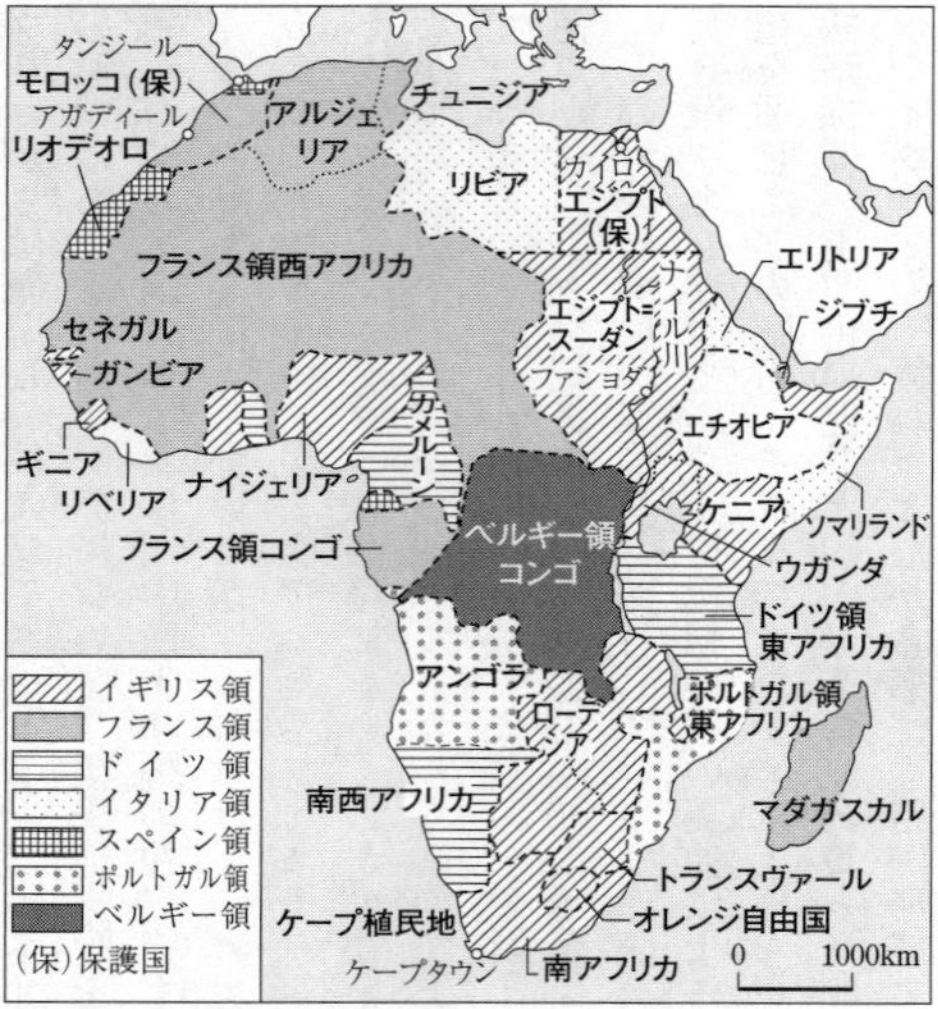

列強によるアフリカの分割　1914年

国強兵政策を遂行することによって、植民地争奪における台風の目のような存在となった。

ドイツは、アフリカ南西部や中央部に植民地ないしは勢力圏を獲得しようと動き、太平洋の島々や中国への介入でも後れを取るまいと、積極的に外交の場での国際交渉に関与していった。皇帝ヴィルヘルム一世時代の、いわゆるビスマルク外交である。ビスマルクは、ヨーロッパ内ではドイツの孤立を避けるように同盟政策を進め、いわゆる「アフリカ分割」には乗り遅れまいと主導権をねらった。しかしそのビスマルクと衝突して彼を退けた、つぎの皇帝ヴィルヘルム二世は「世界政策」を掲げ、より直接的に軍事力でイギリスやフランスの展開に割ってはいろうとした。二〇世紀はじめともなると、ドイツによるイギリスとの軍拡競争、モロッコをめぐるフランスの展開への介入が、国際政治にあらたな不安定要因を加えたのである。

イタリアもまた、地中海をはさんだ対岸にあるトリポリからアフリカ北部を東側へと、勢力圏を確保しようと展開した。そうしてエリトリアやソマリランドの一部を支配下に置くのであるが、アビシニア、すなわちエチオピアへの展開は、現地軍に敗れて失敗した。その膨張政策の手は東アジアにまで伸ばされ、中国での租借地争奪にも参入している。

こうして、ヨーロッパ内部においては民主主義的な諸制度が前進し、科学技術も大いに発展した時代は、ヨーロッパ外部との関係でみれば、侵略がなんの躊躇《ちゅうちょ》もなく推し進められた時代であった。いったいそれは、なにゆえだったのであろうか。

博愛的帝国主義と責務の感覚

キリスト教世界の拡大、というレコンキスタ以来の論理は、一九世紀のヨーロッパ諸国の展開において姿を消してしまったわけではなかった。しかし一九世紀においてカトリック教会は、全体として世俗の国家と協調できる立場にはなかった。イギリスはプロテスタント国家であったし、ビスマルクのドイツも対立を明確にしていた。カトリックが国民の多数派であったフランスでも、植民地帝国形成を本格化した第三共和政の政治家たちの多くは反カトリック、ないしプロテスタントであった。

一九世紀においてキリスト教世界の拡大と、ヨーロッパによる世界支配の正当化を結びつけたのは、むしろプロテスタントであった。その考え方は、現代イギリスの歴史家ポーターにならえば博愛的帝国主義、あるいは、インド生まれでノーベル賞を受けたイギリス人作家キップリングの表現を借りれば、責務の帝国主義とでもいえるものであった。

それは、ヨーロッパによる介入こそが、非ヨーロッパ地域の人びとを救済することになる、という考え方である。いまだ貧しく、無知で、非衛生的で、進歩とも適合的でない社会に暮らしている人たちに、進んだヨーロッパの制度や法律、学問知識、そしてなによりキリスト教の信仰と世界観を広めることによって、それらの地域の人びとを救うことができる。こういう信念は、むしろそうすることがキリスト教徒の使命なのだ、という責務の感覚をともなうものであった。

一九世紀前半から現れる博愛的帝国主義は、奴隷取引の根絶を求める人道的な主張ともつながっていた。もともと、大西洋交易のなかでヨーロッパの商人たちが積極的に携わることによって発展した奴隷取引は、一部の奴隷商人に莫大な利益をあたえ、イギリスやフランスなどでは経済発展のもととなる資本にもつながっていた、とみられている。しかし、人間の自由を束縛して商品として扱うという、この最悪の商業行為は、さすがに一八世紀末から、一部に大きな反対の声を生み出していた。ほぼ一九世紀なかばまでには、奴隷制はヨーロッパでは禁止がいきわたるが、しかし東アフリカや中央アフリカでは、奴隷の取引は現地の商人を引きずりこんだまま存続していた。その廃止を求めて、ヨーロッパ諸国の政府は積極的にアフリカに干渉すべき人道的な責務がある、こういう考え方が表明された。

スコットランドの宣教師リヴィングストンの場合が、日本では有名であろう。一八四〇年にアヘン戦争が勃発して中国行きをあきらめた若きリヴィングストンは、ロンドン伝道協会の医療伝道師として、まだ正確な地図もなかったアフリカの奥地に向けて出発した。現地の人びとに医療を施しながらキリスト教の布教にあたろう、奴隷取引をやめさせてイギリスとの貿易に切り替えさせよう、というミッションである。彼はアフリカにおける長年にわたったその経験から『伝道旅行記』のほか、『ザンベジ川とその支流』という地理学的な探検報告書も刊行している。

こうした博愛的、人道的、さらには科学的な意図をもったミッション活動とその報告書のたぐいが、どのようにしてヨーロッパの人びとの帝国意識拡大につながっていったのかについて、正確にフォローすることはむずかしい。しかしそれでも押さえておかなければならないのは、こうした善意の活動が、その向けられた社会に暮らす人びとの意思や意図をほとんど意にも介さず、ヨーロッパ基準の考え方を押しつけるもの以外ではなかった、という現実である。それがもたらした知見は、ヨーロッパによる「アフリカ分割」といわれる支配争いに、少なくとも結果として役立つことになった。

リヴィングストン　宣教師としてアフリカで布教と医療活動をし、奴隷取引廃止を訴えた

地理学的探検のような、意図としては純粋な学術調査についても、同様のことが指摘できる。それま

では外部の人間にはまったく分かっていなかった土地について、そのような調査は正確な知見をあたえてくれるものとなる。しかし同時にそれは、支配や制圧に向かう軍事行動が容易にできる下地をも、あたえるものとなってしまった。たとえばフランスの地理学協会は、その当初から植民地帝国形成の意図と結びついて発足したわけではなかったが、一九世紀後半になると、この協会が組織や後援をした調査探検は、あきらかにフランスの帝国的な拡大と結合した位置を占めるようになった。イギリスやドイツなどについても同様である。

文明化の論理と植民地

一九世紀後半になると、博愛的帝国主義はキリスト教的な要素なしにでも、文明化の進んだ歴史先進地域であるヨーロッパは、後れた非ヨーロッパに文明を押し広げる使命をもっている、文明化の責務があるのだ、という考え方として、さらに裾野を広げた。なんという過信であろうか。たしかに一九世紀にヨーロッパ社会が実現した科学技術の進歩と、それにともなう社会の変化には、目を見張らせるものがあった。それが、こうした過信をさらに募らせることに寄与したといってよいであろう。

アフリカへの伝道活動が医療行為をも目的の一つにしていたように、医学はヨーロッパ内部の衛生化に寄与すると同時に、外部にたいしてもその実力を行使すべきと考えられた。こうしたヨーロッパからの働きかけは、うまく受け容れられるより、現地社会の住民から無視されたり、意識的・無意識的を問わず抵抗を受けることも少なくなかった。ヨーロッパ化ないし近代化は、そうかんたんには進まない。文明を受け容れられない彼らは、そもそもそれにたいして、また別の言説が登場していた。したがって優秀な文明的ヨーロッパが支配するのは当然である、そのほうが最終的には彼らのためになる、という主張である。一九世紀なかばに『アメリカにおける民主主義』など慧眼《けいがん》の著作を残したフランスの政治思想家トクヴィルが、まさにそのような論調を、フランスのアルジェリア支配正当化のために表明している。あるいは、ネイションについて的確な思考を表明していた碩学ルナンが一八六二年にコレージュ・ド・フランスで市民に向けておこなった講演は、イスラームを狂信的、科学蔑視、市民社会への抑圧として非難し、あらゆる繊細な思考や合理的な研究に目を閉じる「セム系精神の驚くべき愚昧《ぐまい》」を攻撃して怪しまなかった。「未来はヨーロッパとともにある」のだ、と。

ダーウィンが『種の起原』を公刊したのは一八五九年であるが、世紀末になるとそれを人間社会にも適用しようという考えが表明されたことには、第六章でも触れた。人間社会も適者生存による淘汰で進んできた、劣等者は滅びる運命にある、という社会進化論、あるいは社会ダーウィニズムといわれる主張である。ダーウィンが悪いわけではない、悪いのは進化論を勝手に拡張してそう主張した似非《えせ》科学者である。こうした論調がさらに進めば、優秀な人種のみが生存して世界をよくしていけばよい、劣等な人びとは消し去ったほうがよい、というきわめて乱暴な言説になる。じっさいそうした考え方は、優生学という衣をまとって世紀末に登場してくるのである。そうなると、ヨーロッパによる植民地帝国などは当然であって、あえて正当化の必要もない、ということになる。

誤解のないように断っておかなければならないが、こうした乱暴な言説が当時の多くの人びとをとらえていたわけではない。同時代には、ヨーロッパ近代についての根本的な疑義の提出や、その批判的な考察も他方では生み出されていたのである。しかし、大方の国民において、知識人も民衆も、政治家も実業家も、ほとんどすべての人たちが、自分たちは文明の先端にいるものと思いこみ、その文明を拡大することは当然の使命だ、と考えていたのである。植民地獲得のための軍事行動を批判した各国の社会主義者たちにしても、自国の労働大衆が兵士として犠牲になることへの批判はあったにしても、侵攻を受けて植民地化されていく現地の人びとへの心配りは、まずみられなかった。

利害第一の経済帝国主義

ヨーロッパの人びとに文明化の責務といった感覚が共有されえた背景には、その圧倒的な物質的優位もあった。ただし、植民地経営がほんとうに本国にとって経済的に見合っていたのかどうか、結局は赤字ではなかったのか、という点については研究者のあいだでも意見は一致していない。どのような要素をどこまでどのように考慮に入れるのかが、まずもって問題になるからであろう。そもそも、ヨーロッパ諸国による植民地帝国形成の追求が経済利益を第一の目的としていたのかについても、意見は一致していない。しかし少なからぬ場合

投資総額	3763.3		
帝国内（自治領・植民地）	**1780.0**	**帝国外**	**1983.3**
カナダ	514.9	アメリカ合衆国	754.6
オーストラリア・ニュージーランド	416.4	アルゼンチン	319.6
南アフリカ	370.2	ブラジル	148.0
西アフリカ	37.3	メキシコ	99.0
インド、セイロン	378.8	その他ラテンアメリカ	170.0
海峡植民地（マレー半島南部）	27.3	ロシア	110.0
イギリス領北ボルネオ	5.8	その他ヨーロッパ	108.6
香港	3.1	エジプト	44.9
その他の植民地	26.2	日本	62.8
		中国	43.9
		その他	121.9

イギリスの海外長期投資額と投資先（1913年、単位：100万ポンド）
アンドリュー・ポーター『帝国主義』（福井憲彦訳、岩波書店）より

に、そこに経済的利害や打算が作用していたことは、間違いない。あえていえば、経済帝国主義である。

　イギリスによる南アフリカの軍事制圧と支配強化が、金やダイヤモンドに目がくらみ、といわれてもやむをえない点には、すでに触れた。資源問題である。インドやエジプトへの支配は、原綿の生産とも絡んでいた。あらゆる資源が、工業化の発展のなかで求められていたことは現在とかわるところはなく、かつては軍事力を用いてまでも露骨に追求された、ということである。植民地として直接支配下において資源を調達する、という方式もとられたが、資本の提供を介して支配下に置く、という方式も採用された。直接に軍事的、政治的支配下には置かないということで、これはインフォーマルな帝国主義ともいわれるが、大規模な資源開発には進んだ技術

や巨大な資本が必要とされたからである。

また、よくいわれるように、進行した工業化によって生産された商品の市場を求める動きも無視できない。ラテンアメリカや中国は、大きな可能性をもった商品市場としても注目されていたといえよう。さらに、急速な経済規模の拡大を受けて、余剰資本の投下先としても自国外へ、ヨーロッパ外へと目が向けられた。とくに一八七〇年代からは、ヨーロッパ外への投資が拡大していった。植民地拡大のメリットとして、はっきりと投資先の確保をあげる政治家も存在した。フランス共和政初期のリーダー、あの初等教育法を推進したジュール・フェリーがまさにその例であった。

資本輸出における主要国は、イギリス、フランス、ドイツ、アメリカ合衆国である。そのなかで、ヨーロッパ内外への投資で抜きん出ていたのは、イギリスである。一八七〇年から二〇世紀はじめにかけて、イギリス一国だけで、世界各国による国外投資総額のほぼ半分近くを占めていた。第一次世界大戦直前、一九一三年のイギリスの投資先にかんする数字から、どこに多く投資していたのか確認してほしい。

イギリスは、一九世紀から二〇世紀への転換期には、工業生産ではアメリカ合衆国に追い越され、輸出入の収支バランスでも大幅な赤字が続いていた。石炭以外では、もはや資源にも乏しかった。にもかかわらずイギリスが世界経済の中心を占め、英ポンドが基準通貨であり続けていたのは、このような対外資本輸出や海運、さらには国際保険業などからの大きな収益によっていた。それゆえに、ロンドンの金融の中心シティーは、第一次世界大戦にいたるまで一貫して世界経済の中心であった。

こうした世界経済の展開は、もちろん政治と密接にかかわっていた。経済だけが政治と別個に独自に展開することはなかった。スエズ運河についてはすでに言及したが、この重要な運河はもともと、エジプト自身がフランスの技術援助を受けて建設したものであった。しかし運営資金難からエジプトは、その経営権をイギリスに売り渡した。これが、イギリスによるエジプト支配と密接にかかわっていくことになる。さらに二〇世紀なかばを過ぎると、今度は国民国家としての自己主張を強めたエジプトが運河の国営化を宣言し、それが第二次中東戦争を招くことになるのである。

あるいは、フランスによるロシア国債への投資の大きさは、一九世紀末における仏露同盟の強化をもたらした。共和政フランスと帝政ロシア、両国は政治理念も体制もまったく異なっていたのであるが、それはまったく問題とはされなかった。両者の経済的結びつきの強化は、軍事的な同盟関係の強化と表裏一体であった。

国内対立から目をそらす社会帝国主義

こうした国民国家を単位とする利害対立や利害調整は、国民化の進んだ大衆を含めて多くの国民を、自国の利害について敏感にしていったといってよい。国外での他国との対立と抗争、あるいは自国の成功は、国内におけるさまざまな対立、たとえば対外政策上の農業と工業の利害対立、あるいは労使対立、多様な社会問題、こういった矛盾から国民の目をそらさせるために有効に機能した。

たとえばドイツの場合をみてみよう。国外における経済膨張や植民地獲得で、イギリスなど厳しい抗争状況にあるにもかかわらず、あらたな海軍力をもってすれば困難は解消されるであろう、そのためには内部の混乱を避け、国内対立を停止させることが必要である。労働大衆の利益も国民国家のそれと同一の枠組みにあるのであって、世界におけるヨーロッパの他国との競合に勝つことが、国民すべてのために必要である。こうした政治方針が、現代ドイツの歴史家ヴェーラーが解釈したように、ほんとうにビスマルクのものであったのかどうか、対外抗争の厳しさを共通認識にすることによって国内問題が一時停止をみたというのは事実か、といった各論点については議論がある。

しかし多かれ少なかれ、海外の世界各地における自国の経済や軍隊の展開について、一九世紀末のヨーロッパ各国の国民がきわめて敏感になっていったということは、確かといってよいであろう。植民地帝国形成における諸問題をクリアすることこそが国民の利益に合致している、という意識が労働大衆を含めて広く共有されるようになる状態、国外での対立をもって社会内部の矛盾や問題を二の次にすることへの同意、こうした状態を社会帝国主義の成立というふうに現代の歴史学は表現している。

一九世紀なかばから世界各地を結びはじめていたケーブルによる電信網は、世界各地の情報をヨーロッパ各国内に、相当の速度と密度とで伝えるようになっていた。大衆新聞の成立は、一般国民にそれらを伝える点で、きわめて大きな役割を演じるようになっていた。しかし情報量の拡大だけでは、正確な理解はできない。むしろ脅威感や優越感、競争心をあおり、みずからの利害のみを絶対視するような愛国主義、ないし排外的なナショナリズムをあおることにもつながりかねなかった。まったく自省的な観点を含まない愛国主義は、植民地帝国形成に無条件の支持をあたえた。

しかも、内部の対立や問題を外部での問題にそらし、転化するような無反省な愛国主義は、排外的ナショナリズムのイデオローグだけではなく、労働大衆をその担い手とするものともなっていた。もちろん、それぞれの国がおかれていた状況によっても、社会帝国主義の具体的様相は異なっていた。しかし一九世紀末には、労働大衆みずから、その福利は帝国の発展にかかっているのだとする認識ないし感覚を、広く共有しだしていたことは否定できない。それだけ大衆の国民化、換言すれば国民統合が、進行していたということでもある。

帝国主義とは、金融資本の活動ゆえではなく、金儲け目当ての投機的な行動のゆえでもなく、軍事至上的な軍部や政治家の地政学的判断でもなく、あるいはそれら個々の要因だけではなく、文明化の使命を善意からになおうとした市民、さらには問題解決を切望していた当時の労働大衆までをも引き込んだものだったのである。第一次世界大戦が勃発したとき、いずれの国でも多くの国民は疑念もなく開戦を支持したのであった。

第八章　第一次世界大戦と崩壊する覇権

大戦という破局への道のり

ベルエポックの繁栄と忍び寄る不安

一八九〇年代なかばころからヨーロッパの工業先進国では、七〇年代以来の世界同時不況から脱して好況期にはいっていった。一九〇〇年に開催されたパリ万国博覧会では、科学技術の進歩が各地の伝統工芸などと同時に強調され、ヨーロッパが主導してきた文明化の到達点が示された。すさまじい数の電球でライトアップされた電気館が電気の時代の到来を告げ、パリの街中にはロンドンやブダペストについで地下鉄が走った。現在につづくメトロ一号線である。パリ万博の開催は、植民地帝国フランスの威信を示そうとするものであったが、他方では、イギリスだけでなくアメリカ合衆国やドイツにも先を越されたフランス経済にテコ入れする目標もうかがえる。世紀末から二〇世紀初頭にかけての経済の構造転換や拡大発展を体現していた代表は、フランスが対抗を意識していたドイツであった。

ドイツは二〇世紀初頭に鉄鋼生産でイギリスを追い越しただけでなく、あらたな科学技術の進歩と対応した電機産業や化学工業でも他国を圧倒する勢いであった。こうした展開は労働市場のあり方も大きく変えたので、ドイツでは都市部への人口移動が急速に進み、農業労働力に不足が生じるほどであった。ヨーロッパの社会主義勢力のうちでも、議会内でもっとも政治力をもつようになっていたドイツ社会民主党や、その支持基盤であった労働運動のなかには、革命による変革を主張する主流派を批判して、修正主義派が台頭するようになる。構造転換しつつある資本主義がさらに高度化する可能性をもっていることを前提に、議会活動を主とした社会改革の実現を構想すべきだ、とする意見であった。

二〇世紀初頭、第一次世界大戦が勃発するまでの時代は、しばしばベルエポックと称されている。ベルエポックというフランス語の表現は、ただ「よい時代」、「うるわしい時代」くらいの意味であるが、それは大戦という地獄の経験をしたのちから振り返ってあの時代はよかった、という意味で回顧的にいわれたことからはじまった。たしかに、第六章でみたようにこの時代には、都市を足場とした大衆文化ないし消費文化が大きく発展しだしていた。しかし、すべてが順調に社会に繁栄と安定とをもたらし、不満や懐疑もなかったのかといえば、そうではなかった。光あるところには影はつきものである。

経済社会の変化が進んだ西ヨーロッパにおいては、たしかに物質的にも文化的にも生存条件の底上げとでもいえる状況があった。しかしそれでもなお、そのなかでの階級差、社会階層による格差はきわめて大きかった。たとえば、ベルエポックという表現を生み出したフランスの場合をみてみよう。平均寿命は全体として、一八五〇年に男三八歳、女四一歳だったものが、一九一三年には男四八歳、女五二歳にまで底上げされていた。現在と比較しての低さが、依然として乳幼児死亡率の高さに由来している点は、第五章での注意と同様である。

さてそこで、職業を考慮に入れた別の数字をみてみよう。一八七〇年から一九一四年までを平均して、四〇歳時点での男性一万人あたりの死亡者数をみた場合、経営者一万人あたりだと死亡者は九〇名、事務系労働者や店員などでは一三〇名、現業労働者になると一六〇名になる。生存の可能性についても、依然として階級差は明瞭であった。

この時期の失業率は一部の例外を除けば、それほど高かったわけではない。むしろ労働市場は拡大していたので、転職の可能性は大きかった。しかしそれは、高度な技術をもっているわけでない労働大衆にとっては、安定しない転職現象をもたらす結果となっていた。当時の労働者意識を示してくれる直接的な証言は多くはないが、若い労働者のあいだで「古参」という表現が忌避されていたという一証言には、産業労働にたいする嫌悪感が少なくとも一部にはあったことが示されている。それは同時に、出口の見出せない、一種の時代閉塞の感覚に近いものといったらよいかもしれない。

じっさい一九世紀末からベルエポックにかけては、各国で労働者によるストライキが頻発した時代でもある。その要求項目は多様であったが、現代日本の春闘で一般化したようなルーチン化したものではなく、ときに激しい暴力をともない、警察や軍隊など鎮圧部隊との衝突や死傷者をともなうこともあった。都市の消費文化の華やかさの陰には、こうした社会不安の要素が否定しがたくつきまとっていたのが現実であった。

一見すると楽観的な、文明を謳歌するような時代、また多様な面で組織化と組織の巨大化とが同時進行しはじめた時代のなかで、体制への反発や憎悪をもつものからは、極端な場合には爆弾テロや集団犯罪に走るようなものも現れた。他方では、世紀末にデカダン（頽廃趣味）などと呼ばれた芸術家たちの試行もふくめて、文学でも造形芸術でも、それまでにはなかったような多様な挑戦が試みられた。そのなかには、時代の基調と同調していったものもあったが、しかしまた、物質的豊かさの陰に想像力の貧困を嗅ぎ取り、権威的で保守的な社会規範に反抗する姿勢を明確にしたものも存在していた。

イギリスではじめられたアーツ・アンド・クラフツの運動やフランスでのアール・ヌーヴォー、ドイツやオーストリアでのユーゲント・シュティルといった傾向は、中世的な職人技や、曲線を多用した生命的な表現を称揚したデザインで注目されたが、そういうアンビバレンスを内包するものであった。すなわち、一方で、産業文明が生み出した画一的で粗悪な、と彼らが感じた生活環境を徹底的に批判しつつ、他方では建築や家具、ポスターや日用の工芸品など、絵画と彫刻を中心としたアカデミズムとは離れたところに進出することで、芸術的なきらめきにおいてむしろ時代の寵児《ちょうじ》となったところがある。世紀末からベルエポックの都市文化の装飾性を昂進することに、寄与する結果となったのである。その展開のなかから、二〇世紀のアール・デコなどモダンデザインの潮流が分岐していく。

それでも西ヨーロッパでは、ドイツも含めてベルエポックと表現しうるところはあった。より深刻であったのは、東ヨーロッパや南ヨーロッパである。それらの地域でも、たしかにロシアやオーストリア・ハンガリー二重帝国、イタリアなどで、工業化の一定の進展や国民の政治参加の拡大などはみられた。しかし、依然として多く存在した零細農民は、従属的地位や貧困に不満を募らせ、将来に向けての展望をもてなかった。一方の、発展する一部の都市と支配層、他方の農民、労働大衆の困窮、その格差は甚大であった。アメリカ合衆国に新天地を求めて移住した人の数は、二〇世紀はじめの一〇年間だけで、ロシアから一五〇万人、二重帝国から二〇〇万人、イタリアからは一九〇万人を超え、いずれも世紀末の二〇年間の合計人数を二倍以上もうわまわるものとなっている。

旧来の戦争イメージの存続

一九世紀なかば以降、とくに世紀末から激化したヨーロッパ諸国間の勢力争い、植民地争奪戦、あるいは経済覇権をめぐる抗争は、一方で工業化のいっそうの進展とも連動した軍拡競争をうながすとともに、他方では戦争への危機感をもたらしていた。その危機感がさらに軍備増強をうながし、他国を押しのけてでも自国のみは有利な位置を獲得し、利権の確保や領土拡張を実現しよう、といった考え方を強くさせていた。

オスマン帝国とロシア帝国という二帝国の軍事衝突が、バルカン半島のスラヴ系諸民族の動向をめぐって、一八七七年から七八年にかけて生じた。しかしヨーロッパ内にかぎっていうと、ドイツとフランスが直接対決した一八七〇年から七一年にかけての戦争以降、一九一四年に第一次世界大戦が勃発するまで、主要国間での戦争は経験されていなかった。しかもこの独仏戦争は、すでに工業化の進展を受けてはいたが、近代戦の悲惨さを実感させるまでもなく、ナポレオン三世の捕縛によって戦闘自体が短期で終結していた。植民地などをめぐる戦争はあった。しかしそれらは多くが現地勢力を相手にした局地戦であるだけでなく、ヨーロッパからすれば遠い戦争であり、実感のともなわないものであった。

遠いという点では、一八六一年から六五年にかけてアメリカで起こった南北戦争についても、同様であった。すでにかなりの工業化を経たのちに生じた南北戦争では、性能が向上したライフル銃や機関銃をはじめ、初期の潜水艦などもふくめて近代兵器が使用されはじめていた。それにもかかわらず、四年間にわたった内戦では、兵員の展開は旧来型の戦法を踏襲していた。広い戦場で陣形を組んだ大量の兵員が、銃剣をつけて一斉攻撃を仕掛ける、という旧来の方式である。そのために、戦場での病死を含めると、南北両軍あわせてじつに六〇万人を超える死者がもたらされていたのであった。

しかし、ヨーロッパ諸国の軍部も政治家の多くも、こうした戦争を教訓にはできなかった。工業化が本格的に進んだあとの戦争がどのようなものになるのか、正確な予測すらできていなかったというのが、正直なところであろう。さすがに、兵器の破壊力拡大については考慮されていたようであるが、それがかえって短期決着をもたらすにちがいないと、自国有利に楽観的に想定していた向きがある。新聞などの論調もそうであった。一九一四年に現実に戦争が勃発し規模を拡大させていったとき、関連国の軍部や政治家の想定は依然として、いわば旧来の戦争の拡大版以上ではなかった。

軍部や政治家ですらこのような状態であったから、いずれの国においても大多数の国民にしてみれば、あらたに本格的な戦争になった場合にどれほどの人命が失われ、悲惨な状態におちいるかなど、まったく想像の範囲を越えていたようである。排外的ナショナリズムや時代的な閉塞感から、戦争が起これば状況を変えられるのではないか、状況が好転するのではないか、と幻想を抱く人たちも少なからずいた。既存体制の転覆を試みる革命家たちのなかにも、そのきっかけになるものとして、戦争が起こることに期待をつなぐものがいた。

大戦が勃発したとき、軍部と治安当局は徴兵忌避や反戦運動を警戒したのだが、むしろ召集されていなくとも志願する若者たちが各国でみられた。防衛戦だという戦争目的をうけて、愛国心やナショナリズム、ヒロイズムから志願した、という面もあったに違いないが、また他方、前線での従軍を日常性からの脱出、閉塞感からの脱却とする向きがあったことも、否定しがたい。開戦の報は、一部に愛国心の爆発で迎えられる現象を引き起こしたが、もちろんすべてがそうだったわけではない。とくに農繁期に向かっていた農民たちは、困惑をもって受けとめたことが分かっている。いずれにせよ広く戦争への幻想はあっても、正確な戦争イメージは不思議なくらいに欠落していた。

同盟関係の模索と陣営の二極化

軍部や政治家の戦争イメージが旧来のものから脱していなかったとはいえ、いずれ戦争の可能性があるという観測は、時期による濃淡はあれ、各国指導層につきまとっていた。諸国の利害が錯綜するなかでいずれの国も、一国だけで安全保障が可能だとは考えなかったので、さまざまな同盟関係が模索されることになる。

独仏戦争後に、ドイツとフランスとの鋭い対立はいっそう増幅した。あらたに統一を実現したドイツ帝国は、初代首相ビスマルクのもとで、ロシア、オーストリア・ハンガリーとのあいだで「三帝同盟」を結ぶことによって、フランスを軍事的に孤立させておくという政策をとった。しかし、オスマン帝国弱体化をうけた一九世紀後半からのバルカン半島情勢は、スラヴ系諸民族を後押ししながら勢力拡大をねらうロシア帝国と、セルビアをはじめとした南スラヴ人勢力の強大化を危惧《きぐ》するオーストリア・ハンガリー二重帝国とが、ことにつけ対立しあう構図となっていた。

この両帝国の対立は、ドイツが構想した同盟関係から実質を失わせるものとしたので、ドイツはあらためて秘密裡にオーストリアと軍事同盟を結ぶと、さらにイタリアを巻き込んで三国同盟を結成し、他方ではロシアとのあいだに再保障条約を交わして、仮想敵国フランスを孤立させておく安全保障のあり方を軌道修正した。しかし、こうした外交政策を推進したビスマルクを一八九〇年に更迭したヴィルヘルム二世が採用した強硬な「世界政策」は、かえってドイツの国際政治上、軍事上の位置を危うくしていく。経済大国にのしあがったドイツは、軍事大国化しつつあった。

ドイツによって再保障条約の更新を拒否されたあと、ロシアは、フランスとの同盟関係の締結とその強化へと舵を切った。第七章ですでに述べたとおり、これは、フランスからのロシアへの投資ともかかわる同盟関係であるが、他方では、急速に強国化しつつあったドイツをにらんだ明確な軍事同盟であった。ビスマルクが維持したフランス孤立化政策は、一八九〇年代なかばまでに霧消した。

ヴィルヘルム二世のもとで明確にされたドイツの強硬な軍事姿勢、外交姿勢は、ヨーロッパ内の国際政治から一線を画してきたイギリスの態度にも、変化をよぎなくさせることになった。帝国の維持発展に腐心していたイギリスは、長年フランスとも対立してきた。しかし二〇世紀になると、北アフリカでイギリスがエジプトを支配下に置くことの承認と引き換えに、フランスのモロッコにおける権益を承認した。一九〇四年の英仏協商は、いわば帝国間の取引成立を意味している。ドイツによる海軍増強やモロッコへの直接干渉は、ドイツにたいするイギリスの警戒心をさらに強める方向に作用した。イギリスは、もしドイツがベルギー領を通ってフランスに侵攻する場合には、ドイツと戦うことも辞さないという方針を固める。イギリスはロシアとも英露協商を一九〇七年に締結、西アジアにおける両国の利害を調整し、ドイツによる進出に事前に備えることになった。これらの英仏、英露の協調関係は、仏露同盟とあわせて三国協商という、三国間の軍事も含めた同盟関係を事実上成立させることになった。

こうしてヨーロッパ内には、英仏露という三国協商と、独墺伊という三国同盟とが、それぞれの利害関係を意識して連携、対立しあう二極化の構図ができあがった。

しかし、二〇世紀初頭におけるこうした構図においても、じっさいにどのように戦争が起こりうるのかという具体的な想定は、ほとんどなかったというほかない。同盟関係といっても、それがただちに共同軍事行動を意味するわけではない。二極化といっても、二極が正面衝突するような事態が想定されていたわけではなかった。三国協商側にとっての共通の利害関心は、台頭するドイツを抑えることの一点であった。これらの同盟関係は、いかに軍事同盟といっても、いうなれば平時の駆け引き以上ではないから、じっさいに戦争となった場合にどのように有効に機能するかは、保証の限りではない。現実の事例として、イタリアの場合をみてみよう。

イタリアは、一八八〇年代はじめに北アフリカへの進出をめぐってフランスと対立するなかで、おなじ後発の統一国家としてフランスと対立していたドイツと手を組んだ。その結果としてオーストリアとも組むことになったのだが、しかしイタリアにはトリエステ一帯など、オーストリアによってながらく支配下に置かれてきた「未回復の国土」があった。イタリアにしてみれば、手を組むことで国土返還の機をうかがうかたちとなったが、大戦が開始されたあともその要求実現は進まなかった。当初は様子見をして中立政策をとったイタリアは、英仏側が「未回復の国土」のイタリア返還を保証したことで、一九一五年五月、それまでの同盟国オーストリアに宣戦布告することになるのである。

とくにイタリアが二股をかけて小賢しいことをした、などといいたいのではない。いずれの当事国もなにより自国の国益を最優先したから、同盟関係もそれとの関係で発動させる意思がなければ絵に描いた餅以上ではない、という事例である。自国の領土や支配圏の保全と、できうればその拡大、という意図は、この大戦におけるすべての当事国に共通した関心であった。われわれは、一九一四年にヨーロッパの主要国が戦争になだれこんでいったことをすでに知っているから、ベルエポックに生じた多様な動きをなんでも大戦前史のようにとらえがちであるが、しかし当時を生きていた人たちは、先行き不透明なまま同盟関係を手探りしていたにすぎない。

漠然と、戦争がありうるという感覚は共有されていた。だからこそ、同盟関係を模索する動きが忙しかった。徴兵制の強化や軍備増強の方向もとられた。しかし他方で、一八九九年と一九〇七年には、ロシア皇帝ニコライ二世の招請にもとづいて、オランダのハーグで国際平和会議が開催され、戦時国際法にかんする議論や戦争回避の模索もおこなわれていた。戦争への切迫感が、それほど共有されていたわけでもなかった。

もっとも鋭く対立していたドイツ、フランスはいずれも相互に、ありうる衝突への備えは進めていた。フランスは、ドイツとの国境地帯、アルザス・ロレーヌと隣接する地域に注意を集中していた。ドイツは、二正面作戦を避けてまずフランスを破るという電撃戦の机上計画、シュリーフェン・プランを練っていた。しかし、いつ、どのように戦争がありうるかは、誰にも予測はできなかった。

長期化した戦争と総力戦体制

戦争の勃発と誤算の連続

サラエヴォ事件　ボスニアの首都を訪れたオーストリア皇太子夫妻（中央右）が暗殺された事件は、世界を巻き込む未曾有の大戦争の引き金となった

政情不安定であったバルカン諸国を舞台に、独立や勢力圏をめぐる戦争が勃発した。一九一二年と一三年と、二次にわたる戦争である。バルカンは、オーストリア・ハンガリー二重帝国にとってはみずからの膝元である。少なくとも二重帝国の指導層はそう考え、膨張政策をとって、オスマン帝国領であったボスニアとヘルツェゴヴィナの両地方を、一八七八年のベルリン条約で保護管理下に置き、一九〇八年には併合していた。おなじベルリン条約で国際的に独立を承認されたセルビアは、もともとスラヴ系住民の多い両地方の併合を望んでいた。そのセルビアが、二重帝国による両地方の管理や併合に猛反発していたのは、当然であった。

こうしたなか一九一四年六月二八日、ボスニアの首都サラエヴォを訪問していたオーストリア（以下二重帝国はオーストリアと略記）の皇太子夫妻が暗殺される、という事件が起こった。暗殺者は、オーストリアのバルカン進出に反対するスラヴ系ナショナリストの青年であった。事件の背後にはセルビアがいる、とみなしたオーストリアは、セルビアを叩く絶好の機会が到来したととらえた。七月二三日に出されたオーストリアからの最後通牒は、セルビアへの一種の内政干渉容認の要求をも含んでいた。これにたいし、セルビアは猛反発し拒否する。オーストリアは事前にドイツと協議し、ことが生じればドイツは同盟関係にあるオーストリアを軍事的に支持する、という同意をえていた。

セルビアのほうは、スラヴ人の大同団結を主張するロシアの支持をえていた。フランスもロシアと軍事的な同盟関係にあり、ドイツとは対立しているので、セルビア、ロシア側につく。たしかにオーストリアによる対セルビアの最後通牒には無理があった。しかしロシアもフランスも、まだそれほど事態を深刻には受け止めていなかったようである。これまでと同様、外交交渉でなんとかなる、そう考えていたのかもしれない。フランス大統領ポワンカレは、すでに七月一五日に出航し、予定どおりロシア親善訪問旅行を開始していた。

しかし現実には、誰も予想しないうちに、この暗殺事件が大戦争への引き金となった。最後通牒の猶予期間が切れたあと、七月二八日、オーストリアはセルビアに宣戦布告した。ドイツは、各国の戦争準備が整わないうちに電撃的に勝利を収め、外交取引の場に持ち込みたいと考えていた。ドイツもオーストリアも、ロシアを敵にまわしていたので、敵に囲まれたかたちであった。しかしロシアは巨大国家であるから、現実に準備を整えて戦闘可能になるまでには時間がかかる。まず宿敵フランスから押さえ込めばよい、というシュリーフェン・プランがドイツの構想であった。

七月三〇日にロシアがセルビアを支持して総動員令を出すと、ドイツはオーストリアとの同盟関係を理由にロシアに宣戦布告、さらにロシアとの同盟国フランスにたいしても八月三日に宣戦布告した。即刻フランスを北部から攻撃するため、ドイツはベルギーにたいし、軍隊の領内通過を許可するよう求めた。多勢に無勢だから拒否はないだろう、もし拒否されても強行突破すればよい、そう考えた。現実にはベルギーが拒否し、四日に侵攻してきたドイツ軍との交戦がはじまった。ドイツの電撃戦は、読みどおりいくかにみえた。しかし、ドイツにとっては計算違いが生じた。イギリスが、中立を宣言したベルギー領の侵犯を理由にドイツにたいして宣戦布告し、ただちに軍隊派遣の準備にはいったのである。すでにドイツに対応して戦争に突入していたフランスと、イギリスは連合軍を形成して西部戦線で戦っていくことになる。ヨーロッパの多くの国が、芋づる式に戦争になだれ込んでいった。同盟関係は安全保障というよりも、戦争拡大への導火線となった。

開戦後、月日が経つにつれ、オスマン帝国やブルガリア、イタリア、ギリシアなども、それぞれの領域拡大や権益確保の思惑をもって戦争に参加した。ヨーロッパ主要国は植民地や海外領土においても、規模は限られていたにせよ軍事行動を展開した。はじめ中立の立場から両陣営に物資を売って儲けていたアメリカ合衆国も、ドイツ軍による潜水艦無差別攻撃を受けて、一九一七年には連合軍側で参戦し、戦闘の結末に大きな影響力を行使することになる。日本は、日英同盟を理由に一九一四年八月二三日にはドイツに宣戦布告し、大戦に参加した。日本にとってこの参戦が、直接的な戦闘とはほとんど無縁のまま、戦時景気による経済発展や中国における権益拡大を可能にするものとなったことは、周知のとおりである。バルカンの一隅における事件が端緒となった戦争は、誰も予測しなかった世界規模に広がる戦争となり、ヨーロッパの参戦国には最終的に九〇〇万を超える戦没兵士を残すことになる。

戦争の具体的推移については、ここで詳しく触れる余裕はない。フランス領に侵攻したドイツ軍は、首都パリ近くまで攻め込んだが、兵站《へいたん》が十分に追いつかず、部隊の展開も同調を欠いた。誤算である。そこへ、フランス軍の必死の防衛戦がはじまってドイツ軍はかなり押し返された。そうするうち、ドイツにとってはつぎの誤算であったが、ロシア軍が想定より早く東部戦線で戦闘を開始してきた。対応しないわけにはいかない。広大な東部戦線では、両陣営ともの機動戦にもかかわらず、なかなか優劣はつかなかった。

東部戦線のロシア軍　想定より早く集結し、攻撃態勢を整えてきたため、ドイツ軍は対応を迫られた

こうして戦争は、短期で終わるという想定に反して、秋口には、両陣営とも決定力のないままに長期戦の様相を呈することになる。西部戦線の長期戦は、塹壕《ざんごう》戦となった。塹壕とは、地面を深さ二メートルあまり掘りさげ、あたかも網の目の細い道路のように陣地に張りめぐらした溝のことである。塹壕戦とは、敵軍とにらみあうかたちで塹壕を掘りめぐらし、

要所には堅牢な要塞を設けて地上に姿をみせないまま動きまわりながら、敵への攻撃の機会をうかがう、という方式である。予期しなかった長期化のなかで、まず武器弾薬が両陣営とも不足していったということもあって、一四年の段階では塹壕の兵士たちの緊張はそれほど高まったわけでもなかったようである。むしろ、日々の時間を過ごす劣悪な条件と冬の寒さとが、塹壕にこもる兵士たちの心と体を蝕んでいった。

戦争に突入するにあたって、両陣営とも指導者が掲げたのは、これは祖国防衛の戦いだという理由であった。やむをえない防衛戦なのだから、国内対立は一時停止しなければならないとして、城内平和とか神聖連合という一致団結のキャッチフレーズが掲げられた。悪い敵から自国を守る戦争は短期決戦で終わるであろう、という指導者たちの掛け声は、多くの国民からもはじめのうちは合意をえたようであった。しかし、戦争は行方も明確でないまま長期化していった。のちから振り返れば、開戦当初の激戦を経た一四年末から、両陣営とも武器弾薬が不足してきたとき、停戦する機会がないわけではなかったかもしれない。しかし、祖国防衛を掲げていたどちら側の指導者とも、撤退の論理をもっていなかった。工業化以後の戦争がもたらす悲惨を、想像する力にも欠けていた。

長期戦における被害の拡大と前線兵士の連帯感

工業化したヨーロッパの生産技術は、戦争のためにも最大限動員されるようになる。長期化した塹壕戦の戦闘のなかで、それまでになかった兵器が開発され、すでに開発されていた

塹壕を掘る兵士たち　泥の溝にこもり、長期間の戦闘に耐える戦場生活を強いられた兵士には、連帯感が芽生えた

兵器は性能を向上させた。

従来型の兵器でも、たとえば大砲は、砲弾の種類が多様化し、大型化したものの射程距離は恐ろしく延長した。同時に小型で機動性にとんだ火砲も、各種の開発が進められた。すでにあった機関銃はその性能が急速に向上させられ、あらたに開発された火炎放射器や毒ガス兵器などとともに、塹壕戦への対応が図られた。時期に差はあれ、これらについては両陣営とも同様の開発が追求され、同様の使用が進められた。たまらないのは、出撃で塹壕を飛び出し兵器の矢面に立った指揮官や一兵卒である。

塹壕戦は、銃撃や大地の凹凸にも対応できる戦車の開発もうながした。イギリスによる戦車開発の先行は、西部戦線において連合軍側が優位に立つようになった一要因とみなされている。飛行機による空爆も、まだ初歩的な方式ではあったが本格化し、戦争の後半には戦闘機による空中戦も展開するようになる。爆撃のための飛行船の使用もドイツ軍によってなされ、恐れられた。海においては、すでに戦前から戦艦の大型化と多様化とが顕著に進行していたが、戦時下に潜水艦の性能もドイツ軍によって急速に向上させられた。

武器の大型化や戦闘規模の拡大は、前線における兵士の殺し合いだけでなく、砲撃や爆撃による町や村の完全破壊までをもたらし、ときにそれは非戦闘員の市民をも巻き添えにしたものとなった。

塹壕では、いつ突撃命令が出されるかもわからない。いつ敵軍からの砲撃や突撃にさらされるかもしれない。つねに緊張を強いられる日々を長期にわたって送る兵士たちのあいだには、強い仲間意識が醸成されていった。それは、両陣営いずれにも共通した現象であった。近距離で敵軍とにらみ合い、冬は寒さにかじかみ、泥の溝にこもって耐え忍ぶ兵士のあいだに生じた連帯は、塹壕共同体ともいわれる。軍による内容検閲にもかかわらず、銃後の家族や恋人への手紙は相当に出されていたが、しかしまた、前線に比べればはるかにのんびりした後方生活とのギャップの感覚から、兵士たちは逃れようがなかった。塹壕戦の悪条件下における緊張の経験の共有は、戦後の在郷軍人会の組織化へとつながるものであったが、他方でまた、戦後にまで尾を引く心理的なトラウマのもとになったものでもある。

西部戦線に登場した戦車　イギリス軍の開発した戦車が初めて戦場に投入され、西部戦線で連合軍が優位に立つ

後方における武器弾薬の生産体制を立て直した両陣営は、一九一六年には、日常的に繰り返されていた小規模

な攻撃とはまったくスケールの違う、総攻撃を実行した。フランス東部に位置するヴェルダン要塞周辺の攻防戦は、二月から一二月という長期間、ドイツとフランスの両軍あわせて五〇万人と推定される兵士の屍を戦場に残すことになった。両軍の砲撃で森林は焼き尽くされ、大地は波うつように窪んだ。いくつかの村は完全に消滅した。英仏海峡に近いソンムでも七月から九月にかけて、英仏連合軍によって総攻撃が仕掛けられた。しかし残されたのは、破壊と遺骸の山でしかなかった。東部戦線でも、五月から八月にかけてロシア軍によって総攻撃が仕掛けられたが、状況は似たり寄ったりであった。

こうした事態は一九一七年にも繰り返され、すでに長期戦のなかで前線兵士のあいだに鬱積した不満や批判が、不服従や抵抗に転化する重大な要因にもなった。出撃などの命令に従わないということは、即、軍法会議による処刑というリスクがあったわけだから、はっきりした理由がそこにはあったはずである。たいていの場合にそれは、兵士たちにこれでは話が違うと思わせるような、戦争目的の不明瞭化や無意味な攻撃命令の反復であった。戦車や飛行機などの機動力が本格的に併用されるまで、塹壕戦での突撃は、機関銃や速射砲の性能を考えれば、攻撃を仕掛けたほうに多くの犠牲者をもたらすのが一般であった。にもかかわらず、前線の状況を明確に把握していなかったとしか思えないような上部の司令官は、攻撃命令を繰り返した。

フランスでは、一九一七年には軍法会議で三四二七人の反抗兵士に有罪宣告がなされ、五五四名は死刑判決であった。じっさいに処刑された兵士は四九名であったが、しかし前線には、無駄な出撃で倒れた兵士たちの無残な死骸が積み重なっていた。ロシアの場合には、前線兵士の不満は後方における労働者などの要求と重なって、帝国崩壊につながる革命の混乱を引き起こすことになる。ロシア革命における参加者大衆の合言葉は、「パンと平和」であった。

革命によってボリシェヴィキ（のちの共産党）が権力をとったロシアは、一九一八年春にドイツと単独講和を結び、戦線離脱した。にもかかわらず、戦局は英仏連合軍の側に有利に展開していった。それには、一九一七年からのアメリカ合衆国の参戦が大きかった。アメリカ大統領ウィルソンは、中立の維持を主張して再選されたばかりであったが、ドイツ軍の潜水艦による無差別攻撃がアメリカの民間船舶にも多くの被害をもたらすにおよんで、方針を百八十度転換した。こうしてアメリカからヨーロッパへと送り込まれた大量の兵員や物資、資金供与が、一九一八年春から効果をもたらしはじめるのである。ドイツは一九一八年一一月、西部戦線で依然としてフランス領内に食い込んで英仏連合軍と対峙していたにもかかわらず、停戦、すなわち事実上の敗戦承諾に応じた。ドイツ国内では、戦争体制を批判する勢力の台頭や兵士の反乱が起こり、帝政が崩壊する革命情勢のなかでよぎなくされた停戦であった。

総力戦体制の構築

戦争が膠着《こうちゃく》状態となって長期化するなかで、戦争の日常化とでもいえる状態が生じた。参戦したヨーロッパ各国は、規模の拡大した戦争を遂行するためには、総力を傾けてあらゆる物資も人間も、秩序立てて動員する必要にせまられたからである。いうまでもなくこれは、膨大な経費をともなうものとならざるをえない。戦時体制として、ほとんどあらゆるものについて国家による計画的な管理が求められた。軍隊だけでなく、後方も動員した総力戦体制である。すべての国民が、まきこまれざるをえなかった。

国家による管理統制のあり方は、その国のおかれた戦時下の状況によって同一ではなかった。全体として、あとで触れる経済封鎖の影響をきびしくうけたドイツやオーストリアでは、管理統制はいっそう徹底したものとならざるをえなかった。ドイツが大戦中に採用した管理統制の戦時体制は、じきに、革命後のロシア共産党が外国からの干渉戦争のなかで採用した戦時共産主義という経済政策に、参照できる管理モデルとなるくらい徹底した国家主導の体制であった。

大戦以前のヨーロッパでも、すでに社会立法などによって、また多様な行政制度や公的サービス制度によって、公権力による社会生活領域への干渉は大きくなりはじめていた。福祉国家とか社会国家といわれる仕組みへの一歩が、すでに一部では開始されていたといってよい。しかし、いかに組織化の時代がはじまっていたとはいえ、あるいは工業化における殖産興業という上からの政策的関与があったとはいえ、経済や社会の領域における国家関与はきわめて限定的なものであり、市場原理を基盤とする自由経済の原則は守られていた。それがこの大戦の戦時下に、状況に押されて否応なしに根本的な転換をよぎなくされたのである。

最優先されたのは、いうまでもなく戦争遂行を可能にするための軍需生産であった。直接に戦闘行為にかかわる兵器や弾薬だけではない。兵士のための制服や装備、医薬品などについても同様である。短期決戦という当初の予測がはずれたとき、両陣営ともに、軍隊を維持するための生産体制を迅速に立て直すことが急務となった。通常の民生用の工場の軍需工場への切り替え、それらへの原料資源の優先的な割り当て、おなじく労働力の確保が、計画的に遂行されるようになる。ドイツにおいて兵器生産の主軸をなしたクルップ社のような大企業は、そのなかでいっそう優遇されて重要度を高めたが、他方で原料も労働力も入手できない中小企業などは、倒産せざるをえなかった。

兵士として前線に立ったのは、働き盛りの男性である。しかも当初の戦闘から兵員の損失は大きく、たとえばオーストリア・ハンガリー軍の場合には、一九一五年末までに死傷者と捕虜あわせて三二〇万の損失という驚くべき数字が残されている。歴史的に徴兵制を採用してこなかったイギリスでも、兵員の安定供給と国民負担の平等という観点から、徴兵制が実施されるようになった。戦争遂行のためには当然ながら、兵員の補充が確保される必要があったのである。

結果として、後方における通常の労働力はさらに不足となる。それを穴埋めするのに、女性労働力が重視された。開戦前には、それは男の職場だ、といわれていたようなところも、女性の手を借りなければ維持不能になった。兵器や弾薬の生産にも、多くの女性たちが動員され携わった。否応なしに、女性の社会進出が実現した。

さらになお不足する部分には、可能な場合に植民地からも労働力が導入された。とくにイギリスやフランスの場合には、植民地住民は兵士としても戦闘に参加していた。植民地の存在は、思わぬところから重要なものとなった。

総力戦体制下の国家による社会生活全般への介入は、なにより生活物資の統制というかたちで現れた。配給制はその端的な形式である。前線を支えるには、食糧確保は必須である。後方もそれにあわせなければならない。しかし食糧生産は、穀倉地帯が戦場になり、農民の多くが兵士として召集され、肥料も入手困難となるなどして、大きく落ち込んだ。戦時下には流通にも支障が生じた。

こうして主食のパンや原料の小麦はもちろん、それ以外の肉や乳製品、野菜などの食料品から砂糖のような調味料まで、また冬場には暖房のために必須であった薪や石炭などの燃料も、多くのところで配給制の対象とされた。家賃の凍結が命令されたところもあった。戦時下の便乗値上げの防止である。

しかし物資の統制には闇市がつきまとい、社会内部の矛盾や対立を激化させた。戦争の長期化とともに政策への信頼が揺らぎ、戦時下でも後期になるとあちこちで、労働大衆によるストライキやデモがおこなわれるようになる。ロシアやドイツでは、戦争目的への合意の瓦《が》解《かい》とともに、結果として国家とその指導者たちへの信用が急速に失墜していく一因にもなった。

国家によって物資の管理統制が強化された背景には、両陣営それぞれからの経済封鎖作戦が展開された、という背景もあった。いわば大規模な兵糧攻めである。軍需生産に向けられる原料資源の搬入を阻止しようとする作戦が海陸で実行されたが、それだけでなく食糧など生活物資全般についても作戦の対象となった。軍事行動を支える後方の経済社会を混乱させ、敵国の厭戦《えんせん》気分をかきたてようとしたのである。

第一次世界大戦では、意図的な情報操作やプロパガンダが本格的に実行されるようになった。なにより、国民を動員していくためには、その合意をうまく取りつけていなければならなかったからである。開戦にあたって、この戦争は祖国防衛のためだからやむをえず、という正当化を両陣営の政府とも積極的に訴えたのは、その典型である。情報統制という点では、自国内、自軍内の郵便の検閲や、新聞記事の検閲からはじまった情報管理の動きが、じきに事前に計算された情報操作へと進んだ。自国に都合のよい情報だけを意識的に放出し、悪い情報は流させないという、自国民にたいする情報操作はもとより、それだけでなく、敵方の兵士や国民に向けたプロパガンダもこれに加わった。飛行機が使用されるようになると、敵方の上空から、形勢は不利なのだから無駄な抵抗をやめて戦闘を放棄せよ、といったプロパガンダ用のビラが撒かれるような方式も採用されはじめた。

こうして、総力戦のもとで後方の社会生活全般にかかわる国家関与が強化されたということは、政策をそれぞれの部署で統括する専門的なエリート官僚が、その重要性を増したということを意味している。専門知識や技術を備えたエリートないしエクスパートは、政策中枢に位置することによって、やがてテクノクラートといわれるようになる。こうした存在が、二〇世紀の国家運営にとって重要なものとなる。第一次世界大戦は、政治的立場の左右を問わず、イデオロギーを問わず、それが実態として明確に現れはじめ、また意識されるようになった戦争でもあったのである。

崩壊するヨーロッパの覇権

凋落するヨーロッパと台頭するアメリカ

世界の文明化という使命をみずからに課したはずであったヨーロッパ諸国は、世界を巻き込んだ戦争の果てに、開戦時には誰も想像すらしなかった未曾有《みぞう》の被害を相互にあたえる結果となった。被害を正確に把握することが困難なくらい、多方面に残されたマイナスの影響は甚大であった。

直接の戦闘で失われた人命は総計で一〇〇〇万にものぼるとみられ、さらに戦争の混乱にともなう流行病の蔓延でも、多くの人びとが命を落とした。とくに一九一八年四月から西部戦線で流行しはじめたとみられているインフルエンザは、すぐにフランス、スペインを席巻したことから「スペイン風邪」といわれるようになったが、じつにはるかに戦禍を超すほどの被害をあたえる大流行となった。中国はじめ東アジアでも流行したこの「スペイン風邪」による死者は、一九年までに全世界で二五〇〇万人とも、一説では四〇〇〇万人ともいわれている。各地が戦争状態にあったことが、大流行に拍車をかけた。一九世紀末から病気にたいする勝利を誇るようになっていた西洋医学も、この流行病のまえには無力が暴露されたかたちとなった。

大戦による若手から壮年期にかけての男子人口の激減は、戦後の社会に人口構造のゆがみを残す。大黒柱を失った家族では、生活の立て直しに苦労せざるをえなかった。食糧生産がすぐには復元しなかった戦後しばらくのあいだ、ヨーロッパ各地で人びとは、絶えて久しかった飢えにも苦しんだ。命はとりとめても、戦争による傷痕は身体だけでなく心にも残された。過酷な塹壕体験を乗り切った復員兵士たちの、戦後社会への再適応もかんたんではなかった。

戦争は相互に破壊しあうものであったから、経済にもたらされた打撃も半端ではなかった。戦後すぐには回復できなかった。事例として、戦勝国であったフランスをみてみよう。西部戦線の激戦地となったフランス北部から北東部にかけては、重要な工業地帯が点在する豊かな農業地帯であった。そこが壊滅的打撃をこうむった。耕作地や工業施設、鉄道や道路がほぼ復旧し終えるのは、一九二五年ころである。これを速いとみるか遅いとみるかは、一概にはいえないであろう。工業生産指数は戦前の一九一三年を一〇〇とすると、終戦直後の一九年には五七にまで落ち込んでいたが、二四年には一〇九と戦前の水準を超えるまでに復活している。しかしその復興資金は、戦時下の国家債務の累積をより悪化させた。もくろんだドイツからの賠償取り立てはうまくいかないばかりか、独仏間の敵対感情を悪化させた。巨額の戦費負担は戦後に積み残された重荷であった。

ヴェルサイユ講和会議　ドイツに巨額の賠償金を課し、その経済を困窮させた条約は、豪華な鏡の間で調印された

巨額の戦費負担と戦後インフレに苦しんだのは、フランスだけではない。いずれの国も同様であったが、とくに敗戦国ドイツでは深刻などという表現すら超えるほどであった。戦前にはヨーロッパ最大の工業国になっていたドイツは、戦後処理のヴェルサイユ条約によって高額の賠償金を課されただけでなく、重要な工業地帯を失ったので、経済の立て直しは困難をきわめた。一九二三年に最悪になったドイツのインフレでは、マルクの対ドル比率はなんと戦前の一兆分の一にまで下落したのである。これでは通貨の価値はほとんどないに等しい。通貨価値の下落は、年金生活者はもとより多くの給与生活者の生活基盤を根本から揺るがした。国民の国家への信頼は崩壊し、現状批判者として登場したナチスが頭をもたげる重要な背景ともなる。ドイツ経済は、アメリカからの資本供与によって、一九二〇年代後半にはなんとか一時的に持ち直した。しかしそれは、アメリカ経済への依存を危険なまでに高めることでもあった。

アメリカ合衆国への経済的依存は、じつはドイツだけのことではなかった。戦勝国であったイギリスにしてもフランスにしても、総力戦体制を維持するために、すでに戦時下にアメリカから多額の借款をして債務国に転落していた。

一九一七年から英仏を支援して参戦したアメリカ合衆国も、四三〇万ちかい兵員を動員して一八年から西部戦線へと本格的に派兵し、一一万を超える戦没兵士をだしたのであるが、国自体は戦場から遠く離れて被害をうけることもなかった。参戦するまでの両陣営への物資輸出や、英仏などへの借款供与によって、大戦はアメリカ経済には決定的に有利に作用した。戦前にはすでに工業国として世界最大規模となっていたアメリカは、しかし他方では外国資本に依存した負債を抱える国であった。だが、この大戦を介して債権国に変身したアメリカは、経済上の巨大勢力に成長し、ニューヨークの金融市場とドルが、世界経済の動向にとって決定的に大きな位置を占めはじめていた。

連合国側は戦時下の債務を返済する必要から、ドイツに賠償支払いをきびしく迫り、一時フランスは、ドイツの工業地帯であったルールに進駐するなどの強硬措置をとった。それは当然ながらドイツの強い反発を引き起こし、政治的にも不安定で危険な状態になる。ヨーロッパの政治情勢から一線を画していたアメリカは、こうした政治情勢をうけてドイツへの資本供与をおこなう方向に動いたのであった。アメリカ合衆国は政治的にも、ヨーロッパにとって大きな存在となっていた。

大暴落から大恐慌へ

一九二五年から二八年にかけて、主要諸国で金本位制が復活させられ、インフレが収まって経済水準も戦前レベルを回復、おおむね好況といえるような経済状態が実現した。ヨーロ

ニューヨーク株式市場の大暴落　1929年10月24日、ウォール街の証券取引所に人びとが殺到、暗黒の木曜日といわれた

ッパは一見、繁栄と自信を取り戻すかにみえた。しかしその好況や安定は、アメリカからの巨額の資本注入によって支えられているのが実情であった。一九二九年一〇月、すでに前年から景況が傾きはじめていたアメリカでニューヨーク株式市場の大暴落が起こったことによって、実情は明確になった。アメリカ資本の撤退によって、大戦後やっと復興したかにみえたヨーロッパ経済はもちこたえられない。世界は深刻な大恐慌に陥るのである。当初は、アメリカを含め主要国間での協調による対策も模索されたが、結局事態の収拾はできなかった。

各国は、金本位制を停止して自国の経済的防衛、ないし勢力圏のブロック化に必死になるばかりで、一九三〇年代になると経済ナショナリズムは昂進する一方になる。一九世紀の世界においてヨーロッパの覇権を可能にした自由主義的な経済システムでは、状況の打開は困難になっていた。

世界経済の混乱を歓迎したのは、既存の秩序体制の周辺に位置して、そこからの脱却を主張して支持を集めていたドイツのナチスであり、イタリアのファシストであった。スターリンが独裁体制を築きつつあったソ連も、アメリカに重心が移動した国際経済の埒外《らちがい》で独自の計画経済の進展を謳《うた》い、ソ連共産党主導下の国際共産主義組織コミンテルンが、世界各地で革命運動の工作を激化させた。

政治的にもこうした大きな不安材料をかかえて、ヨーロッパによる覇権がもはや崩壊していることを、当時の各国指導者たちはどこまで自覚していたのであろうか、相当に疑問である。事実として、ヨーロッパが主導権をとった国際政治秩序がもはや再現不可能なまま、世界はつぎの大戦へと突き進んでしまう。一九一四年におろかにも戦端の開かれた大戦は、第一次と呼ばれるようになる。第二次は、第一次とはまたべつの悲惨な傷痕を、世界各地の人びとの心と体とに残してしまうのである。

両大戦間期の社会と国家の変化

第二次世界大戦が起こったことによって、第一次世界大戦と第二次とのあいだの時期は、戦間期とか両大戦間期といわれるようになる。最近では、二つの大戦をとおしてほぼ三〇年間をひとつながりの時代ととらえ、一七世紀のそれにならって二〇世紀の「三十年戦争」としたり、あるいはヨーロッパの「内戦の時代」と呼ぶ向きもある。

いずれにしても、社会全体が巻き込まれた第一次世界大戦によって、それまでのなにかが決定的に変わってしまった、という衝撃の感覚は、当のヨーロッパ社会に共通してあったようである。第二次世界大戦が生じたあとでも、ただ「大戦」といえば第一次を指したことからも、それはうかがえよう。さまざまな角度から、衝撃の感覚を分析することが可能であろうが、大戦後においてヨーロッパの知識人からも「西洋の没落」であるとか「ヨーロッパの衰退」、あるいは「凋落」をいう言説が生み出されていた。しかしそれらも、本格的にヨーロッパ近代を問い直す余裕のないままふたたび大戦へと舞台が暗転してしまった、というのが現実である。

たしかに、大戦前までのヨーロッパは、その内部の主要国が覇権抗争を展開していたとはいえ、全体としてヨーロッパ近代文明の系譜にまとまって、世界の他の地域圏に強力な支配力や影響力を行使していた。一九世紀を「ヨーロッパの世紀」と呼ぶこともできる理由である。それが第一次世界大戦を経て、状況が激変して覇権は失われた。ヨーロッパ各国では、社会と国家のあり方はどのように変わり、また国家間の関係、国際政治のあり方は、どのように変化したのであろうか。ここまで近代ヨーロッパの覇権とその崩壊への道筋をたどってきた最後に、要点をかんたんに押さえておきたい。

すでに述べたように、第一次世界大戦で膨大な数の兵士が戦死したことによって、働きざかりの、次代の中心になるべき男性人口が激減した戦後社会では、戦前までとは異なった状況が生み出された。労働人口の国外からの導入も、珍しいことではなくなる。戦時下の総力戦体制において重要な労働力となった女たちは、戦後ふたたび家庭に撤退することを求められた。しかし多くの社会で女性は、選挙権をはじめとする政治的権利や、社会生活における存在感という点で、力を増したことは疑いなかった。二〇世紀をとおして、一九世紀までと比較して特筆に価するのは、政治や経済、文化や社会のあらゆる側面における女性の自立的な位置の獲得と、その確立に向かう前進である。大戦は、結果的にそのきっかけとなったにすぎなかった。しかし、一つの大きなきっかけでもあった。

同様に、戦争に協力したことへの見返りとして、労働者の発言権も拡大した。戦前には、多くが体制外の、あるいは反体制の存在とみなされていた労働組合組織は、体制を安定的に維持する組織の一つとしての位置を獲得しはじめる。労働組合は、経営者からみて交渉相手の位置をえるようになり、議会外の一種の圧力団体ともいえる存在になっていく。

より一般的にみて、国民が国家との直接的な関係を意識せざるをえない状況が、戦時下の総力戦体制によってはっきりともたらされた。一九世紀以来の国民形成の過程は、これによって一挙に進んだといってよい。国民としての自己認識が確立したということは、国家から課せられてくる兵役や統制といった義務に応じる、という姿勢が一般化したことを意味した。しかし他方でそれは、負担や協力への見返りとして、国家が国民の生存の面倒をみるべきである、という一種の反対給付的な発想を強くもたせることにもなった。戦没兵士の家庭へは、それで十分であったかどうかはともかく、国家による生活保障手当が支給されるようになる。

戦時下においてすでに、国民の声に応じていないとみなされた政府は、戦争遂行に困難をかかえるようになっていた。短期戦を想定した開戦当初は、陸軍大臣や軍司令官が、国政にも大きな発言権を行使していた。しかし長期化した総力戦のもとで、軍人よりも政治家が、国家の方針を決めるにあたってリーダーとなる傾向が生じたのは、こうした国民と国家との関係における変化の反映という面をもっている。軍隊的な判断と命令よりも、国民に説明して合意をとる必要があったからである。総力戦体制下での戦争経験は、ある意味で民主主義的な国家運営を促進したところがあった。またすでに述べたところでもあるが、福祉国家への転換もうながされたところがあった。これらは、女性の社会進出の場合と同様、状況にうながされた結果ではあったが、世紀転換期からはじまっていた動きが決定的に加速されたのである。

こうしてみると、結果とはいえ大戦は、肯定的な前進をしるしたといえそうに思えるかもしれない。しかし、大戦下の国民国家構築の実質化は、あくまで敵と戦うためのものであった。しかも敵国のとらえ方は、たんにその軍隊であるとか支配層というのではなく、相手もまた国民国家として国民ぐるみの包括性をもつようになった。世紀末においてはまだ一部のものであった排外的なナショナリズムが、色濃く、大戦下の社会をおおった。ヨーロッパからは離れたアメリカ合衆国ですら、参戦の決定時には、ドイツ系移民とその末裔《まつえい》が経営する店舗が襲撃される事件が生じた。敵性住民だ、といういいがかりである。

ナチスの横暴を許した背景

多様性を内包していた国民国家内部を、純度の高い同一性においてとらえようとする考え方は、大戦末期にはほとんど一国で連合軍と対戦していたドイツにおいて、特殊な考え方を生み出した。敗戦は内部に潜んでいた敵、すなわち団結を攪乱した社会主義者やユダヤ人のせいだ、とする言説が生み出されたのである。いわゆる「背後からの匕首《あいくち》」ないし「背後からの一撃」という責任転嫁論である。ナチスはこうした言説を最大限利用して、民族純化を求める極端な手段を唱えて第二次大戦下に実行に移してしまう。ユダヤ人の大量虐殺である。

じつは第一次大戦後のヴェルサイユ体制のなかで成立し、あるいは承認された東ヨーロッパ、南東ヨーロッパの新興諸国でも、はじめそれなりに民主主義的な国民国家の体裁はとられたものの、国家内部に多様な少数民族を内包したことによってさまざまな軋轢《あつれき》や、排外的ナショナリズムが生じることになった。かつてオーストリア・ハンガリー、オスマン、ロシアの三帝国内において、被抑圧民族による解放の論理として主張されたナショナリズムは、民族自決の原則という大戦後の方針のなかで、新興国家を承認する根拠とされた。しかし、多様な人びとが入り組んで暮らしてきていた地域において、ある特定の「民族」が主導権を認められて国家形成をしたのちに、国民国家としてのより純化した構築を求めるとすれば、そこに生じたのは排外的ナショナリズムの台頭や、国内少数派住民との軋轢以外ではなかった。

おもに東ヨーロッパに位置した新興国家は、そうした内部問題をかかえながら、自国経済の混乱のなかで共産主義ソ連からの脅威にさらされ、あるいは、さらされているとみなし、ほとんど例外なく議会が形骸化していき、権威主義的な独裁にちかい政治体制へと転換してしまう。

たしかに戦間期ヨーロッパにも、国際協調と平和実現を進めようとする政治的展開はあった。それを無視しては不公平というものであろう。各種の軍縮交渉がその一例であり、一九二五年にはイギリス、フランス、ドイツなど七ヵ国による会議から、ヨーロッパの集団安全保障体制を形成すべくロカルノ条約が締結されていた。この条約締結の中心となったイギリスのチェンバレン、フランスのブリアン、ドイツのシュトレーゼマンという各外相には、ノーベル平和賞が贈呈されている。

ロカルノ条約は、あくまで国民国家単位を前提とした協定であった。そこからさらに一歩を踏み込んだヨーロッパ連邦形成の提言も、ブリアンや、オーストリアの外交官クーデンホーフェ・カレルギらによってなされていたが、しかし国家主権を制限する方向は、ナショナル・アイデンティティを特権化していた時代には受け容れられなかった。この点では一九世紀的な秩序観から、戦間期ヨーロッパは脱していなかったのであった。

国際的な協議調整を図る機関である国際連盟も、アメリカ大統領ウィルソンの活躍によって成立していた。しかし一九二〇年に発足した国際連盟に、アメリカ議会は合衆国の加盟を拒んで、孤立主義的な外交政策に回帰していた。ヨーロッパ諸国での連鎖的革命の展望がくじけたソ連は、一国社会主義の防衛を第一にして、自国の権益を優先させていた。

すでに一国単独主義では多くの問題が解決不能になっていたのであるが、世界平和への枠組み構築はおろか、国際協調のあらたな秩序も明確にできないまま、各国の指導者たちは眼前の経済破綻に対応して、それぞれ自国権益の防衛に汲々《きゅうきゅう》とせざるをえない。国民国家の純化や国益の最優先、民族自決権といった論理をみずからにとりこんで、こうした状況の間隙をつくように生存圏（レーベンスラウム）確保をとなえ、戦争を仕掛けて勢力拡大に走ったナチス・ドイツを、他国は抑えることができなかったのである。

エピローグ　歴史文化の継承と欧州連合の未来

近代ヨーロッパの多様な相貌

近代ヨーロッパの覇権の成立とその崩壊について、本書では一六世紀から二〇世紀前半までの長期的スパンでとらえてきた。最終的には、産業文明の成立とその推進単位としての国民国家の構築、という点に集約できるような歴史の展開が、この長期のメイントレンドといえるであろう。それは、設定された目的に向かう合理性を重視する戦略的姿勢、そして歴史とは人類の進歩を体現するもの、その進歩の先端をになっているのがヨーロッパだ、とする、かなり楽観的といってよい信念をともなっていた。

たしかにこの期間のヨーロッパは、その内部において政治的な自由の幅を広げ、すなわち民主主義を拡大し、経済的にも科学技術のうえでも長足の進歩をとげると同時に、軍事的にも世界を圧倒した。現在われわれが用いている思想や学術の多く、また多様な科学技術のほとんどは、その出発点を、この時代のヨーロッパのどこかにもっているといって過言ではない。そのような現実が、近代ヨーロッパの自信や楽観的な世界観を裏打ちするかたちになっていた。

そのような現実が他方では、非ヨーロッパ世界にたいしてはきわめて侵略的に、攻撃的に作用していたという負の現実からも、目をそらせてはいけない。ヨーロッパ内の「非ヨーロッパ」とみなされたものにたいしても、ことは同様であった。

しかし、二〇世紀末から二一世紀にはいって、ヨーロッパ内にも歴史的な反省の動きはいくつも出てきている。欧州連合の設立そのものが、歴史的反省という面を間違いなくもっている。さらに、たとえば政治の世界では、一九七〇年の西ドイツ首相ブラントによるワルシャワ・ゲットー跡でのユダヤ人迫害への謝罪、あるいはフランス大統領シラクが二〇〇六年に公的にした、かつての奴隷取引への反省と追悼記念日の設定などが、例としてすぐに思い浮かぶ。

長期のメイントレンドのみをとりあげて、それだけで近代ヨーロッパ文明を理解したことになるかといえば、やはり問題は残る。本書でも、ヨーロッパ内部に存在した差異や多様性には、何度となく言及した。都市と農村の違い、男女による違い、国家間による変化の度合いの違い、一国内部における多様な差異、こうした襞《ひだ》に分け入るような視点は、いずれにしてもたいせつにしなければならない。

合理性を是とする近代、古典主義に均衡の模範が見出せるとみなした近代、という理解は正当であるが、しかし一九世紀ヨーロッパを通底していた感覚として、ロマン主義的な感性を無視することもできない。これらはときに反発しあい、ときに共鳴しながら並存していたのである。しかもロマン主義自体どのように定義できるか、文学とか造形芸術、音楽など、分野によって違いをもち、それぞれの社会の事情によっても異なり、さらには歴史学をはじめとした学問分野、あるいは政治的な態度決定にまでかかわるものであった。

ロマン主義における、多様な感情の発露そのものの重視、個人としての自由な振る舞いと自己犠牲という一見相反しそうな行動の重視、抑圧の敵視と弱者への加担、それらを実行するヒロイズムの称揚、こうした姿勢は、ナショナリズムの拡大とも即応するものであった。ロマン主義にはまた、自然を礼賛する面や、それぞれの土地に伝わる伝承や歴史の記憶にこだわる面もあった。自然や歴史へのこだわりという点では、産業文明へと向かうメイントレンドからは外れるものであったが、しかしそれらが国民性や国土の称揚として表される場合には、まさに時代の風に乗ったものでもあった。

一九世紀は「歴史の世紀」

産業文明への歩みを明確にした一九世紀ヨーロッパは、じつはまた「歴史の世紀」とでも名づけられる時代である。三点に整理してとらえておきたい。第一は、歴史学や考古学の近代学問としての定立である。

一九世紀前半におけるロマン主義的感性を共有した歴史の探究のなかから、近代的な史料批判にもとづいた歴史学が明確になっていった。歴史家たちは、その政治的立場がどのようであれ、史料を根拠として国民の過去を明確にすること、ヨーロッパの過去を明確にすること、それらの出自をはっきりさせること、それによって現在の存立根拠をあきらかにすること、これらの現実的課題を共有していた。そのような観点から、古典古代が評価され、中世への注目、ルネサンスという呼称の一般化などが起こる。それによって各国別の歴史と並行して、ヨーロッパ文明の発展についての共通理解がもたらされるようになったのである。

第二には、このような学問の確立と並行して、史料の整理保存、歴史遺産の調査保存や修復、そのための専門組織や施設の設置が広がっていく。一九世紀のヨーロッパは、各地に文書館、史料館が、国民を念頭において本格的に設置されていく時代となった。それは、政策や目標などの判断根拠を資料によって明確にする、という姿勢とかかわって、同時代に進んだ政治的な自由の拡大と軌を一にし、他方で社会教育的な役割をもつ事業であったと同時に、自分たちの過去についての記憶を共有化し、定着させ、伝えようとする意図をおびたものでもあった。博物館や美術館の設立が相ついだのも、同様の文脈から理解できる。

第三は、こうした文書館や博物館の設立維持を支えていた姿勢として、現在まで伝承されてきたもの、先代から継受してきた事物を、そうおろそかにはしないという、より日常的な姿勢に示される歴史とのかかわりである。工業化による経済発展が、たえず新規なもの、変化を求める側面をもつことはたしかである。しかし同時にまた人びとは、祖先の代から伝わってきた事物を、多少の不便や不都合があったとしてもたいせつに使いつづけることに、なんの疑問も抵抗もなかった。個別の家族と家庭生活についてのみでなく、町や村の生活様式や景観についても、同様のことがいえる。

これらは一言でいえば、歴史文化の継承である。すべて新しいものが席巻していく、という社会ではない。大量消費時代を経た二一世紀の現在でも、こうした姿勢や行動様式は消え去ったわけではなく、むしろ持続可能な社会の形成にとって、あらためて重要性を増したともいえそうである。しかし地球規模での人、もの、情報の動きが圧倒的な速度と密度とをもって展開しつつある二一世紀において、こうした各地の歴史文化の継承という姿勢も、自国内やヨーロッパ内だけで持続できるかといえば、おそらく困難に遭遇するのではないか。すでに遭遇しつつ、あらたな道が探られる時代ともなっているようにみえる。

戦後復興と欧州連合の形成

第二次世界大戦は、第一次にもまして多くの死者と破壊とを、世界各地に深い傷痕として残した。そこからどのように立ち直れるか、戦後復興の課題が、またしてもというべきか、アメリカ合衆国からの経済援助で開始された。ヨーロッパ復興計画、いわゆるマーシャル・プランである。それにたいしてソ連が、ヨーロッパに軍事的、政治的影響力を増そうとするアメリカと対峙して、いわゆる東側諸国の囲い込みをはじめるなかで、ヨーロッパは東西に分断されて冷戦構造に巻き込まれた。

一九世紀以来、ヨーロッパにおける軍事対立が戦争へと展開していくなかで、フランスとドイツの対立がその中核にあったことは誰の目にもあきらかであった。これをなんとかしなければ、将来的にもヨーロッパの安定はむずかしい。歴史を振り返って、ナチスによる占領とヴィシー政権の経験から立ち直る必要があったフランスでも、ナチスによる各種の犯罪的行為を歴史的に総括する必要があったドイツ（西ドイツ）でも、あらたな独仏協調の枠組み形成を追求する動きが起こっていった。アメリカは一九四九年、冷戦構造が明確になるなかで北大西洋条約機構ＮＡＴＯを結成して、その巨大な軍事力を基盤とする西側諸国の軍事的な防衛体制を形成した。

第二次世界大戦後はじめてヨーロッパ諸国間の連携によって形成された組織は、マーシャル・プランによる経済援助の配分をめぐる調整機関、欧州経済協力機構ＯＥＥＣである。一九四八年に創設されたが、それは、ドイツがヨーロッパ外交の場面に復帰する第一歩にもなった。これが一九六〇年に拡大されて使命を広げたのが、現在につづく経済協力開発機構ＯＥＣＤである。アメリカは、西ヨーロッパが政治的に連携を強めることを、大戦後の冷戦の現実からしても推進する立場をとっていた。

そうしたなか一九五一年、フランス外相シューマンの提唱にもとづいて、フランスと西ド

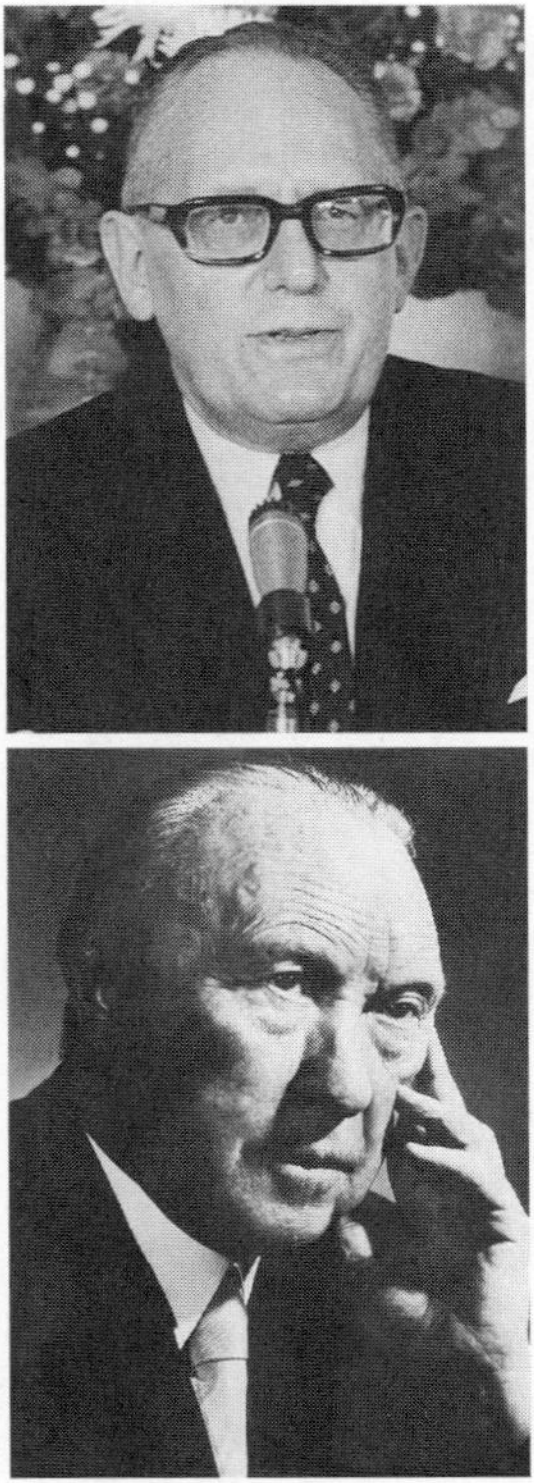

欧州連合形成の功労者　シューマン（上）はフランス外相。1951年結成の欧州石炭鉄鋼共同体を提唱した。アデナウアー（下）は西ドイツ首相。主権を制限した協力体制を訴えた

イツ、イタリア、ベネルクス三国が加盟して、欧州石炭鉄鋼共同体ＥＣＳＣが結成された。石炭と鉄鋼生産という戦略的に重要な部門の迅速な再建を、六ヵ国の共同政策によって急ごうというのである。

シューマンの考え方は、ヨーロッパ主要国間の協調体制を形成して、そのなかで独仏の歴史的対立関係に終止符を打つことこそが、ヨーロッパの安定的発展のための第一条件であり、それには、理念的な合意だけでなく具体的な復興計画を共同で動かすことが現実的だ、というものであった。これは、英米での経験も豊かであったフランスの経済学者モネの考えでもあった。モネは、そのモネ・プランによってフランス経済の戦後復興に道筋をつけた重要人物であるが、それだけでなく、のちに「ヨーロッパの父」と呼ばれたように、各国が主権を制限して参加するヨーロッパ合衆国を形成すべきことを説いて、そのための行動委員会も結成した人であった。

モネやシューマンのような考え方にドイツで呼応した勢力の代表は、第二次世界大戦後長期にわたって首相を務めたアデナウアーである。彼もまた、現実的な計画を共同で実行するなかで、各国が自国の国益のみを追求するのでなく、ある程度の主権を制限した協力体制を構築することが可能だ、と考えた。国民国家に固執することの愚を、アデナウアーはＥＣＳＣ第一回閣僚理事会において発言している。彼はナチス支配に批判的であったために、一時投獄も経験した古参の政治家であった。

ＥＣＳＣ加盟六ヵ国は一九五七年になると、ローマであらたな条約を締結し、翌五八年一月から欧州経済共同体ＥＥＣが発足することになる。一二年以内に、関税障壁のない自由市場を加盟国間で構築することが目標とされた。しかしねらいは、ただ自由貿易体制の実現のみにあったわけではなかった。資本やものや人間が自由に加盟国のあいだを動き、ということは、たがいに国境という障壁を引き下げ、さらに経済政策や法体系においても接近を図る、という目標である。これは、一九世紀以来の国民国家を大前提にした国益の調整、という発想からは、あきらかに一線を越え出る考え方であった。

ヨーロッパ諸国間の連携をとり、さらには統合へ向かう方向にどのようにかかわるかは、国際情勢の転変や、フランスとドイツをはじめ各国がおかれた事情によって、一定ではなかった。フランスは東側からの脅威を踏まえながらも、アメリカ合衆国の関与には警戒感を隠さなかった。アングロアメリカの共同性にも警戒したフランスは、一九六〇年代までは明確に、イギリスがヨーロッパ諸国間の連携に関与してくることにも反対する姿勢を示していた。とくにドゴール大統領の時代に、それは際立っていた。ドイツは東西に分裂した冷戦の最前線にあって、東ドイツによって築かれた壁で封鎖されたベルリンの西側地区を維持する苦労一つとっても、アメリカの援助なしには困難であった。したがって、いきおいアメリカへの対応や姿勢はフランスとはまったく違っていた。

ＥＥＣは、その名のとおり経済面での政策実現から実質化を進め、一九六七年にはＥＣＳＣ等の組織と合体して欧州共同体ＥＣに発展改編させられた。関税同盟の完成、共通農業政策の実現、欧州地域開発基金の設置、といった経済方策がその代表的なものである。一九七〇年代前半にドル・ショックにともないブレトン・ウッズ体制が崩壊し、通貨が固定相場から変動相場制へと転換すると、ECはヨーロッパ通貨の安定を目指して、一九七九年には欧州通貨制度EMSを発足させた。その後、決済貨幣としての欧州通貨単位エキュの設定を経て、二一世紀にはいって現実社会での共通通貨ユーロの使用へといたる道筋が、つけられた。

山積する課題と不確定な未来

しかし、欧州経済共同体EECから欧州共同体ECへ、さらに欧州連合EUへ、という歩みは決して順調だったわけではなかった。六〇年代には、偉大なフランスを唱えるドゴールのもとで、EECは何回となく政治的危機を迎えた。予算措置の維持すら危ぶまれる時期もあった。ヨーロッパの協調体制が連邦制に移行することを避けたかったこの当時のフランスは、おそらく同様に反対すると見込んでイギリスの加盟を承認する方向に転換した。その結果、一九七三年、アイルランド、デンマークとともにイギリスが新規加盟することになった。

ついでギリシアが一九八一年に、スペインとポルトガルが一九八六年に、加盟した。これらの南ヨーロッパ諸国の加盟は、共同体のまとまりの範囲を広げることになったが、また、スペインはフランコ体制、ポルトガルはサラザール体制、ギリシアは軍事政権といった状態から脱して、それぞれが民主主義体制に移行してまだ日が浅かったこれら諸国を後押しし、内部に引き込むことで安定させる、という戦略的配慮も作用していたと思われる。民主主義と人権の尊重、ヨーロッパ近代が確立した制度の確認は、過剰な債務をかかえていないという国家財務状態の確認とならんで、加盟の重要な条件とされていく。

こののちのマーストリヒト条約と一九九三年の欧州連合EUの成立、そして加盟国の増加、とくに二〇〇四年における旧東ヨーロッパ諸国への拡大等については、これ以上ここで述べることは控えたい。こうした拡大路線については、東側の諸国からすれば、ソ連の解体と冷戦の崩壊にともなってヨーロッパに回帰できた、というとらえ方もできるであろう。もともとEC時代からの加盟国からしてみると、いま南ヨーロッパ諸国の加盟について指摘したと同様に、西欧民主主義の圏域が拡大することこそが、長い目でみた場合に軍事同盟以上の安全保障となりうる、という戦略的な政治判断があるように思われ

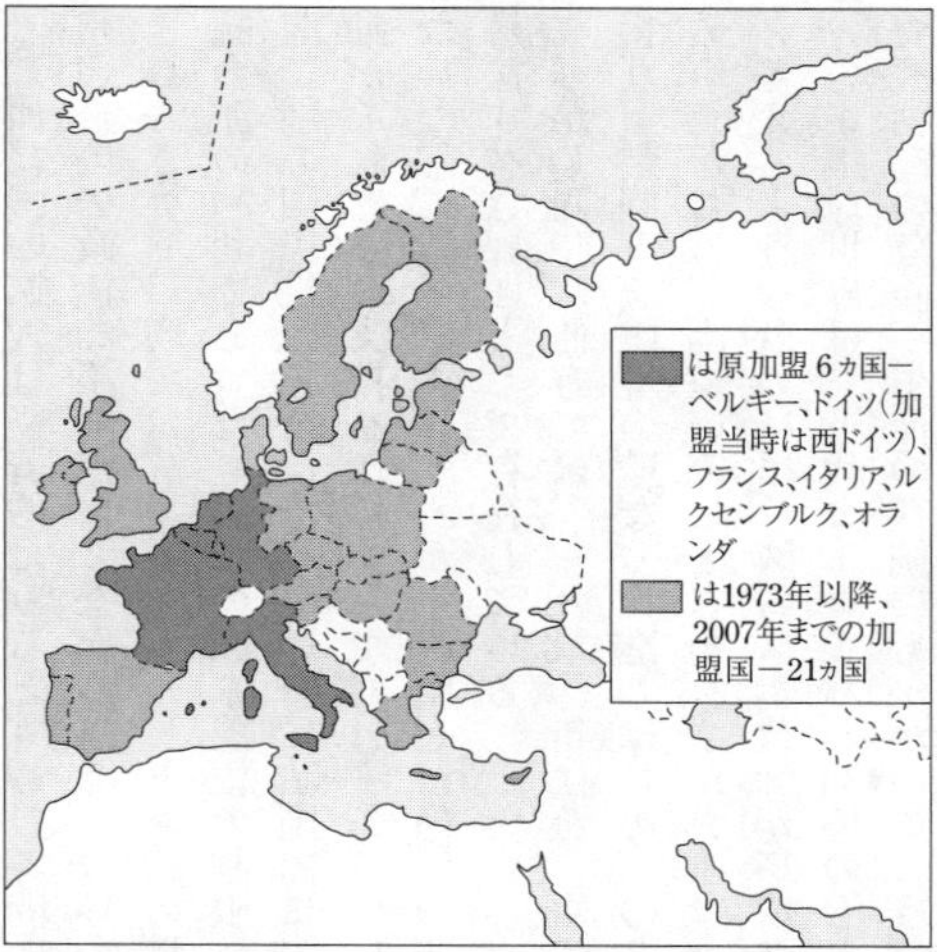

ＥＵの発展　2008年（本書の原本刊行時）現在

る。加盟国の拡大は経済的にみると、むしろ問題を抱え込むことにもなりかねず、それが欧州連合内の政治的不安定につながる懸念もないわけではない。

じっさいEU内では、マーストリヒト条約の批准にしても、各国とも僅差でのヨーロッパ統合派の勝利であった。個別の国家主権の制限にさらにつながるような決定は、しばしば加盟諸国の国民投票で否決されている。諸国内におけるネオナチや排外的ナショナリストの運動がそれなりの支持を依然として受け、あるいはユダヤ人攻撃や移民労働者への差別が絶えないなど、近代ヨーロッパが生み出した愚行の側面を繰り返すがごとき状況も、依然として解決すべき課題として存在している。

しかし同時に他方では、一九八〇年代からすでに、連携したヨーロッパの枠内で大学生の相互留学制度を国境の壁なく推進しはじめ、のちにエラスムス・プログラムと銘打たれたその事業からは、国益のみにとらわれずにヨーロッパ規模で発想し、多様な文化の存在を前提と考えるような若い「エラスムス世代」が形成されつつある、ともいわれている。

いま地球世界は、近代ヨーロッパが覇権のもとで地球規模へと押し広げた産業文明による資源枯渇の危険、生命の存続にもかかわるような環境問題の切迫、格差の地球規模での拡大や新規の発生、といった課題に直面している。はたして歴史への自省をともなって誕生、展開してきた欧州連合という前代未聞の経験は、たんなる欧州ブロック化を超えて地球世界への貢献を果たせるのか、それは、これからの世代がになうべき課題でありつづけている。

学術文庫版へのあとがき

本書『近代ヨーロッパの覇権』は、もともとは講談社の創業一〇〇周年を記念して企画された「興亡の世界史」シリーズ全二一巻のうちの第一三巻として、二〇〇八年末に刊行されたものである。主となる時代対象は「長い一九世紀」、すなわち一八世紀後半から二〇世紀はじめ、前後に幅をとった一九世紀であるが、近代ヨーロッパの覇権の成立と崩壊について、その歴史的展開の過程を、一六世紀にまでさかのぼるかなり長いスパンで問うてみようとした。着眼が偏らないように、できるだけ広く多様な側面に目を配りながら、しかし他方では分量的な限界もあるので、最終的には現在の世界を視野において記述を整理したつもりである。この「学術文庫版へのあとがき」では、その後二〇一七年までのヨーロッパをめぐる状況の動きをふまえて、少し補論的に記述しておきたい。

拡大し続ける社会経済的な格差

二〇〇八年に原稿を書き終えてまもなくであったと記憶するが、九月にいわゆる「リーマン・ショック」が生じて世界経済が大混乱に陥り、当時、大学運営の責任者の位置にあった私も、資金運用の面だけでなく、学生たちの就職状況への心配や、企業からの一方的な内定取り消しがないか、対応に追われたことを鮮明に覚えている。「近代ヨーロッパの覇権」というと、ずいぶん以前のことでもはや現在とは関係ない、と思われるかもしれないが、じつは現実には、良きにつけ悪しきにつけ、近代ヨーロッパが覇権を掌握した一九世紀から確立してくる国民国家体制、それと並行して組み立てられた政治や経済社会のシステム、産業文明への展開が、そしてさらには、それらと連動するかたちで進歩発展してきた科学技術の大きな展開が、今のわれわれの世界にも、大いにかかわっている。

たしかに、ポスト産業化の時代への転換、情報技術の一大変革を受けて「知識基盤社会」へと転換しつつあるのだ、といわれることもある。経済社会システムの基盤が大きく変動しつつあることは、間違いないようにみえる。しかし、コンピュータを駆使した金融工学は「リーマン・ショック」を生み出し、少なくとも当面のところ、世界の経済を制御する手段は、相変わらず誰も手にしていない。一九世紀後半以来の大規模な産業資本主義発展への展開から、「先進・後進」の図式をともないながら膨張してきた世界経済は、ますますの社会経済的な格差を地域ごとに、また地域内に生み出しながら、動きを緩めていない。

フランスの有名な新聞である『ル・モンド』は、二〇一七年六月一七日付（電子版では一六日付）の社説において、いわゆるグローバル企業の経営トップたちの年俸が異様に高く、所得格差の現状はほとんど「非現実的」とみえるほどひどい状態だ、と指摘している。例としてあげられているのは、日産・ルノーを率いるカルロス・ゴーンの一五〇〇万ユーロ、GMトップの二二〇〇万ドル、業績不振で解任されたフォードの元トップですらじつに一七〇〇万ドルといった、とてつもない数字である。円に換算してほぼ一九億から二四億を超えるという、世界に貧困が蔓延し難民も減らない現状をあえて頭に置かずとも、たしかに異様としかいいようのない数字である。われわれ普通の生活をおくっている者には、そうみえる。

同一企業内においても、格差は広がっているという。一九六〇年代なかばでは、トップクラスのアメリカ企業の経営者の年俸と、その企業の従業員の平均的な年俸との格差は、約二〇倍だったそうである。それが現在では、差が大きい場合には三〇〇倍から四〇〇倍だという。一九七〇年代から、社会経済的な格差は全体的に拡大の一途をたどり、ますますその差は広がっている。

このような、止まるところを知らないかのような格差の拡大と、異様なほどの高給取りである一部支配エリートへの反発は、しばらく前から欧米諸国において政治的ポピュリズムが台頭してきている、そのバネとなっているところがある。こうした格差をめぐる実態は、単に暮らし向きの話なのではなく、かつてナチ台頭の背景とも目された中間層の没落という現象にかかわっており、じつはデモクラシーの基盤にもかかわる論点なのである。社会理念の劣化が生じてきているのではないか。かつて理念として唱えられた「最大多数の最大幸福」という近代の政治的目標は、いまや雲散霧消してしまったかの感がある。政治的な調整を図ろうと腐心してきた二〇世紀後半の社会民主主義的な勢力は、いまではどこでも旗色が悪い。

政治勢力として現実主義的な路線に舵を切り、なんとか維持されてきたフランスの社会党も、二〇一二年に着任したオランド大統領のもとで結局有効な政策を打ち出せないまま、二〇一七年四月、五月の大統領選挙と六月の国民議会選挙における惨敗で、解党の危機を迎えており、向かうべき方向の再検討を余儀なくされた。かわって、政治の刷新を唱え、既存の政治的左派・右派の区別にこだわることのない市民運動的な新勢力を組織したマクロンが、この二〇一七年の二つの選挙で勝利し、三九歳の若さでフランス共和国の新大統領に就任した。欧州連合という枠組みを重視するマクロンが、どこまで経済社会の立て直しを方向づけられるか。かれは、オランド社会党政権時代に経済相として抜擢されたあと、カルロス・ゴーンの異様なほど高い年俸に対して社会的観点からクレームをつけた人物であるだけに、新政権の行方が注目される。単なる「銭ゲバ」すなわち拝金主義に堕してしまった資本主義の行き着く先は、いずこにおいてもカタストロフであろう。

グローバル・テロリズムとまで表現されるに至ってしまった、無分別かつ無差別なテロは、その実行者によって勝手にイスラームと結びつけられ正当化されていることが少なくない。無分別な狂信、妄信は、人間の最悪の愚かさを示しているが、テロが生じて止まない根本には、上に指摘した「非現実的」とも表現されるような格差の再生産状況が存在している、とみるべきではなかろうか。もちろん、それでテロが正当化されることは絶対にありえないが、この状況が根本的に変化して、共生社会への舵取りが地球規模で明確にならない限り、正当化の論理を勝手にさまざまに立てたテロの脅威は止まないかもしれないという、悲観的な見方をぬぐえないのが現実である。

移民・難民の流入と欧州連合

イギリスのいわゆるブレキジット、欧州連合からの離脱を支持する票が、二〇一六年六月に実施された国民投票で多数となった。そこでも、イギリス国内での格差の広がりという現実を背景にして、社会がうまくいかないのは欧州連合などに加盟しているせいだという、きわめて単純化された「スケープゴート」論があったようにみえる。偽データをもとになされたキャンペーンによる煽動を含め、欧州連合内で国家主権が制限されることへの反発、移動の自由化がもたらしたポーランドなど東欧諸国からの移民の増加に対する反発、ようするに良くないことは欧州連合にすべて押しつける、単純で、一見分かりやすい宣伝の効果、あるいは、かつての強い帝国イギリスへの郷愁といった、多様な要素が結合した結果の、離脱支持派の微妙な勝利であった。

加盟諸国との利害関係が複雑にからむ離脱の手続き自体が、容易に進行するわけはないので、イギリス脱退がどう進むのか、二〇一七年夏の時点では、なかなか近い将来も見通せないむずかしい局面にあるようにみえる。私が二〇〇八年に、「加盟国の拡大は経済的にみると、むしろ問題を抱え込むことにもなりかねず」と、エピローグに書いたことは、そのしばらく後に顕在化したギリシアの財政危機をめぐって、的中してしまった感がある。さらに、欧州連合そのものの存続のあり方、という点でも、ヨーロッパ外からの難民流入の急増という困難な現実を前にして、行方を見通すことはむずかしい。

ヨーロッパ各国への移民の受け入れ、ないし流入については、国籍の管理という、国民国家にとって要ともいえる制度枠組みのあり方とも関係して、重要な論点である。本書でそれが十分に扱われていないのは、基本的には、本書が「長い一九世紀」を主として対象にしているからである。フランスのように、早くから人口の伸びが緩慢になった国では、移民の受け入れはすでに一九世紀以来のことであった。それに対して多くの国においては、第二次世界大戦後の経済復興のなかで、労働力として求められたことが大きな要因であったといえるであろう。その際、自国の旧植民地からの移民の導入や流入も少なくなかった。戦後復興から成長期へと、産業経済が上り坂にある時には、こうした労働力は比較的コストが抑えやすくて使いやすい、いわば便利な要素であった。

しかし、一九七〇年代なかばからの世界経済の転換以降、移民労働者とその家族は、受け入れた国にとって今度は余剰の存在、しばしば文化的にも宗教的にも異質の存在として、疎まれるような位置づけに転換してしまうことも生じた。産業構造が変化して、戦後の工場労働者や雑業労働者としての需要は減少の一途をたどった。自国の若年労働者の失業率の高さが問題であり続け、ありていにいえば、利用価値がなくなったと見なされる移民やその家族の存在は、かえって邪魔だとでもいうような位置づけに変化させられたのである。ヨーロッパの諸国に定着していた真面目な移民たちにしてみれば、立つ瀬がないともいうべき事態である。

個人的な経験であるが、私は二年間の留学のために、一九七四年秋に、当時はシテ島の警視庁近くにあったパリの移民登録事務所の窓口に出向いて、長期ビザの認証を受けた。ちょうどフランス政府が、新規移民労働者の受け入れには門戸を閉ざした年であった。私の場合には、フランス政府の給費留学生であったので、すでに正式ビザはおりていて、登録すればよいだけであったが、横に並んでいる窓口で申請していると思しき移民たちは、ひどく邪険な扱いをうけていた。すぐ隣の窓口で、私を見やった老婦人の顔に浮かんでいる困惑の様子に、何もしてあげられない自分の困惑が重なったことが、記憶に残る。どこの国でも入管窓口での扱いが芳しくないことは問題になるが、この時にもそうであった。あきらかにマグレブ系と思しき人たちへのひどい対応は、これが人権の国でのことか、と思わせるような衝撃的なシーンで忘れがたい。

もちろん、こうしたありようが暗示している社会的な差別の存在に対しては、人種差別SOSや、人権擁護運動といった、連帯をキーワードとするようなさまざまな運動が、フランスをはじめヨーロッパ各国に存在することも、忘れてはならない。内戦地帯や疫病の流行地などで、自らの生命の危険をものともせずに救援活動に携わっている、「国境なき医師団」や「メドゥサン・デュ・モンド（世界の医療団）」といった民間組織は、いずれもフランスを発祥の地として、今では多くの国の医師たちが協力する体制を地球規模で作り上げている。こうした面を無視することは許されない。しかし旧植民地などからの移民の増加は、ヨーロッパの各社会を多文化が並存するものに、否が応でもしてきた。これをいかにプラスの方向で共生していける社会へと、つなげていけるのか。簡単ではない課題を抱えて、各社会が苦闘しているのがヨーロッパの現状であろう。

ヨーロッパ外部からの避難民の流入は、シリア内戦の激化などと対応して二〇一四年から急に膨らみだし、二〇一五年には欧州連合全体で一二五万人を超える難民を受け入れるような規模にまで達した。悪い脱出請負業者による詐欺まがいの商売が批判の対象となったが、そうした手段をも利用した人々が、東地中海を渡る際に船が沈没して多くの犠牲者を出すような悲惨な事態や、着の身着のままでひたすら歩き続けて国境地帯で防衛隊と衝突するなど、対応も簡単ではない混乱状況が生じたことは、記憶に新しい。二〇一六年には、シリアからの脱出口であったトルコと欧州連合とのあいだで協定が結ばれたこともあり、シリアからヨーロッパへ脱出して登録できた難民は、三三万人レベルに落ち着いた。欧州連合全体での難民受容者数は、依然として一二〇万人を超えている。

シリアから脱出する難民数がある程度落ち着いてきたのとは反対に、今度はアフリカのサハラ以南の国々から、内戦を避けて、あるいは経済的な理由から少しでも可能性に賭けて、リビア経由で地中海を越え、イタリア沿岸に渡ろうという難民、ないし非合法的な移民の流入が増加している。二〇一七年に入ってからは、ナイジェリア人がもっとも増えているという。国連によれば、そもそもナイジェリアの人口増加は急激で、二一世紀なかばにはアメリカ合衆国を超える人口を擁するようになる見込みだという。おそらく、ことがナイジェリアだけでなくなる可能性は高い。

こうした国や地域からの流入に対して、国境を固く閉じようとする排外的ナショナリズムい。を主張する人びとが、それなりの力を少なからぬ国で持つようになっている。しかし、すべての国が単独で、それぞれに国境を閉じる排除政策を継続することは、できないであろう。欧州連合の枠組みでの対応を主張する人びとと、ヨーロッパ派がどのような政治的対応をまとめられるか、難しい問題だが、対応せざるを得ない現代の課題の一つであることは間違いない。

国民国家体制の限界をどう越えうるか

難民や移民の流入、その受け入れ方というテーマは、一九世紀の近代ヨーロッパが確立した「主権を持った国民国家」という政治理念からでは対応しがたいような、現代世界の動きが展開しつつあることの一事例である。

さらにこの点を確認させる別の事例は、気候変動に示されるような地球環境の劣化である。環境問題は、すでに一国内で対応できる範囲を超えてしまっている場合が多い。一九世紀以来の産業文明の進展は、その先進地域において、たしかに利便性の高い、快適な生活環境を享受可能にしてきた。しかしその反面、排出される二酸化炭素量の膨大な増加に代表されるような、一国内には止まらない地球規模で気候や生態系に関与する環境問題をも、生み出してきた。オゾンホールといった問題にしても、同様である。

こうした事態に対して、国連機構を通じて規制措置を取っていこうとする動きも、やっと本格的に動き出してはいるものの、一国主義的な国益優先思考は、依然として変わることなく各国の政治に付きまとっている。生物多様性の激減というような、人間を含めた地球上の生命維持に危機的といわなければならない状態がせまっている現状でなお、一国主義的な国益に固執する動きに対して、欧州連合のような枠組みはどこまで有効に対応できるか、多くの困難にもかかわらずやはり注目すべきであろうと、私は考えている。というのも、現代世界の重要な課題を乗り越えるには、国民国家体制という一国の仕組みも、それを基盤にした国際関係の仕組みも、すでに時代遅れとなってしまっていて、そこに固執していたのでは、地球規模での課題は乗り越えられないからである。

こうした現在の危機的ともいえる諸課題を乗り越えるには、どのような方向がありうるか、それを論じて説くのは、歴史家の仕事ではないし、本書が設定した課題でもない。しかし良かれ悪しかれ、現在の諸問題の淵源に位置するといってもよい近代ヨーロッパの歴史的展開の過程を、多様な側面にわたってつぶさに点検してみること、そこにはらまれていたさまざまな問題と、それへの対応のあり方とを、やはり多面的な検討にふしてみることは、われわれの現在を正確にとらえる上で、とても大切な作業でありうると、私は考えている。現在の困難な諸課題に、諦めるでもなく無謀に騒ぐでもなく、腰を据えて取り組むためにも。

私は、このところ書いたり話したりする機会があるごとに、近代遺産のポジとネガの両面をしっかりとらえて、現在のわれわれの世界について考えることが大切だ、と主張している。本書の基本的スタンスもまた、そうである。ここでいう近代遺産とは、もちろん世界遺産のことではない。現代世界が、近代ヨーロッパから継受してきたさまざまな仕組みや考え方、また現代世界を構成している国々が、その政治や経済・社会のあり方という点で、いわば否応なしに、多様な引き受け方をしてきた、その変化の過程と結果とをさしている。

さまざまな面において近代ヨーロッパが実現した洗練された状態、基本的人権や国民の諸権利の確立をたたえるだけでは、現在の諸問題に直面しているわれわれには一面的にすぎる。しかしぎゃくに、近代ヨーロッパが示した植民地支配や自文化中心主義、残虐な戦争を辞さなかった暴力性などを告発するだけでは、これまた一面的にすぎる。われわれは、たとえば科学技術の発展のように、その多くが近代ヨーロッパに淵源をもって開かれてきた可能性を今後も追求しつつ、しかしそこにはらまれていた問題性や危険性をも見落とすことなくとらえて、これからに生かしていかなければならないであろう。近代ヨーロッパの覇権獲得とその喪失をめぐる歴史過程を、相互に矛盾をはらんだ具体性に即して、つぶさに検討してみた本書が、少しでもこうした認識手続きの一助になれば幸いである。

二〇一七年九月

福井憲彦

・芝健介『ヒトラーのニュルンベルク—第三帝国の光と闇』吉川弘文館　2000年
・柴宜弘『バルカンの民族主義』山川世界史リブレット　1996年
・B・W・タックマン『世紀末のヨーロッパ—誇り高き塔・第一次大戦前夜』大島かおり訳　筑摩書房　1990年
・E・ホブズボーム『20世紀の歴史—極端な時代』（上・下）河合秀和訳　三省堂　1996年
・三宅立『ドイツ海軍の熱い夏—水兵たちと海軍将校団　1917年』山川出版社　2001年
・G・L・モッセ『大衆の国民化—ナチズムに至る政治シンボルと大衆文化』佐藤卓己、佐藤八寿子訳　柏書房　1994年
・G・L・モッセ『英霊—創られた世界大戦の記憶』宮武実知子訳　柏書房　2002年
・E・M・レマルク『西部戦線異状なし』秦豊吉訳　新潮文庫　1955年

エピローグ

・石田勇治『過去の克服—ヒトラー後のドイツ』白水社　2002年
・Ch・オクラン『語り継ぐヨーロッパ統合の夢—ローマ帝国からユーロ誕生まで』伴野文夫訳　日本放送出版協会　2002年
・谷川稔編『歴史としてのヨーロッパ・アイデンティティ』山川出版社　2003年
・遅塚忠躬、近藤和彦編『過ぎ去ろうとしない近代—ヨーロッパ再考』山川出版社　1993年
・西川長夫、宮島喬編『ヨーロッパ統合と文化・民族問題—ポスト国民国家時代の可能性を問う』人文書院　1995年
・P・ノラ編『記憶の場』全３巻　谷川稔監訳　岩波書店　2002～2003年
・平島健司『EUは国家を超えられるか—政治統合のゆくえ』岩波書店　2004年
・廣田功、森建資編『戦後再建期のヨーロッパ経済—復興から統合へ』日本経済評論社　1998年
・宮島喬『ヨーロッパ市民の誕生—開かれたシティズンシップへ』岩波新書　2004年
・宮島喬、羽場久浘子編『ヨーロッパ統合のゆくえ—民族・地域・国家』人文書院　2001年

・谷川稔『国民国家とナショナリズム』山川世界史リブレット　1999年
・O・ダン『ドイツ国民とナショナリズム　1770-1990』末川清ほか訳　名古屋大学出版会　1999年
・平野千果子『フランス植民地主義の歴史―奴隷制廃止から植民地帝国の崩壊まで』人文書院　2002年
・藤澤房俊『大理石の祖国―近代イタリアの国民形成』筑摩書房　1997年
・A・ポーター『帝国主義』福井憲彦訳　岩波書店　2006年
・E・J・ホブズボーム『ナショナリズムの歴史と現在』浜林正夫ほか訳　大月書店　2001年
・E・ホブズボーム、T・レンジャー編『創られた伝統』前川啓治ほか訳　紀伊國屋書店　1992年
・J・M・マッケンジー『大英帝国のオリエンタリズム―歴史・理論・諸芸術』平田雅博訳　ミネルヴァ書房　2001年
・松本彰、立石博高編『国民国家と帝国―ヨーロッパ諸国民の創造』山川出版社　2005年
・M・ヤイスマン『国民とその敵』木村靖二編　山川出版社　2007年
・X・ヤコノ『フランス植民地帝国の歴史』平野千果子訳　文庫クセジュ、白水社　1998年
・歴史学研究会編『国民国家を問う』青木書店　1994年

第8章

・石井規衛『文明としてのソ連―初期現代の終焉』山川出版社　1995年
・J・M・ウィンター『第1次世界大戦』（上・下）小林章夫、深田甫訳　平凡社　1990年
・M・エクスタインズ『春の祭典―第一次世界大戦とモダン・エイジの誕生』金利光訳　ティービーエスブリタニカ　1991年
・木村靖二『二つの世界大戦』山川世界史リブレット　1996年
・R・グレーヴズ『さらば古きものよ』（上・下）工藤政司訳　岩波文庫　1999年
・R・サーヴィス『ロシア革命―1900-1927』中嶋毅訳　岩波書店　2005年
・桜井哲夫『戦争の世紀―第一次世界大戦と精神の危機』平凡社新書　1999年
・W・シヴェルブシュ『敗北の文化―敗戦トラウマ・回復・再生』福本義憲ほか訳　法政大学出版局　2007年

・種田明『近代技術と社会』山川世界史リブレット　2003年
・富山太佳夫『ダーウィンの世紀末』青土社　1995年
・福井憲彦『世紀末とベル・エポックの文化』山川世界史リブレット　1999年
・A・ベルトラン、P・A・カレ『電気の精とパリ』松本栄寿、小浜清子訳　玉川大学出版部　1999年
・穂鷹知美『都市と緑—近代ドイツの緑化文化』山川出版社　2004年
・松浦寿輝『エッフェル塔試論』筑摩書房　1995年
・見市雅俊『コレラの世界史』晶文社　1994年
・J・モリス『パックス・ブリタニカ—大英帝国最盛期の群像』（上・下）椋田直子訳　講談社　2006年
・J・モリス『ヘブンズ・コマンド—大英帝国の興隆』（上・下）椋田直子訳　講談社　2008年
・山田登世子『リゾート世紀末—水の記憶の旅』筑摩書房　1998年
・吉見俊哉『博覧会の政治学—まなざしの近代』中公新書　1992年

第７章

・有田英也『ふたつのナショナリズム—ユダヤ系フランス人の「近代」』みすず書房　2000年
・B・アンダーソン『増補　想像の共同体—ナショナリズムの起源と流行』白石隆、白石さや訳　NTT出版　1997年
・井野瀬久美恵『女たちの大英帝国』講談社現代新書　1998年
・木谷勤『帝国主義と世界の一体化』山川世界史リブレット　1997年
・木畑洋一編『大英帝国と帝国意識—支配の深層を探る』ミネルヴァ書房　1998年
・工藤庸子『ヨーロッパ文明批判序説—植民地・共和国・オリエンタリズム』東京大学出版会　2003年
・栗本英世、井野瀬久美惠編『植民地経験—人類学と歴史学からのアプローチ』人文書院　1999年
・P・J・ケイン、A・G・ホプキンズ『ジェントルマン資本主義の帝国』全２巻　竹内幸雄ほか訳　名古屋大学出版会　1997年
・E・ゲルナー『民族とナショナリズム』加藤節監訳　岩波書店　2000年
・杉本淑彦『文明の帝国—ジュール・ヴェルヌとフランス帝国主義文化』山川出版社　1995年
・竹内幸雄『イギリス人の帝国—商業、金融そして博愛』ミネルヴァ書房　2000年

ほか訳　みすず書房　1993年
・福井憲彦『時間と習俗の社会史―生きられたフランス近代へ』ちくま学芸文庫　1996年
・A・ブリッグズ『イングランド社会史』今井宏ほか訳　筑摩書房　2004年
・F・ブローデル『物質文明・経済・資本主義Ⅰ-1　日常性の構造1』村上光彦訳　みすず書房　1985年
・A・マクファーレン『イギリスと日本―マルサスの罠から近代への跳躍』船曳建夫監訳　新曜社　2001年
・松井道昭『フランス第二帝政下のパリ都市改造』日本経済評論社　1997年
・松塚俊三『歴史のなかの教師―近代イギリスの国家と民衆文化』山川出版社　2001年
・M・ミッテラウアー、R・ジーダー『ヨーロッパ家族社会史―家父長制からパートナー関係へ』若尾祐司、若尾典子訳　名古屋大学出版会　1993年
・山根徹也『パンと民衆―19世紀プロイセンにおけるモラル・エコノミー』山川出版社　2003年

第6章

・G・ヴィガレロ『清潔になる〈私〉―身体管理の文化誌』見市雅俊監訳　同文舘出版　1994年
・R・H・ウィリアムズ『夢の消費革命―パリ万博と大衆消費の興隆』吉田典子、田村真理訳　工作舎　1996年
・内山武夫監修『モダンデザインの父　ウィリアム・モリス』(展覧会図録) NHK大阪放送局　1997年
・P・オブライエン『帝国主義と工業化　1415-1974―イギリスとヨーロッパからの視点』秋田茂、玉木俊明訳　ミネルヴァ書房　2000年
・川本静子、松村昌家編『ヴィクトリア女王―ジェンダー・王権・表象』ミネルヴァ書房　2006年
・S・カーン『時間と空間の文化』(上・下) 浅野敏夫ほか訳　法政大学出版局　1993年
・J=P・グベール『水の征服』吉田弘夫、吉田道子訳　パピルス　1991年
・W・シヴェルブシュ『闇をひらく光―19世紀における照明の歴史』小川さくえ訳　法政大学出版局　1988年

書房　1993年
・柴田三千雄『フランス革命』岩波現代文庫　2007年
・P・シャモワゾー、R・コンフィアン『クレオールとは何か』西谷修訳　平凡社　1995年
・高橋均『ラテンアメリカの歴史』山川世界史リブレット　1998年
・田中治男ほか編『フランス革命と周辺国家』リブロポート　1992年
・遅塚忠躬『フランス革命―歴史における劇薬』岩波ジュニア新書　1997年
・遅塚忠躬ほか編『フランス革命とヨーロッパ近代』同文舘出版　1996年
・W・ドイル『アンシャン・レジーム』福井憲彦訳　岩波書店　2004年
・浜忠雄『カリブからの問い―ハイチ革命と近代世界』岩波書店　2003年
・浜忠雄『ハイチの栄光と苦難―世界初の黒人共和国の行方』刀水書房　2007年
・T・C・W・ブラニング『フランス革命』天野知恵子訳　岩波書店　2005年
・松浦義弘『フランス革命の社会史』山川世界史リブレット　1997年
・G・ルフェーヴル『1789年―フランス革命序論』高橋幸八郎ほか訳　岩波文庫　1998年
・T・レンツ『ナポレオンの生涯』遠藤ゆかり訳　知の再発見双書、創元社　1999年

第5章

・D・J・オールセン『芸術作品としての都市―ロンドン・パリ・ウィーン』和田旦訳　芸立出版　1992年
・川北稔『民衆の大英帝国―近世イギリス社会とアメリカ移民』岩波書店　1990年
・川越修ほか編『近代を生きる女たち――九世紀ドイツ社会史を読む』未来社　1990年
・川島昭夫『植物と市民の文化』山川世界史リブレット　1999年
・喜安朗『パリの聖月曜日―19世紀都市騒乱の舞台裏』岩波現代文庫　2008年
・喜安朗『夢と反乱のフォブール―1848年パリの民衆運動』山川出版社　1994年
・L・シュヴァリエ『労働階級と危険な階級―19世紀前半のパリ』喜安朗

・赤木昭三、赤木富美子『サロンの思想史―デカルトから啓蒙思想へ』名古屋大学出版会　2003年
・P・アザール『ヨーロッパ精神の危機』野沢協訳　法政大学出版局　1973年
・U・イム・ホーフ『啓蒙のヨーロッパ』成瀬治訳　平凡社　1998年
・E・ヴァイグル『啓蒙の都市周遊』三島憲一、宮田敦子訳　岩波書店　1997年
・A・J・エイヤー『ヴォルテール』中川信、吉岡真弓訳　法政大学出版局　1991年
・小林善彦『誇り高き市民―ルソーになったジャン＝ジャック』岩波書店　2001年
・L・コリー『イギリス国民の誕生』川北稔監訳　名古屋大学出版会　2000年
・近藤和彦編『長い18世紀のイギリス―その政治社会』山川出版社　2002年
・R・シャルチエ『フランス革命の文化的起源』松浦義弘訳　岩波書店　1994年
・高橋安光『旅・戦争・サロン―啓蒙思潮の底流と源泉』法政大学出版局　1991年
・田村秀夫編『クロムウェルとイギリス革命』聖学院大学出版会　1999年
・丹後杏一『ハプスブルク帝国の近代化とヨーゼフ主義』多賀出版　1997年
・土肥恒之『ピョートル大帝とその時代―サンクト・ペテルブルグ誕生』中公新書　1992年
・中川久定『啓蒙の世紀の光のもとで―ディドロと「百科全書」』岩波書店　1994年
・J・バリー、Ch・ブルックス『イギリスのミドリング・ソート―中流層をとおしてみた近世社会』山本正監訳　昭和堂　1998年
・R・ポーター『啓蒙主義』見市雅俊訳　岩波書店　2004年
・屋敷二郎『紀律と啓蒙―フリードリヒ大王の啓蒙絶対主義』ミネルヴァ書房　1999年
・弓削尚子『啓蒙の世紀と文明観』山川世界史リブレット　2004年

第4章

・明石紀雄『トマス・ジェファソンと「自由の帝国」の理念』ミネルヴァ

1998年
・J・パーカー『長篠合戦の世界史—ヨーロッパ軍事革命の衝撃　1500～1800年』大久保桂子訳　同文舘出版　1995年
・深沢克己編『国際商業』ミネルヴァ書房　2002年

第2章

・P・H・ウィルスン『神聖ローマ帝国—1495-1806』山本文彦訳　岩波書店　2005年
・上山安敏、牟田和男編『魔女狩りと悪魔学』人文書院　1997年
・N・エリアス『宮廷社会』波田節夫ほか訳　法政大学出版局　1981年
・小倉欣一編『近世ヨーロッパの東と西—共和政の理念と現実』山川出版社　2004年
・近藤和彦『民のモラル—近世イギリスの文化と社会』山川出版社　1993年
・阪上孝『近代的統治の誕生—人口・世論・家族』岩波書店　1999年
・R・シャルチエ『読書の文化史—テクスト・書物・読解』福井憲彦訳　新曜社　1992年
・J・スカール、J・カロウ『魔女狩り』小泉徹訳　岩波書店　2004年
・高澤紀恵『主権国家体制の成立』山川世界史リブレット　1997年
・二宮宏之『フランス　アンシアン・レジーム論—社会的結合・権力秩序・叛乱』岩波書店　2007年
・二宮素子『宮廷文化と民衆文化』山川世界史リブレット　1999年
・P・バーク『ルイ14世—作られる太陽王』石井三記訳　名古屋大学出版会　2004年
・長谷川輝夫『聖なる王権ブルボン家』講談社選書メチエ　2002年
・L・ブノワ『ヴェルサイユの歴史』瀧川好庸、倉田清訳　文庫クセジュ、白水社　1999年
・Y・M・ベルセ『真実のルイ14世—神話から歴史へ』阿河雄二郎ほか訳　昭和堂　2008年
・J・ヘンリー『一七世紀科学革命』東慎一郎訳　岩波書店　2005年
・R・ミュシャンブレッド『近代人の誕生—フランス民衆社会と習俗の文明化』石井洋二郎訳　筑摩書房　1992年
・森田安一『ルターの首引き猫—木版画で読む宗教改革』山川出版社　1993年

第3章

待』昭和堂　2013年
・木村靖二ほか編『ドイツ史研究入門』山川出版社　2014年
・近藤和彦編『イギリス史研究入門』山川出版社　2010年
・佐藤彰一、中野隆生編『フランス史研究入門』山川出版社　2011年

プロローグ

・西川長夫『〈新〉植民地主義論―グローバル化時代の植民地主義を問う』平凡社　2006年
・L・フェーヴル『〝ヨーロッパ〟とは何か？―第二次大戦直後の連続講義から』長谷川輝夫訳　刀水書房　2008年
・福井憲彦、稲葉宏爾『世界歴史の旅　フランス１―ロワール流域から北へ』山川出版社　2005年
・R・ブルーベイカー『フランスとドイツの国籍とネーション―国籍形成の比較歴史社会学』佐藤成基、佐々木てる訳　明石書店　2005年
・K・ポミアン『ヨーロッパとは何か―分裂と統合の1500年』松村剛訳　平凡社　1993年
・宮島喬『移民社会フランスの危機』岩波書店　2006年
・渡辺和行『エトランジェのフランス史―国民・移民・外国人』山川出版社　2007年

第１章

・J・L・アブー＝ルゴド『ヨーロッパ覇権以前―もうひとつの世界システム』（上・下）佐藤次高ほか訳　岩波書店　2001年
・生田滋『大航海時代とモルッカ諸島―ポルトガル、スペイン、テルナテ王国と丁字貿易』中公新書　1998年
・池本幸三ほか『近代世界と奴隷制―大西洋システムの中で』人文書院　1995年
・彌永信美『幻想の東洋―オリエンタリズムの系譜』（上・下）ちくま学芸文庫　2005年（初版1987年）
・I・ウォーラーステイン『近代世界システム　1600-1750―重商主義と「ヨーロッパ世界経済」の凝集』川北稔訳　名古屋大学出版会　1993年
・Ph・D・カーティン『異文化間交易の世界史』田村愛理ほか訳　NTT出版　2002年
・川北稔『砂糖の世界史』岩波ジュニア新書　1996年
・川北稔『ヨーロッパと近代世界』放送大学教育振興会　1997年
・関哲行、立石博高編訳『大航海の時代―スペインと新大陸』同文舘出版

参考文献

まず責任上、本書と姉妹編になるような私自身が著したものから２点をあげたい。福井憲彦『ヨーロッパ近代の社会史―工業化と国民形成』岩波書店　2005年と同『近代ヨーロッパ史―世界を変えた19世紀』ちくま学芸文庫　2010年である。後者は放送大学のテレビ講義用印刷教材を増補改訂したもので、巻末にかなりの量の参考文献をあげてある。

おなじ放送大学で大学院教材として刊行されているのが、木村靖二、近藤和彦『近現代ヨーロッパ史』放送大学教育振興会　2006年で、これも参考文献を含んでいる。

本書は、もともと講談社から全21巻で刊行された『興亡の世界史』シリーズの一冊として出されたもので、同シリーズ内にも関連書は多い。さらに、中公文庫版になった『世界の歴史』全30巻のなかには本書の内容にかかわる巻が多くあり、より専門的な講座ものとしては『岩波講座世界歴史』全28巻中にも関連の巻がある。山川出版社から刊行されている『世界歴史大系』や『新版　世界各国史』、『地域の世界史』といったシリーズものも、歴史的な事実を確認するためには必携であり、有意義である。それらには巻末に参考文献があげられているものがあり、いわば芋づる式に文献を探ることができる。

また読み物としても優れているのは、イギリスの歴史家、故Ｊ・Ｍ・ロバーツが個人で書き下ろした通史『世界の歴史』全10巻のうち後半の６巻以降である。ヨーロッパの歴史家が陥りがちな西欧中心主義的な見方とは異なり、きわめてリベラルに多様な側面に光をあてる姿勢は、私にとってもたいへん参考になった。

以下、各章ごとにあげてある参考文献は、一部の例外を除いて1990年代以降に刊行された日本語文献に限定し、紙面の都合上、章ごとに20冊くらいまで、あまり専門的すぎないものとする。あくまで手がかりであって、ここにあがっていないからといって無視できるわけでないことは、いうまでもない。また、原典資料や古典作品はあげていない。配列は著者名五十音順である。

本書原本の2008年の刊行からこの学術文庫版まで10年近い歳月を経ており、その間に関連書も多く出されているが、それらはここでは補充していない。次のような研究入門書に充実した文献リストが付されている。

・大津留厚ほか編『ハプスブルク史研究入門－歴史のラビリンスへの招

西暦	ヨーロッパ世界とその周辺	その他の世界
2010	ギリシア財政危機深刻化	
2011		東日本大震災と原発事故発生 チュニジアから「アラブの春」拡大
2012	各国で極右的排外主義やポピュリスト勢力台頭	
2013		習近平が中華人民共和国国家主席に就任
2014	ロシアがクリミアに侵攻、占領支配	イスラム国（IS）による西アジアでの戦闘とテロ激化 香港で民主化求める「雨傘運動」 エボラ出血熱、西アフリカで猛威
2015	大量難民流入、EU内で深刻化 パリなどで大規模なテロ事件発生 地球温暖化防止会議でパリ協定合意	
2016	イギリス国民投票でEU脱退へ IS影響下に各地でテロ事件多発	

西暦	ヨーロッパ世界とその周辺	その他の世界
1982		エイズ世界各地で深刻化
1983	ヨーロッパで酸性雨深刻化	
1986	ソ連でチェルノブイリ原子力発電所事故	
1989		中国で天安門事件
1990	シェンゲン協定でEC内の国境検問廃止 西ドイツが東ドイツを吸収し統一ドイツ成立	ルワンダ内戦（～1994）
1991	ユーゴスラヴィア内戦（～1995） ソ連共産党解散とソ連の消滅 バルト三国、ソ連支配から独立回復	湾岸戦争 南アフリカでアパルトヘイト撤廃 アフリカ、大旱魃と内戦で飢餓深刻化
1992	マーストリヒト条約、EC加盟国が調印 国連環境開発会議でリオ宣言採択	
1993	ECから欧州連合EUへ	
1997	地球温暖化防止会議で京都議定書	香港、イギリスから中国に返還
1999	欧州共通通貨ユーロの使用開始	
2001	ニューヨークなどで同時多発テロ	
2002		アフリカ連合AUの発足 SARS（新型肺炎）拡大の警告
2003	米軍、フセイン体制打倒のイラク戦争	
2004	EU、東ヨーロッパ諸国などに拡大	アフガニスタン戦争、新憲法成立後も終わらず
2005	フランスの諸都市郊外で暴動が多発	
2008	リーマン・ショックで世界金融危機 コソヴォ共和国独立宣言	北京オリンピック開催
2009	EUリスボン条約発効、大統領制に	新疆ウイグル自治区で反中国運動激化

西暦	ヨーロッパ世界とその周辺	その他の世界
1951		サンフランシスコ講和条約で日本主権回復
1952	欧州石炭鉄鋼共同体ECSC発足（1951調印）	
1955	ワルシャワ条約機構発足、NATOと対立（～1991）	バンドン会議（アジア・アフリカ会議）
1956	ハンガリー反ソ蜂起、ソ連軍が鎮圧	エジプトによるスエズ運河国有化
1958	欧州経済共同体EEC発足（1957調印）	
1959		カストロ指導下にキューバ革命
1960		日米新安全保障条約調印 アフリカで植民地の独立あいつぐ
1961		ベオグラードで非同盟諸国首脳会議
1962		キューバ危機（核戦争の危機）
1963	ケネディ米大統領暗殺	
1965		米軍によるヴェトナム北爆
1966		中国で文化大革命（～1970年代初頭）
1967	EECから欧州共同体ECへ	東南アジア諸国連合ASEAN設立 第三次中東戦争（6日間戦争）
1968	プラハの春、ソ連軍が鎮圧	
1969		アラファト、PLO議長に就任
1971	ドル・ショック、ブレトン・ウッズ体制崩壊へ	
1972		日中国交正常化
1973	第一次オイル・ショック	
1975	サミット（先進国首脳会議）はじまる	ヴェトナム戦争終結
1979	ソ連、アフガニスタン軍事介入（～1988）	イラン革命でイスラーム政権復活
1980		イラン・イラク戦争（～1988）

西暦	ヨーロッパ世界とその周辺	その他の世界
1920	国際連盟発足も、アメリカ不参加 アメリカでラジオ放送営業開始	
1922	ムッソリーニによるローマ進軍	
1923		トルコ共和国樹立、オスマン帝国滅亡
1925	ロカルノ条約で平和模索	上海から五・三〇運動はじまる
1929	ニューヨーク株式市場大暴落で世界恐慌へ	
1930	この頃ソ連でスターリン独裁体制事実上成立（～1953）	
1931	金本位制停止	
1932		サウジアラビア王国成立 イラク王国独立
1933	ドイツでナチス政権成立（～1945）	
1936		日本で皇道派による二・二六事件
1937		日中戦争開始
1939	第二次世界大戦勃発（～1945）	
1941		太平洋戦争（～1945）
1944	連合軍ノルマンディ上陸作戦実施	
1945	ローズベルト、チャーチル、スターリンによるヤルタ会談 国際連合発足、世界銀行や国際通貨基金も発足	広島・長崎への原爆投下
1946		インドシナ戦争（～1954）
1947		インド独立
1948	欧州経済協力機構OEEC発足	ビルマ独立 イスラエル建国とパレスチナ戦争（～1949）
1949	北大西洋条約機構NATO発足 西ドイツ（ドイツ連邦共和国）と東ドイツ（ドイツ民主共和国）発足	中華人民共和国成立
1950		朝鮮戦争（～1953）に国連軍出動

西暦	ヨーロッパ世界とその周辺	その他の世界
1895	レントゲン、X線発見を公表	イギリス支配下にマレー連合州形成
1896	アテネで第１回近代オリンピック開催	フランス、マダガスカルを領有宣言 フィリピン革命とその挫折（〜1902）
1898	キュリー夫妻、放射線を確認 アメリカ・スペイン戦争	ファショダ事件で英仏の軍部対立 清で戊戌の政変（政治改革失敗）
1899	イギリス・南アフリカ戦争（〜1902）	
1900		義和団事件と列強介入
1902		日英同盟
1903	ライト兄弟、初飛行に成功	
1904	英仏協商	日露戦争（〜1905）
1905	モロッコ事件、独と英仏の対立激化	イラン立憲革命とその挫折（〜1911）
1907	英露協商で三国協商体制へ	
1908		青年トルコ革命
1910		日本による韓国併合
1911		中国で辛亥革命（〜1912）
1912		中華民国建国
1914	第一次世界大戦勃発（〜1918）	
1915		日本、中国に二十一ヵ条要求
1916	アインシュタイン、一般相対性理論公表	
1917	ロシアで革命、ボリシェヴィキ権力掌握	パレスチナにかんするバルフォア宣言
1918	シュペングラー『西洋の没落』第１巻（第２巻、1922）	
1919	ヴェルサイユ条約 ロシア共産党支配下にコミンテルン結成	朝鮮各地で三・一運動 北京から五・四運動はじまる

西暦	ヨーロッパ世界とその周辺	その他の世界
1870	ドイツ・フランス戦争（〜1871）	
1871	ドイツ帝国成立、ビスマルクが首相に就任 パリ・コミューンの蜂起	
1874		日本による台湾出兵
1875	万国郵便連合成立 イギリス、スエズ運河会社を買収	江華島事件の結果、朝鮮開国へ
1876	ベル、アメリカで電話機を発明	オスマン帝国でミドハト憲法制定
1877	イギリス、インド帝国を成立させる	
1878	ベルリン会議でセルビアなどの独立承認	
1879	エディソン、白熱電球を発明	
1880	イギリスで初等教育義務化	
1881		エジプトでウラービー・パシャの蜂起（〜1882） フランス、チュニジアを保護国化
1882	コッホ、結核菌を発見 イギリス、エジプトを事実上保護国化 独・オーストリア・伊の三国同盟	
1884	ベルリン会議で「アフリカ分割」協定	フランス、ヴェトナムを保護国化 ヴェトナムをめぐって清仏戦争（〜1885）
1885		インド国民会議創設
1886	ダイムラー、四輪ガソリン自動車製作	ビルマ、イギリス領インド帝国に併合
1887		フランス領インドシナ連邦成立（〜1945）
1889	パリ万博でエッフェル塔建設	明治憲法（大日本帝国憲法）発布
1894	仏露同盟強化	朝鮮で東学党の乱（甲午農民戦争） 日清戦争（〜1895）

西暦	ヨーロッパ世界とその周辺	その他の世界
1848	ヨーロッパ各地で革命の同時多発	イランでバーブ教徒の反乱（～1850）
1849	リヴィングストン、アフリカ内陸部探検へ	
1851	ロンドンで史上初の万国博覧会	
1852	フランスで、ナポレオン３世による第二帝政開始（～1870）	
1853	クリミア戦争（～1856）	ペリー率いるアメリカ艦隊、浦賀来航 ニューカレドニア、フランス領となる
1854		日米和親条約で鎖国体制崩壊
1856		アロー戦争（～1860）
1857		インド大反乱（～1859）
1858		ムガル帝国滅亡 日米修好通商条約
1859	ダーウィン『種の起原』	
1860		この頃から清で洋務運動展開
1861	イタリアで統一達成、王国の成立 ロシアで農奴解放令 アメリカで南北戦争（～1865）	
1863		フランス、カンボジアを保護国化
1866	プロイセン、戦争でオーストリアを破る 大西洋横断海底電信ケーブル敷設 ドイツのジーメンス、発電機発明	
1867	オーストリアとハンガリーのアウスグライヒ（妥協）により二重帝国に	
1868		明治維新 タイでラーマ５世即位（～1910）
1869	アメリカ大陸横断鉄道の開通 スエズ運河の開通	

西暦	ヨーロッパ世界とその周辺	その他の世界
1793	フランス革命下にメートル法制定	
1795	カント『永遠平和のために』	
1796		清で白蓮教徒の乱（～1804）
1799	ナポレオンのクーデタで革命終息	
1804	ナポレオン、フランスで皇帝に即位 カリブの島でハイチ共和国が独立	
1805		ムハンマド・アリ、エジプト総督となりナポレオンと対峙
1807	フィヒテの連続講演「ドイツ国民に告ぐ」	
1814	ウィーン会議（～1815）	
1815	ナポレオン、セントヘレナ島へ流刑	
1823	米大統領モンロー宣言	
1825	ロシアでデカブリストの乱	
1828		トルコマンチャーイ条約でカージャール朝イラン、ロシアに屈する
1829	ギリシア、オスマン帝国から独立	
1830	フランス七月革命 イギリスで鉄道の本格営業開始（マンチェスター―リヴァプール間）	オランダ領東インドで強制栽培制度実施
1831	ベルギー独立の国際的承認 統一をめざす「青年イタリア」結成	
1833	イギリスで児童労働法制定	
1834	ドイツ関税同盟成立	
1837	イギリスでヴィクトリア女王即位（～1901）	
1839		オスマン帝国でタンジマート開始（～1876）
1840		アヘン戦争（～1842）
1842	フランス、アルジェリアを直轄領に	南京条約でイギリス、香港を奪取
1846	イギリスで穀物法廃止、自由貿易体制へ	

西暦	ヨーロッパ世界とその周辺	その他の世界
	オーストリア継承戦争（～1748）	
1748	モンテスキュー『法の精神』	
1751	フランスで『百科全書』刊行開始（～1772）	
1756	七年戦争（～1763）と同時にインド、北米でも英仏戦争	
1757		プラッシーの戦いでフランスを破ったイギリス、インド支配強化へ
1758	重農主義者ケネーによる『経済表』	
1762	ルソー『社会契約論』	
1765	オーストリアのマリア・テレジア、息子のヨーゼフ２世と共同統治へ（～1780）	
1769	ワット、蒸気機関を改良実用化	
1772	第１回ポーランド分割（1793、95にも）	
1776	トマス・ペイン『コモン・センス』	
	アメリカ独立宣言	
	アダム・スミス『国富論』	
1779	クロンプトン、ミュール紡績機発明	
1782		タイのラタナコーシン（チャクリ）朝成立（～現在）
1783	パリ条約でアメリカ独立承認	
1785	カートライト、力織機を発明	
1788	アメリカ合衆国憲法発効	
1789	ワシントン、アメリカ合衆国初代大統領に就任	
	バスチーユ攻略、フランスで革命勃発	
	フランス革命下に「人権宣言」採択	
1792	フランスで王政廃止、共和政成立	ロシア使節ラクスマン、日本に通商を迫る

西暦	ヨーロッパ世界とその周辺	その他の世界
1641		江戸幕府の一連の禁令による鎖国体制確立
1642	イギリスで「ピューリタン革命」(～1649)	
1648	ウェストファリア条約	
1651	イギリス、最初の航海法を制定	
1661	ルイ14世、親政を開始（～1715）	
1662	イギリス王立協会発足	
1664	ニューアムステルダムをイギリスが攻略、ニューヨークになる	
1666	フランス科学アカデミー設立	
1674		インド東岸のシャンデルナゴル、フランスの拠点になる
1682	フランス、ヴェルサイユ宮殿完成 ロシアでピョートル大帝即位（～1725）	
1683		オスマン帝国軍によるウィーン包囲失敗
1687	ニュートン『プリンキピア』	
1689	イギリスで「権利の章典」による立憲主義の明確化	
1690	ロック『人間悟性論』『統治二論』	カルカッタにイギリス東インド会社商館建設
1700	ロシア、スウェーデンと北方戦争(～1721)	
1701	スペイン継承戦争（～1714）	
1707	イングランドとスコットランドが合併してグレイト・ブリテン王国成立	
1721	イギリスでウォルポール内閣成立(～1742)	
1740	プロイセンでフリードリヒ大王即位(～1786)	

西暦	ヨーロッパ世界とその周辺	その他の世界
1558	イギリスでエリザベス女王即位（～1603）	
1559	カトー・カンブレジの和約でイタリア戦争終結	
1562	フランス宗教戦争で内乱状態（～1598）	
1576	ボダン『国家論』	
1581	オランダ（ネーデルラント）独立宣言	
1582		天正遣欧使節の派遣（～1590）
1583		イエズス会士マテオ・リッチ中国で伝道開始
1592		秀吉による朝鮮出兵（～1593）（1597～98にも出兵）
1598	フランス、ナントの王令で宗教対立を収拾	
1600	イギリス東インド会社設立	
1602	オランダ東インド会社設立	
1603		徳川家康、江戸幕府を開始（～1867）
1612		江戸幕府によるキリスト教禁教令 この頃、山田長政、タイに日本町建設
1618	三十年戦争（～1648）	
1619		バタヴィアにオランダ商館建設
1623		アンボイナ事件でオランダ、イギリスをモルッカ諸島から排除
1625	グロティウス『戦争と平和の法』	
1628		インドでシャー・ジャハーン、第５代ムガル皇帝に即位（～1658）
1633	ガリレイ、宗教裁判で有罪宣告	
1637	デカルト『方法叙説』	

年　表

西暦	ヨーロッパ世界とその周辺	その他の世界
800	カール、皇帝として戴冠	
1415	ポルトガル、セウタを攻略	
1453	オスマン帝国によってビザンツ帝国滅亡	
1488	ディアス、喜望峰に到達	
1492	コロンブス、大西洋横断航海に成功	
1494	イタリア戦争はじまる（～1559）	
1498	ヴァスコ・ダ・ガマ、インド到達	
1509	人文主義者エラスムス『愚神礼賛』	
1510		ポルトガル、インド西岸ゴアを占領
1511		ポルトガル、要衝マラッカを占領
1516	トーマス・モア『ユートピア』	
1517	ルター「九十五箇条の論題」公表以降、宗教改革本格化	
1519	マゼランの船団、世界周航へ（～1522）	
1520		オスマン帝国でスレイマン１世即位（～1566）
1521	コルテス、アステカ帝国を征服	
1532	マキァヴェリ『君主論』	
1534	首長法でイギリス国教会成立	
1540	イエズス会、公認修道会になる	
1543	コペルニクス『天球回転論』で地動説公表	ポルトガル人、種子島に漂着
1545	スペイン、南米でポトシ銀山を発見 トレント公会議（～1563）でカトリック宗教改革	
1549		イエズス会士シャヴィエル日本で伝道開始
1555	アウクスブルク宗教和議	
1557		ポルトガル、マカオに居留地確保

国側からの信頼を得て国際社会での地位を向上させられるよう積極的に活動し、フランス外相ブリアンと協力して独仏協調を模索、安定した対外関係のもとでのドイツ経済の復興を忍耐強く追求した。

シューマン　Robert Schuman（1886～1963）　フランスの政治家で、モネとならび「ヨーロッパの父」といわれる。弁護士活動ののち、第一次世界大戦後に議員となり、ナチス占領下にはレジスタンスに参加、戦後には蔵相と首相を経験したあと外相として戦後復興に貢献した。ドイツを含めたヨーロッパ各国の協調を模索し、重要資源を共同管理する「シューマン・プラン」を提唱、欧州石炭鉄鋼共同体を実現させた中心人物となった。

モネ　Jean Monnet（1888～1979）　第二次世界大戦後に「ヨーロッパの父」といわれたフランスの経済学者。第一次世界大戦後に国際連盟の事務次長を務め、第二次世界大戦期にはイギリス政府に協力して軍需補給面などで活躍した。アメリカ合衆国をはじめ海外での経済活動や交渉経験が豊富で、戦後にはフランスの経済復興のための「モネ・プラン」を推進し、欧州石炭鉄鋼共同体の形成に協力した。晩年は、ヨーロッパ合衆国構築のための活動を進めた。

アデナウアー　Konrad Adenauer（1876～1967）　ドイツの政治家。ケルン市長として市の発展に寄与していたが、ナチスに反対して免職とされ投獄されるなど辛酸をなめた。戦後ドイツにおいて、イギリス統治地区にキリスト教民主同盟を結成して党首となり、ドイツ連邦共和国（西ドイツ）憲法制定に参加、共和国成立と同時に初代首相となって、西ドイツの戦後復興と国際社会への復帰に尽力するとともに、ドイツとフランスの和解にも尽くした。

ヘン戦争によってそれが困難になり、アフリカに医療伝道師として渡航。まだ外部の人間には知られていなかった内陸部を探検しつつ、医療伝道につとめた。いったん帰国後、再度アフリカを探検している最中消息不明となり、アメリカ人記者スタンリが捜索しにアフリカに入り、彼を探しあてたことは有名な逸話となっている。

トクヴィル　Alexis de Tocqueville（1805～1859）　フランスの政治家、政治学者。貴族の家系であるが自由主義的な政治活動を展開。学者としても、フランス革命がたんなる断絶ではなく、中央集権的国家編成という面では旧体制と連続的な性格をもっていることを指摘、またアメリカの民主主義を観察して、その可能性と同時に衆愚政治の危険をもはやくから指摘した。この慧眼の理論家にして、アルジェリアにたいしては徹底した差別意識を示していることは、考えさせられるところ大である。

ウィルソン　Woodrow Wilson（1856～1924）　アメリカ第28代大統領。法学と経済学双方を修め、プリンストン大学総長として学内改革を実施したのち、民主党から州知事に、そして1912年には大統領に当選した。連邦準備銀行制度の確立、反トラスト法、女性参政権の実現など、多くの国内改革を推進したが、中南米政策は強硬であった。第一次世界大戦へは不参戦の姿勢をとり、それによって再選されたが、ドイツの無差別潜水艦攻撃によって被害が大きくなるにつれ、反ドイツの世論におされて連合国側での参戦を決定した。戦後の講和会議では主役の一人となって国際連盟成立にも奔走したが、自国においてはその外交活動は評価されなかった。

ブリアン　Aristide Briand（1862～1932）　フランスの政治家。生涯に首相11回、外相10回を歴任。若い頃には弁護士、ジャーナリストとして急進的な改革派に属していたが、1902年から社会党議員として活動を開始し、20世紀はじめの政教分離法成立運動から議会内で重きをなすようになった。第一次世界大戦中に連立内閣の首相兼外相として活躍し、戦後にはヨーロッパ内の協調を模索、のちの欧州連合の先駆ともいえる提言などをしている。

シュトレーゼマン　Gustav Stresemann（1878～1929）　ドイツの政治家。第一次世界大戦以前から帝国議会議員として政治活動を開始、大戦後の1923年にヴァイマール共和国の首相兼外相に就任、外相としては死去する29年まで継続してシュトレーゼマン外交といわれた。ドイツが連合

ダーウィン　Charles Darwin（1809〜1882）　イギリスの博物学者。海軍の測量船ビーグル号に乗って南アメリカ沿岸部、太平洋諸島、オーストラリアなどを博物学的観点から調査、生物進化について着想を得た。帰国後、動物学、地質学などの研究に携わりながら、種の起原と生物進化についての論考をまとめ、ほぼ同時に同様の論文をまとめていたウォレスの自然淘汰論とともにリンネ学会で発表した。彼らの説は賛否両論、多くの議論を誘発することになった。

シベリウス　Jean Sibelius（1865〜1957）　フィンランドの作曲家。ヘルシンキ音楽院で作曲を勉強したのちベルリン、ウィーンに留学、帰国の翌年1892年に発表して爆発的人気をえたデビュー作、交響詩「クレルヴォ」は、フィンランドの叙事詩『カレワラ』に着想を得たものであった。さらに1899年に発表した交響詩「フィンランディア」が、ロシアによる支配から脱却したい当時のフィンランド国民によって熱狂的に支持され、音楽がナショナリズムにとって大きな手段でありうることを示すものとなった。

ノースクリフ　Viscount Northcliffe（1865〜1922）　新聞の成功によって子爵を授与されたイギリスのジャーナリスト。本名はアルフレッド・ハームズワース。1896年に『デイリー・メイル』を創刊、宣伝広告からの収入を基盤とする安価な大衆向け新聞として成功、1905年には日曜紙『オブザーバー』を、1908年には伝統ある『タイムズ』紙を買収した。彼の新聞は愛国的な記事によって大衆の心をつかみ、第一次世界大戦では宣伝担当としてドイツを叩くキャンペーンを張った。

ヴィクトリア女王　Victoria（1819〜1901）　イギリス女王、1877年からはインド女帝を兼ねる。1837年、18歳で即位したのち、1840年にアルバート公と結婚、平和で模範的な家庭としての王室イメージを国民にあたえると同時に、立憲君主としての役割を果たして王室の地位を安定させた。ヴィクトリア道徳といわれるような、女性は私的領域に留まるべきだとするイデオロギーが支配していた時代に、64年にわたる治世を通して繁栄の時代を維持し、政治的にも力を示した女王の存在は、いささか逆説的なものであらざるをえなかったともいえる。

リヴィングストン　David Livingstone（1813〜1873）　スコットランド出身の宣教師でアフリカ探検家。はじめ中国への伝道を志していたが、アフェリー」なども揶揄されたが、共和主義体制がフランスで定着するのに貢献したことは間違いない。

パストゥール Louis Pasteur（1822～1895） フランスの化学者にして細菌学者。醗酵の研究から乳酸菌を発見するなどし、細菌の存在とその働きを解明した。彼の研究は現実への応用を第一の目標とするものが多く、低温殺菌法の開発によるフランス・ブドウ酒生産の一大発展への寄与、微粒子病の研究による養蚕業への貢献、狂犬病予防接種の開発など、多くの成果を残した。彼の名を冠したパストゥール研究所は、現在でも世界有数の理化学研究所である。

エディソン Thomas Edison（1847～1931） 生涯に多種多様な1300余の特許を得たアメリカの発明家。鉄道での新聞の売り子をしながら自己流で実験をするなど、独学で才能を磨き、電信の自動中継器を発明したのを皮切りに、つぎつぎと諸種の装置を発明した。とくに1879年に苦労の末に成功した炭素フィラメントをもちいた白熱電球の開発は、世界の社会生活を一変させていくことになる。

ヘンリ・フォード Henry Ford（1863～1947） アメリカの技術者で実業家。エディソン電灯会社の機械工から身を起こし、1890年代から自己流で自動車の組み立てに成功した。1902年にフォード自動車会社を設立すると、部品の標準化や流れ作業を取り入れたフォード・システムという生産方式を考案して安価な自動車の大量生産に成功し、モータリゼーションの基礎をあたえることになる。敬虔なプロテスタントでもあり、刻苦勉励の倫理と社会貢献を、徹底した合理化とともに実践したことで、台頭期のアメリカを代表する実業家といってよいであろう。

キュリー夫妻 Marie Curie（1867～1934），Pierre Curie（1859～1906） 夫婦とも物理学者、化学者にして、現代の原子核物理学の開拓者。1895年に結婚、共同で研究してウラン鉱から放射性元素を確認し、ラジウム、ポロニウムと命名した。ポロニウムは、マリがポーランド出身であることに由来する命名であった。夫婦とも、1903年にノーベル物理学賞を受賞。パリ大学教授であった夫ピエールの事故死ののち、妻のマリがその後任となり、女性でしかも外国出身者でパリ大学教授というのは、当時としては破格のことであった。マリは、1911年にノーベル化学賞も受賞している。

による初代の総長になった。

アルフレート・クルップ　Alfred Krupp（1812〜1887）　一代で巨大な鉄鋼会社を構築したドイツの実業家。14歳で、父親が残した鋳鉄工場を継承し、自助努力と、当時のプロイセンにおけるビスマルク主導下の富国強兵路線をとらえて、町工場を巨大な兵器産業にまで成長させた。いわば産業資本主義勃興期における立志伝中の代表的事例をなす経営者である。

ナポレオン３世　Napoléon III（1808〜1873）　皇帝ナポレオンのひそみにならって、第二共和政の混乱を収拾するクーデタで権力をとってフランス皇帝を名乗り、第二帝政を開始した。一種の開発独裁的手法でフランスの工業化やパリ改造を推進させ、イギリスやドイツとの対抗を強烈に意識した。二月革命が起こるまではヨーロッパ各地を転々とし、相当にいかがわしい生活でもあったが、大ナポレオンの甥という利点を最大限活用した破格の人物であったといえよう。

ビスマルク　Otto von Bismarck（1815〜1898）　ドイツの政治家。土地貴族の出身でプロイセン官吏となったのち、大使など外交活動を経てプロイセン首相となる。19世紀後半における富国強兵政策を強力に推進、巧みな外交手腕によってプロイセン主導による統一ドイツ帝国の形成を実現し、その初代首相として皇帝ヴィルヘルム１世を支えた。ヴィルヘルム２世とは意見が対立して引退したが、ドイツ各地にはビスマルク像が建立され、ナショナリズムのシンボルとされた。

カール・マルクス　Karl Marx（1818〜1883）　ドイツの社会主義理論家で革命運動家。ヘーゲル哲学の研究から出発し哲学的考察を刊行したが、若い頃から社会主義的革命運動にも積極的に関与して『共産党宣言』などを著し、他方『ルイ・ボナパルトのブリュメール18日』などではジャーナリスト的な現状分析の才能も示している。未完の大著『資本論』は死後に友人のエンゲルスによって出版され、19世紀末以降の社会主義運動に多大な影響をあたえることになった。

ジュール・フェリー　Jules Ferry（1832〜1893）　フランス第三共和政初期に首相を務めた政治家。共和派のリーダーとして無償義務の初等教育制度を確立し、対外的には積極的な植民地獲得政策を展開した。批判派からは「日和見主義」とか、インドシナでの苦戦を皮肉られて「トンキン・

ム。現実風刺の作品によって投獄されるなど波乱の時期を経験したが、イギリス滞在からの帰国後、とくに『哲学書簡』を刊行後は、文学作品の著者としてだけでなく啓蒙思想家としてもサロンなどで厚遇され、『ルイ14世時代史』などの歴史書から小説にいたるまで、多くの作品を著して多大な影響力をもった。

ジャン・ジャック・ルソー Jean-Jacques Rousseau（1712～1778）
ヨーロッパ近代思想に大きな影響をおよぼした啓蒙思想家。ジュネーヴに生まれ、苦労の多い青年時代に自学自習によって教養を磨き、パリに出てのち、その文筆の才能と理論の冴えで一躍サロンの寵児となった。他の啓蒙思想家が多く懐疑論的立場をとるのにたいし、ルソーは一種の自然宗教論に立ち、人間の自然性の回復を説いた。その教育論や社会契約論は、いずれも個と全体を問う近代思想に多くの刺激をあたえつづけた。

アダム・スミス Adam Smith（1723～1790） イギリス（スコットランド）を代表する啓蒙思想家にして経済学者。富の源泉を労働に求める主張を推し進め、「見えざる手によって導かれている」という表現で有名なように、個々人による経済活動の自由な展開を基本とする自由主義経済思想の基礎を据えた。しかし自由市場での競争を絶対化したわけではなく、その経済学は倫理思想に裏打ちされた総合的な人間科学を追究するものだったことを見逃してはならない。

ナポレオン・ボナパルト Napoléon Bonaparte（1769～1821） ヨーロッパ帝国形成をもくろんだフランス皇帝。コルシカ島出身の軍人で、若くしてフランス革命軍の指揮官として実力を発揮し、革命末期の混乱を収拾するかたちでクーデタによって権力を掌握した。私的所有権の確認や民法典の発布など革命を継承する姿勢をとりつつ、他方では独自の貴族制の復活や身びいきの人事など、軍事独裁的な面をもった。イメージを訴えて国民をつかむ能力や、状況判断の鋭さは抜群であったが、軍事的天才であったかについては議論がありうるであろう。

フィヒテ Johann Gottlieb Fichte（1762～1814） ドイツのナショナリズム形成において重要な位置を占める哲学者。カント哲学を引き受けるかたちで思想活動を展開したが、とりわけ有名になったのは、ナポレオン軍によって占領されたドイツで「ドイツ国民に告ぐ」という連続講演をしてドイツ再建を訴えたことが大きい。ベルリン大学の創立にも関与し、互選

バレエなどの公演活動を奨励したことでも知られる。

フリードリヒ2世（大王） Friedrich II (der Grosse)（1712～1786）　典型的な啓蒙専制君主といわれるプロイセン国王で、生前より大王と呼ばれた。若い頃には啓蒙思想に熱中し、父王と激しく対立したこともあった。「国王は国家第一の下僕なり」といったといわれるが、国王になったのちにもヴォルテールやダランベールと交友をもち、国制の改革に腐心した。軍制を整えて常備軍を置き、産業を育成するとともに文化振興にもつとめ、新興国家であったプロイセンを強国化し、その後の方向を決定づけた。

マリア・テレジア　Maria Theresia（1717～1780）　オーストリア帝妃にしてハンガリー・ボヘミア女王。そのハプスブルク家の家督継承をめぐる諸国からの干渉戦争をしのぎ、帝位は夫のフランツ1世に委ねたが、内外政いずれにおいても側近を巧みに使う政治的手腕を発揮し、国内改革を推進した。16人の子を儲け、夫の死後は長男ヨーゼフ2世と共同統治し、娘マリ・アントワネットをのちのルイ16世に嫁がせ、長年の宿敵フランスと手を組む「外交革命」を実行した。

エカテリーナ2世　Ekaterina II（1729～1796）　ロシアの女帝。ドイツ貴族の生まれで、のちのピョートル3世と結婚、ロシア正教に改宗して名前もロシア風に改めた。側近と計らって夫の皇帝を廃し、みずから女帝となる。はじめヴォルテールやディドロに意見を求めるなど、啓蒙的近代化を志していたが、プガチョフの乱やフランス革命をうけて反動化した。ポーランド分割やシベリア経営にも積極的で、ロシアを強大な帝国に仕立てた女傑である。

ジョン・ロック　John Locke（1632～1704）　イギリスの哲学者、政治思想家。現代風にいえば、人文・社会科学だけでなく自然科学の学業にも通じ、医師として大貴族の侍医となるなど、碩学というにふさわしい学識をもって各地の学者とも交流した。なにより啓蒙思想の先駆者として社会契約論を説き、現実政体としては立憲制を主張した。近代思想史への影響はたいへん大きかった。

ヴォルテール　Voltaire（1694～1778）　フランス啓蒙思想を代表する文筆家。本名François Marie Arouetといい、ヴォルテールはペンネー

フランソワ１世　François I（1494〜1547）　中世的な秩序から脱却してフランス王権の強化を実現した国王。皇帝位をカール５世と争い敗れ、イタリア戦争でもカールに屈したかたちとなったが、フランス国内においては王権の統治システムの整備に腐心し、公用語としてフランス語を明確に位置づけるなど、王権のもとで近代的な主権国家に向かう足場を築いた。母親による教育のもとに幼少期からイタリア文化になじみ、人文主義的教養もそなえた国王で、晩年のレオナルド・ダヴィンチを招聘するなど、フランスにルネサンスを導入したことでも知られる。

マルティン・ルター　Martin Luther（1483〜1546）　ドイツの宗教改革者。神学を研究する真面目な修道士として1510年から11年にかけて、修道会の任務でローマを訪れ、その世俗にまみれた状態に驚愕したといわれている。ローマ法王庁への公然とした批判にたいして何回となく審問が課されたが、彼は断固として神の恩寵の絶対性を説いて、自説を撤回しなかった。21年にはついに破門処分を受けたが、かえってそれが、みずから訳したドイツ語版聖書の頒布とあわせ、改革派の裾野を広げることにつながった。彼自身は運動家ではなかった。むしろ、信念を貫くことによって時代をとらえ、状況の力に背中を押された宗教者であった、といえるのではないか。

リシュリュー　Richelieu（1585〜1642）　フランス、ルイ13世の首席顧問官、事実上の宰相。貴族の権限を縮小し、フランス王権の中央集権的な発展に寄与した。同時にカトリック教会の枢機卿として、国内の新教派を武力行使してでも弾圧したが、三十年戦争にあっては、フランスの国益のために新教派と連携することも辞さず、カトリックのスペインに宣戦布告した。国内産業の育成や海外植民地獲得にも積極的で、文化面ではアカデミー・フランセーズを組織するなど、文化国家としての威信を高めようと腐心している。

ルイ14世　Louis XIV（1638〜1715）　フランス絶対王政期を代表する国王。ルイ大王ともいわれてきた。5歳で即位し、その統治時代は70年を超えている。即位直後に、パリの高等法院や貴族を中心としたフロンドの乱で命からがらパリを脱出した経験から、ヴェルサイユに豪奢な宮殿を新築して宮廷を置き、パリから首都の性格を奪って一線を画した。みずから前線に赴いた国王であったが、絶えず繰り返された戦争の出費と、不作や飢饉の影響によって、その治世は決して安泰ではなかった。音楽や演劇、

主要人物略伝

カール大帝　Karl der Grosse（独），Charlemagne（仏）（742～814）
フランク王国を最大版図にした国王で、ローマ皇帝としての帝冠を800年に受けた。アーヘンに宮殿を置き、イタリア半島においてはランゴバルド王国を滅ぼし、他方、当時はいまだ異教の地であったザクセンを征服し、バイエルンも支配下において、のちのドイツの基礎を築いた。しかも、現在のフランスの地を統一的に支配したのみならず、ピレネ山脈を越えて、いまだイスラーム勢力の支配する地であったイベリア半島、すなわち後世のスペインの制圧も試みた。彼の死後しばらくして、フランク王国は３分割され、のちのイタリア、フランス、ドイツの基礎ができた。ドイツやフランスでは、カール大帝（フランスではシャルルマーニュ）は歴史的に国の基本を築いた人物として評価され、さらに欧州連合の時代になると、ヨーロッパ統合の歴史的起源とも見なされるようになった。

コルテス　Hernán Cortés（1485～1547）　アステカ帝国を征服した、スペインのコンキスタドールの先駆。下級貴族の家柄であったが、法律の勉強を途中でやめて1504年、イスパニオラ島へと大西洋を横断し、アメリカでの冒険に賭けた。メキシコ湾から内陸部への制覇に向かい、わずか600名ほどの人員で1519年、アステカ王国の首都テノチティトラン（現メキシコ市）まで突き進んだ。アステカ王国は、彼を神の化身と誤認して迎えた、という説もある。スペイン人同士の内紛、現地住民の反乱などもあり、最終的に首都を破壊し、王国を滅亡させた。彼はメキシコに領地を得て製糖業をはじめ農場経営に携わり、インディオの改宗にも熱心に取り組んで、初期のスペイン支配におけるエンコミエンダ（委託）の模範的な担い手にもなった。しかし晩年は本国政府との確執もあり、不遇のうちに生涯を閉じた。

カール５世　Karl V（1500～1558）　1516年、スペイン王カルロス１世として即位、フランスのヴァロワ家のフランソワ１世と皇帝位を争ったすえ、1519年には神聖ローマ皇帝として選定され、ハプスブルク家の勢力範囲をきわめて大きなものとした。彼の統治時代は、スペインのアメリカ支配の拡大期と重なっていたが、しかしイタリア戦争に加えてドイツ内における諸侯との対立、ルターにはじまる宗教改革派への対応など、難題をかかえて安定しなかった。

〈ラ行〉

ラジウム　250
ラシュタット条約　99
ラフミュージック　95
ラム酒　45
ランデス　185
リヴィングストン＊　298, 299
リエージュ　221
リシュリュー＊　77, 78, 92
リスト　223
リスボン　31, 32, 50
リセ　264
『リソルジメント』 272
立憲王政　102, 103, 122-124, 147, 150, 151, 154, 160, 186
立法権　139
リトルイタリア　202
リビドー　250, 251
量子仮説　250
領主　65, 67, 151, 153, 176, 234
領主権　149
領邦教会制　74
ル・ノートル　85
ルイ一三世　54
ルイ一四世＊　52, 54, 66, 85, 86, 96, 98, 99, 122
ルイ一六世　108, 109, 144, 145, 154
ルイジアナ　55
ルール　335
ルクルーゾ　226
ルシャプリエ法　161
ルソー＊　124, 125, 163
ルター＊　72, 73, 75
ルナン　274, 301
ルネサンス　71, 347
ルフェーヴル　147, 153
ルロワ・ラデュリ　236
冷戦　348, 349, 351, 353
レオ一〇世　71
歴史学　345, 346
レコンキスタ　28, 297
レゾン・デタ　78
連合軍　18, 324, 340
レントゲン　249
連邦制　139, 352
連邦中央議会　139
連邦中央政府　131, 139, 140
ロイド社　231
労働組合　210, 339
労働収奪型経営　194, 207
労働人口　235, 236, 338
労働争議　209
ローテンブルク　18
ローマ法王　70, 71
ロカルノ条約　342
ロココ様式　87
ロシア・バレエ団　254
ロシア革命　327
ロスチャイルド銀行　229
ロック＊　123, 124, 138
ロベスピエール　154
ロマン主義　272, 345, 346
ロヨラ　81
ロンドン　105, 180, 193, 227, 246, 304, 308
ロンドン万国博覧会　218

〈ワ行〉

ワシントン　131, 136, 140, 141
ワスプ　143
ワット　182
ワルシャワ・ゲットー　345

マゼラン　33
マテオ・リッチ　82
マドラス　56
マニュファクチャー　182
マラッカ　30
マリ・アントワネット　87, 109, 154
マリア・テレジア＊　87, 99, 109, 234
マルクス＊　194, 214, 215
マルチニック　294
マンチェスタ　194
マンハッタン　53
見えざる手　128
ミケランジェロ　71
ミシュラン　247
ミストラル　241
南アフリカ　293, 303
ミュージアム　253
明　29, 30
民衆　73, 90, 93-95, 135, 144, 147, 151, 152, 181, 194, 211, 214, 238, 302
民衆文化　95
民主革命　132
民主主義　125, 130, 145, 297, 340, 341, 344, 353
民族意識　284, 285
民俗研究　238
民族自決権　343
民族主義　280, 283
無意識　251, 300
無償義務教育　265
無政府主義者　214
ムラート　46, 168
名誉革命　102
メートル法　161
メスティソ　46, 168
綿織物　41, 56
免罪符　72
免税特権　107, 109, 146
モーターショー　247
モータリゼーション　247
モーツァルト　96
モスクワ　165, 193
「モダン・タイムス」　188
モネ＊　350
モネ・プラン　350
モラル・エコノミー　152
門戸開放　291, 292
モンテネグロ　281
モンロー　170

〈ヤ行〉

ヤイスマン　286
ヤナチェク　285
ユーゲント・シュティル　311
優生学　252, 290, 301
ユーラシア大陸　13
ユーロ　352
ユダヤ人　290, 340, 341
ユダヤ人攻撃　354
ユダヤ人迫害　345
ユトレヒト条約　99
『夢の解釈』　251
ユリウス二世　71
ユンカー　108
傭兵隊長　88
ヨークタウン　139
ヨーゼフ二世　109, 234, 235
ヨーロッパ合衆国　350
『ヨーロッパ精神の危機』　121
ヨーロッパの火薬庫　282
ヨーロッパ復興計画　348
ヨーロッパ連邦　342
余剰資本　304
四八年革命　208, 212, 213, 280, 282

271, 280-282
フロイト　250, 251
プロヴァンス　16, 241, 266
ブロック化　58, 336, 354
プロテスタント　49, 74, 75, 77-80, 82, 83, 88, 90, 101, 143, 248, 297
プロト工業化　184, 222
プロパガンダ　203, 331
文化闘争　272
文書館　15, 347
文筆の共和国　119
フンボルト　263
米英戦争　142
兵役　237, 339
ペイトリオッツ　135
平民　104, 149, 150, 205
ヘーゲル　264
北京条約　292
ベクレル　249
ペスタロッチ　262
ペスト　178, 244
ベッカリーア　126
ベッセマー　218, 221
ペテルゴーフ宮　87
ペテルブルク　87
ベネディクト・アンダーソン　274
ベネルクス三国　350
ベルエポック　309-311, 318
ベルクソン　251
ヘルダー　277
ヘルツェゴヴィナ　319
ベルリン　87, 108, 164, 193, 246, 351
ベルリン条約　319
ベルリン大学　264
ベンガル　56
変動相場制　352
ヘンリ・メイヒュー　194
ヘンリ八世　101
ボイル　88
法王庁　70-73, 80-82
封建的特権　153, 204
放射線　249, 250
紡績機械　182
法服貴族　86, 96
ポーター　297
ホガース　180, 181
ポグロム　200, 290
保護関税体制　223, 228
ボシュエ　121, 122
ボストン　134
ボストン茶会事件　134
ボダン　66, 67, 89
ホッブズ　124
北方戦争　110
ポテト革命　175
ポトシ銀山　39
ホブズボウム　275
ボヘミア　281
ボリシェヴィキ　216, 327
ポリティーク派　67
ポリティカル・エコノミー　127, 152
ポルトガル植民地　171
ポロニウム　250
ポワンカレ　320
香港　292
ポンディシェリ　56
ポンド　227, 231, 304
ボンベイ　56

〈マ行〉

マーシャル・プラン　348, 349
マーストリヒト条約　353, 354
マカオ　30, 295
マグレブ三国　294
マジャール人　281
魔女狩り　38, 82

反ユダヤ主義　290
東ヨーロッパ　83, 110, 111, 176, 202, 207, 233, 234, 280, 290, 311, 341
飛行船　324
ピサロ　34
美術館　19, 253, 347
ビスマルク＊　214, 224, 271, 272, 296, 297, 306, 315, 316
百年戦争　55, 64
『百科全書』114, 116, 174
ピューリタン革命　102
ピョートル大帝　87, 110
ビルマ　293
ファシスト　336
フィヒテ＊　166, 264, 270, 272, 277
フィラデルフィア　135, 139
フィリップ　98
フィロゾーフ　114, 116
フィン人　285
「フィンランディア」 285
ブール人　293
フェミニズム　118
フェリー法　265
フェリブリージュ　241
フェリペ　33
フェリペ二世　69
フェリペ五世　98
フォークロア　238
フォード＊　247
フォード・システム　247
フォルクスクンデ　238
フォルクロール　238
プガチョフ　110
複合革命　147
福祉国家　261, 328, 340
武家貴族　88, 96
富国強兵　23, 108, 205, 214, 221, 223, 224, 230, 260, 271, 287, 295
フス　73
ブダペスト　246, 308
『プチ・ジュルナル』 254
普通選挙　214, 265, 286
フッガー家　41
仏露同盟　231, 305, 316
ブラマンテ　71
ブランク　250
フランクリン　132, 137
フランシスコ・シャヴィエル　82
フランス革命　60, 108, 109, 122, 124, 145, 156, 157, 159-163, 169, 204, 211, 219, 223, 258-260, 262, 269, 276, 277
フランス式庭園　85
フランス東インド会社　56
フランス領インドシナ　294
フランソワ一世＊　68, 83
フランツ一世　109
プランテーション　43-46, 52, 55, 186
ブラント　345
フランドル地方　222
ブリアン＊　342
フリードリヒ二世(大王)＊　87, 108, 234
ブリュメール　160
『プリンキピア』 89
ブルジョワ階級　205
ブルターニュ　241, 266
ブルボン家　98, 99
フレーベル　262
プレスター・ジョン　37
ブレトン・ウッズ体制　352
プロイセン　87, 99, 108, 109, 122, 166, 176, 193, 214, 223, 224, 234, 263, 270,

211, 293
ナポレオン帝政　222, 259, 277
ナポレオン法典　165
南北戦争　313
ニーチェ　251
ニコライ二世　318
二〇世紀の「三十年戦争」　337
西ドイツ　348
西ヨーロッパ　13, 110, 111, 122, 178, 184, 207, 233, 235, 265, 280, 309, 311, 349
日英同盟　321
日本　13-16, 18, 19, 22, 24, 30, 51, 64, 82, 88, 91, 94, 125, 147, 179, 181, 199, 211, 217, 224, 230, 244, 262, 292, 298, 321
ニューアムステルダム　53
ニューコメン　182
入植移民　201
ニュートン　88, 89
乳幼児死亡率　177, 310
ニューヨーク　53, 335
ニューヨーク株式市場　336
ネイション　267-269, 273-277, 280, 282, 283, 287, 290, 301
ネーデルラント　49
ネポティズム　166
農業革命　174, 233
農村社会　184
農村文化　237
農奴　110, 111, 234
農奴解放令　234, 235
ノースクリフ革命　289
ノーベル平和賞　342

〈ハ行〉

ハーグ　318
バーミンガム　193
排外的ナショナリズム　288, 290, 307, 314, 340, 341, 362
売官制　149
配給制　330
「背後からの匕首」　341
「背後からの一撃」　341
廃州置県　159, 160
ハイチ　131, 169, 171
配当　231
バイロイト　254
パウルス三世　81
博愛的帝国主義　298, 300
バクーニン　214
ハクスリー　252
バスチーユ攻略　144, 152, 153
パストゥール＊　244
バタヴィア　50
八時間労働　209
パックス・ブリタニカ　197, 227
パック旅行　218
パトリオット　150
パトリック・ヘンリ　136
ハプスブルク家　68, 69, 78, 87, 98, 99, 109
パブリック・オピニオン　118
パブリック・スクール　264
破門　71, 73
パリ　16, 17, 19, 20, 22, 81, 117, 143, 144, 150, 164, 193, 197, 208, 246, 247, 254, 308, 322, 361
パリ条約　57, 139
パリ万国博覧会　219, 245, 308
バルカン半島　280, 312, 315
ハルデンベルク　263
バルトーク　285
バレエ・リュッス　254
万国郵便連合　202
『犯罪と刑罰』　126
万人祭司主義　75

帝国主義　215, 252, 288, 298, 303, 307
帝政　60, 156, 157, 162, 262, 327
低地地帯　49
ディドロ　110, 112, 114
『デイリー・メイル』　254, 289
鄭和　29
デカダン　311
テクノクラート　331
出島貿易　51
鉄鋼生産　308, 350
鉄道　195-198, 217-219, 233, 238, 246, 254, 257, 260, 333
デパート　255
デュ・デファン夫人　117
テルミドール反動　155
電撃戦　318, 321
天職　77
電信　202, 246, 306
天津条約　292
伝染病　244
デンマーク　352
ド・ヴァンデル　221
ドイツ関税同盟　223, 271
ドイツ社会民主党　309
ドイツ帝国　193, 224, 270, 271, 315
ドイツ領邦国家　98
同業組合　183
倒産　220, 329
トゥサン・ルヴェルチュール　169
投資　229-232, 304
同職団体　94, 183
東部戦線　322, 326
東方の富　28, 29, 32, 33, 36
トウモロコシ　175
統領政府　162
トクヴィル＊　301
毒ガス兵器　324
独仏戦争　278, 312, 315
時計　14, 185, 187, 196
ドゴール　351, 352
都市化　176, 191-193, 200, 223, 232, 235
土地囲い込み　103
特権廃止　148
トマス・クック社　218
トマス・ペイン　136, 277
トムズ　238
トラスト　230
トランスヴァール共和国　293
トリエント　80
トリポリ　297
ドル　335
奴隷　35, 43-46, 141, 168
奴隷交易　35, 168
奴隷制　165, 298
奴隷取引　298, 299, 345
トレード・ユニオン運動　210
ドレスデン　18
トレント公会議　81
問屋　184

〈ナ行〉

長い一九世紀　61, 355, 360
長崎　51
ナショナリズム　157, 166, 268, 270, 273-280, 282-286, 288, 290, 291, 307, 314, 340, 341, 346
ナスル朝　32
ナチス　60, 282, 284, 334, 336, 341, 343, 348, 350
ナポレオン＊　57, 142, 155, 160, 162-166, 169, 170
ナポレオン三世＊　214, 223, 227, 259, 294, 313
ナポレオン戦争　109, 142, 170,

生存権　123, 125, 138
正統主義　260
西部戦線　321, 322, 324, 327, 332, 333, 335
西洋医学　243, 333
世界資本主義体制　214, 222, 227, 231-234
世界大不況　220, 228, 230
世界帝国　167, 186
世界同時不況　308
世界の工場　221
世界標準時　14
責任内閣制　103
責務の帝国主義　298
絶対王政　60, 66, 122
セビーリャ　36
セルビア　281, 315, 319, 320
世論　118
前衛　154, 215, 216
戦間期　19, 337, 342
全国三部会　144, 146, 147, 150, 153
戦時共産主義　328
潜水艦無差別攻撃　321, 327
総力戦体制　328, 330, 334, 338-340
ソンム　326

〈タ行〉

ダーウィン＊　251, 252, 301
第一次世界大戦　61, 209, 216, 231, 238, 239, 249, 278, 280-283, 292, 304, 307, 309, 312, 331, 332, 337, 338
第一統領　162
大飢饉　200
大規模農業　127, 176, 204
大恐慌　336
大交易時代　51
大航海時代　26, 29, 48, 62
対抗宗教改革　80
第三共和政　60, 214, 230, 259, 265, 294, 297
第三身分　150, 151
大衆新聞　254, 266, 306
大西洋革命　131
大統領　139
大土地所有制　171
第二インターナショナル　215
第二共和政　259
第二次世界大戦　20, 235, 337, 348-350, 360
第二次中東戦争　305
第二帝政　214, 223, 259, 294
代表なくして課税なし　134
大砲外交　47
大暴落　336
ダイムラー　247
太陽王　86
大陸会議　135-138
大陸軍　136
大陸封鎖令　164
ダヴィッド　164
種子島　30
チェーザレ・バルボ　272
チェンバレン　342
地下鉄　246, 308
地産地消　16, 233
チモール　295
茶　134, 186
チャーティスト運動　210
中央集権　109, 272
中間社団　107, 148
中世ボヘミア王国　283
徴兵制　108, 109, 261, 287, 318, 329
ディアギレフ　254
ティータイム　104
ディキンソン　134, 135
抵抗権　124

宗教改革　49, 73, 74, 77, 78, 80, 102
宗教寛容令　109
宗教裁判　81
宗教戦争　67, 75, 77
十字軍　28
自由市場　127, 128, 145, 152, 252, 351
修正主義　215, 309
重農主義　128, 176
自由貿易主義　212
シューマン＊　349, 350
ジュール・フェリー＊　230, 265, 304
主権国家　56, 63, 64, 70, 74, 79, 84, 88, 102, 103, 119
主権在民　258
主権者　66, 102, 157, 276
シュタイン　263
種痘　243
シュトレーゼマン＊　342
ジュネーヴ　76
シュネデール　221, 226
『種の起原』　252, 301
シュリーフェン・プラン　318, 320
蒸気機関　182, 187, 188, 195, 198, 226, 242
商業革命　103, 187
少数民族　213, 290, 341
上層ブルジョワ　206, 207, 253
城内平和　323
常備軍　88
情報活動　70
情報操作　331
殖産興業　198, 205, 214, 221, 223, 224, 236, 271, 295, 328
植民地議会　133, 134
植民地帝国　23, 42, 82, 292-295, 297, 300, 302, 306, 307
贖宥状　72
初等教育　240, 263, 265, 266
ジョフラン夫人　117
書物　90, 91, 120, 121, 136, 195
シラク　345
私掠船　49
清　14, 51, 291, 292
進化論　251, 252, 301
神経症　251
人権宣言　153, 158, 161, 258, 262, 277
ジンゴイズム　289
信仰義認論　72
人口増加　180, 187, 191-193, 200, 223, 244, 362
新生児洗礼　240
神聖連合　323
神聖ローマ皇帝　68
新石器革命　190
人民主権　140, 142, 258
『新約聖書』　73
「ジン横丁」　180
スエズ運河　293, 305
スコットランド啓蒙思想　128
スターリン　336
ステイト　267
ストライキ　194, 210, 310, 330
スペイン・ブルボン朝　99
スペイン王家　98, 99
スペイン風邪　332
スペイン領　40, 169-171
スペクタクル　254, 255
スマトラ　295
スミス＊　128, 268, 269
スメタナ　285
スロヴァキア　284
スローフード　16, 233
聖月曜日　209, 261

サロン　117, 118, 124, 150
サン・サルバドル島　32
サン・スーシ宮殿　87, 108
サン・ドマング　169
サン・ピエトロ大聖堂　71
サン・マルティン　170
三角貿易　44, 45
産業革命　56, 103, 182, 185-191, 225
産業資本主義　145, 248
産業社会　275
サンクト・ペテルブルク　110, 193
三権分立　124, 126, 139
塹壕共同体　325
塹壕戦　322-326
三国協商　316, 317
三国同盟　315, 316
三十年戦争　17, 49, 75, 77, 78, 82, 83, 88
三帝同盟　315
ジーメンス　246
シエイエス　151
ジェームズ　101
ジェームズ二世　102
シェーンブルン宮殿　87
ジェファソン　137, 141
ジェントリー　104, 180
ジェントルマン　104
ジェンナー　243
識字率　91, 120, 266
自決権　280, 281
自己責任　129
市場経済　94, 161, 183, 237
自然権　124, 125, 138
『自然哲学の数学的原理』　89
自然淘汰説　252
自然法　121
七月王政　259, 263
七年戦争　56, 57, 99, 133, 138
失業　220
実証主義　251
シティー　227, 304
私的所有権　165
児童教育　262
自動車　227, 247, 257
児童書　262
地動説　89
児童労働　208, 265
地主　153, 174, 176, 180, 234
シベリウス＊　285
司法権　139
資本　62, 105, 165, 171, 185-187, 198, 206, 229, 298, 303, 304, 351
資本主義体制　214, 215
資本蓄積　204
『資本論』　194
シモン・ボリバル　170
社会運動　194
社会改良家　194
社会契約論　124, 138
社会国家　261, 328
社会主義　194, 215
社会進化論　252, 301
社会ダーウィニズム　301
社会帝国主義　306, 307
ジャガイモ飢饉　233
ジャコバン憲法　262
ジャコバン独裁　154
社債　229
社団国家　158
写本　90
シャリヴァリ　95
シャルル八世　68
シャルル・ペギー　248
ジャワ　295
ジャワ島　50, 52
シャンデルナゴル　56
週休制度　209

皇帝　68, 69, 79, 109, 110, 164, 259, 271
鋼鉄　218
合同　230
高等教育　264
高等専門学院　264
高等法院　148
後発資本主義国　222, 224, 227, 236
拷問　125, 126
合理主義　251
香料　30, 31, 40, 50
公論　118
コーヒー　43, 104, 171
ゴールドラッシュ　201
国王　64-68, 74, 79, 83, 84, 86, 96, 99, 101-103, 107, 109, 116, 127, 151, 158, 166, 183, 258, 259
国外投資　304
国語教育　160, 266
国債　229
国際子午線会議　197
国際標準時　197
国際郵便　202
国際連合　63, 268
国際連盟　342
黒死病　178
黒人奴隷　46, 168, 169
『国富論』　128, 268, 269
国民教育　160, 261, 272
国民経済　260, 261
国民形成　270, 272, 280, 339
国民国家　26, 61-63, 157, 159, 162, 214, 259, 262, 266-269, 279, 280, 287, 290, 305, 306, 340-342, 344, 350, 351, 360, 363
国民主義　277, 286, 288
国民主権　142, 258, 269
国民統合　275, 285, 287, 307
『国民とその敵』　286
国務卿　96
穀物収穫率　176
穀物法　212
コシュート　281
胡椒　31, 40, 50
コダーイ　285
国家主権　63, 66, 67, 99, 158, 258, 342, 354, 359
国家理性　78
『国家論』　67
コッホ　244
コペルニクス　89
コミンテルン　337
小麦粉戦争　146
コメルシオ　31
『コモン・センス』　136, 277
コルシカ島　163
コルテス＊　34
コロンブス　32, 38, 39, 169
コンキスタドーレス　34
コンタンポレーヌ　60
コンツェルン　230
コントル・レフォルム　79

〈サ行〉

細菌学　244
債券市場　229
在郷軍人会　325
最高裁判所　139
最大多数の最大幸福　129, 357
財閥　230
債務労働者　43
サヴォナローラ　80
鎖国体制　51
サトウキビ　43, 44, 52
サラエヴォ　319
サルコジ　22
サルデーニャ王国　270

117, 180
宮廷社会　83-86, 95, 146
『宮廷社会』　84
キュリー夫妻＊　250
行政権　139
『共通感覚』　136
恐怖政治　154
共和政　23, 136, 139, 140, 154, 155, 160, 265, 273, 304, 305
ギリシア独立運動　212
キリスト教　42, 48, 67, 82, 88, 89, 94, 122, 240, 298, 299
ギルド　94, 105, 107, 161, 183, 184, 187
銀　26, 30, 39-41, 47
銀行　229, 230, 232
近世　60, 62, 63, 65-68, 87, 89, 90, 92-95, 102
近代　16, 24, 59-62
近代オリンピック　256
近代化　105, 106, 109, 116, 176, 193, 200, 202, 203, 264, 301
金本位制　335, 336
金融資本　229, 230, 288, 307
グアダルーペ　294
グーテンベルク　90
クーデンホーフェ・カレルギ　342
クーベルタン　256
グラスゴウ　193
クラブ　117, 118
クリオーリョ　46, 168
クリスタル・パレス　218
グリニッジ　197
グリニッジ天文台　14
グリム兄弟　181
クルップ＊　205, 226
グレイト・ブリテン王国　100-102
クレオール　46, 168-172
クロアティア人　281
クロムウェル　53
軍拡競争　229, 296, 312
軍事同盟　229, 315-317, 353
軍法会議　326
経済協力開発機構　349
経済成長　18, 21, 173
経済帝国主義　303
経済ナショナリズム　336
経済封鎖　328
経済不況　219, 220
啓蒙王政　106, 107, 112
啓蒙思想　97, 108, 112, 114-116, 119, 122, 123, 125, 127-130, 138, 140, 169
啓蒙思想家　87, 108, 115, 116, 119, 122, 124, 126, 183, 269
啓蒙専制　106, 109, 110, 112, 145
ケープ植民地　293
ケネー　128
ケプラー　89
ケベック　54
ケルト系　241, 285
ゲルナー　275
建艦競争　229, 295
原子核物理学　250
憲法制定会議　139
憲法制定国民議会　144, 150, 153
「権利の章典」　102
ゴア　30, 295
航海法　53, 212
郊外問題　20
黄禍論　252
公教育制度　266, 286
公共善　154
紅茶　104

カール大帝＊　28, 68
カイエ・ド・ドレアンス　147
海外投資　231
階級闘争　215
外交革命　87, 99
海賊行為　49, 292
カヴール　272
カウンター・リフォメイション　79
革命権　138
革命政府　154, 169
革命戦争　163, 164, 277
革命暦　160
過剰生産　219, 225
過剰投資　219
ガソリンエンジン　247
カッツェンムジーク　95
活版印刷　73, 90
割賦販売　255
カトー・カンブレジの和約　69
カトリック　49, 71, 72, 74, 75, 77, 88, 90, 101, 102, 240, 297
カトリック教会　70, 75, 78-83, 115, 165, 168, 297
カトリック宗教改革　80
家内工業　189
カナダ植民地　99
株　229
カフェ　19, 117, 118
株式会社　50, 229
株式市場　229
カリカット　30, 38
カリブ海　32, 45, 52, 169
ガリレイ　89
カルヴァン　75, 76
カルヴァン派　75, 77, 79, 101
カルカッソンヌ　18
カルカッタ　56
ガルシア・マルケス　172
カルテル　230
カルロス二世　98
監獄　126
慣習法　159
関税同盟　351
カント　113
カンバセレス　165
管理統制　328, 330
機械　62, 176, 182, 185-188, 196, 217, 219, 221, 225, 231, 233
議会　102, 103, 135, 206, 210, 341
議会政治　186, 215
機関投資家　229
企業　205, 220, 221, 229-231, 355, 357
企業城下町　226
飢饉　86, 93, 173, 174, 177, 178, 180
騎士　87,88
基軸通貨　227, 231
技術革新　217, 230, 246
ギゾー法　263
貴族　28, 84-86, 88, 93, 95, 96, 104, 105, 107, 109, 117, 148, 149, 151, 204-207, 234, 277
貴族の陰謀　153
北里柴三郎　244
北大西洋条約機構　349
キップリング　298
絹織物　41
喜望峰　29, 38
基本的人権　141, 365
ギムナジウム　263
九十五箇条の論題　72
旧体制　158, 161, 177, 180, 207
宮廷　83-86, 93, 96, 110, 116,

インド帝国　37, 293
インフルエンザ　332
インフレ　334, 335
ヴァーグナー　254
ヴァスコ・ダ・ガマ　29, 30, 38
ヴァチカン　71
ヴァレンシュタイン　88
ヴァロワ家　68
ウィーン　87, 193, 211
ウィーン会議　260
ウィーン体制　211, 276
ヴィクトリア女王＊　293
ウィクリフ　73
ヴィシー政権　60, 348
ウィルソン＊　327, 342
ヴィルヘルム一世　271, 296
ヴィルヘルム二世　296, 315, 316
ヴェーバー　77
ヴェーラー　306
ウェストファアリア講和会議　78
ウェストファリア条約　50
ヴェルサイユ宮殿　85, 108, 271
ヴェルサイユ条約　334
ヴェルサイユ体制　341
ヴェルダン要塞　326
ヴェルディ　254
ウォール街　53
ヴォルテール＊　87, 108, 110, 112, 121-125, 128
ウォルポール　103
ウォレス　252
ウラービー・パシャ　293
映画　246, 253
英仏協商　316
英仏条約　227
英仏連合軍　326, 327
英露協商　316
エカテリーナ二世＊　110, 234
疫病　40, 86, 173, 178, 361
エッセン　226
エッフェル塔　219
エディソン＊　245
エディプス・コンプレクス　250
エラスムス・プログラム　354
選ばれた民　278
エリアス　84
エリザヴェータ　87
エリザベス　101
エルサレム　37, 39, 72
エルドラド　34
エンクロージャー　103
エンゲルス　194
エンコミエンダ制　34
エンリケ　29
王位継承　100
王権　92, 102, 106, 149
王権神授説　122
黄金郷　34
欧州共同体　351, 352
欧州経済共同体　351, 352
欧州経済協力機構　349
欧州石炭鉄鋼共同体　350
欧州地域開発基金　351
欧州連合　13, 63, 274, 345, 352-354, 358, 359, 362-364
王政　106, 115, 131, 132, 144-149, 156
王政復古　60, 259
オーストリア・ハンガリー二重帝国　281, 311, 315, 319
オーストリア継承戦争　99, 109
オスマン帝国　212, 231, 232, 270, 279, 281, 312, 321
オペラ座　253
オランダ東インド会社　50
オレンジ自由国　293

〈カ行〉

カール五世＊　68, 69, 74, 83

索 引

本巻全体にわたって頻出する用語は省略するか、主要な記述のあるページのみを示した。

*を付した語は巻末の「主要人物略伝」に項目がある。

〈ア行〉

アーツ・アンド・クラフツ 311
アール・デコ 19, 311
アール・ヌーヴォー 18, 311
愛国主義 289, 307
愛国派 135, 150
アインシュタイン 250
アウクスブルク宗教和議 74, 78
アウスグライヒ 281
アカデミー・フランセーズ 92
アザール 121, 122, 127
アステカ帝国 34
アデナウアー* 350
アナール派 236
アフリカ分割 296, 299
アヘン戦争 14, 291, 299
アムステルダム 49, 105, 186
アメリカ合衆国憲法 126, 139, 140
アメリカ独立革命 131, 133, 141, 157, 161, 211
アメリカ独立宣言 132, 137, 138, 142, 258, 269
アメリカ独立戦争 57, 141, 146
アラルド法 161
アルプス越え 164
アレクサンドル二世 235
アロー戦争 292
アングリカン・チャーチ 101
アンシャン・レジーム 158
アントワープ 49
アンボイナ島 50
アンリ四世 54
イエズス会 81, 82
イェルサン 244
イギリス国教会 101, 180
イギリス商業革命 186
イギリス植民地 45, 133, 139
イギリス帝国 197, 212, 241, 285, 289
イギリス東インド会社 50, 56, 134, 293
イサベル 32
イスラーム 28, 29, 32, 37, 212, 294, 301, 358
イタリア遠征 164
イタリア戦争 68, 69, 71, 74, 77
異端 71, 81
異端審問 82
一国社会主義 342
「一体性のなかでの平等」 286
一般相対性理論 250
移民 21-23, 140, 142, 143, 199-203, 359-363
入会地 161
インカ帝国 34, 39
イングランド銀行 186
印刷 90, 120
印紙税 133, 134
インディオ 33, 39, 40, 46, 168, 172
インド皇帝 293
インドシナ三国 230, 294
インド大反乱 293

本書の原本は、二〇〇八年一二月、「興亡の世界史」第13巻として
小社より刊行されました。

福井憲彦（ふくい　のりひこ）
1946年、東京都生まれ。東京大学大学院人文科学研究科博士課程中退。フランス近現代史専攻。学習院大学教授、学習院大学学長を経て現在、学習院大学名誉教授、獨協大学特任教授。著書に『世紀末とベル・エポックの文化』、『時間と習俗の社会史』、『ヨーロッパ近代の社会史』などがある。

講談社学術文庫
定価はカバーに表示してあります。

興亡の世界史
近代《きんだい》ヨーロッパの覇権《はけん》
福井《ふくい》憲彦《のりひこ》

2017年10月10日　第１刷発行
2018年10月17日　第３刷発行

発行者　渡瀬昌彦
発行所　株式会社講談社
東京都文京区音羽2-12-21　〒112-8001
電話　編集（03）5395-3512
販売（03）5395-4415
業務（03）5395-3615
装　幀　蟹江征治
印　刷　大日本印刷株式会社
製　本　株式会社国宝社

ISBN978-4-06-292467-2

「講談社学術文庫」の刊行に当たって

　これは、学術をポケットに入れることをモットーとして生まれた文庫である。学術は少年の心を養い、成年の心を満たす。その学術がポケットにはいる形で、万人のものになることは、生涯教育をうたう現代の理想である。

　こうした考え方は、学術を巨大な城のように見る世間の常識に反するかもしれない。また、一部の人たちからは、学術の権威をおとすものと非難されるかもしれない。しかし、それはいずれも学術の新しい在り方を解しないものといわざるをえない。

　学術は、まず魔術への挑戦から始まった。やがて、いわゆる常識をつぎつぎに改めていった。学術の権威は、幾百年、幾千年にわたる、苦しい戦いの成果である。こうしてきずきあげられた城が、一見して近づきがたいものにうつるのは、そのためである。しかし、学術の権威を、その形の上だけで判断してはならない。その生成のあとをかえりみれば、その根は常に人々の生活の中にあった。学術が大きな力たりうるのはそのためであって、生活をはなれた学術は、どこにもない。

　開かれた社会といわれる現代にとって、これはまったく自明である。生活と学術との間に、もし距離があるとすれば、何をおいてもこれを埋めねばならない。もしこの距離が形の上の迷信からきているとすれば、その迷信をうち破らねばならぬ。

　学術文庫は、内外の迷信を打破し、学術のために新しい天地をひらく意図をもって生まれた。文庫という小さい形と、学術という壮大な城とが、完全に両立するためには、なおいくらかの時を必要とするであろう。しかし、学術をポケットにした社会が、人間の生活にとってより豊かな社会であることは、たしかである。そうした社会の実現のために、文庫の世界に新しいジャンルを加えることができれば幸いである。

一九七六年六月　　　　　　　　野間省一

外国の歴史・地理

イギリス　繁栄のあとさき
川北　稔著

今日英国から学ぶべきは、衰退の中身である——。産業革命を支えたカリブ海の砂糖プランテーション。資本主義を担ったジェントルマンの非合理性……。世界システム論を日本に紹介した碩学が解く大英帝国史。

2224

愛欲のローマ史　変貌する社会の底流
本村凌二著

カエサルは妻に愛をささやいたか？　古代ローマ人の愛と性のかたちを描き、その内なる心性と歴史の深層をとらえる社会史の試み。性愛と家族をめぐる意識の変化は、やがてキリスト教大発展の土壌を築いていく。

2235

古代エジプト　失われた世界の解読
笈川博一著

二七〇〇年余り、三十一王朝の歴史を繙く。ヒエログリフ（神聖文字）などの古代文字を読み解き、『死者の書』から行政文書まで、資料を駆使して、宗教、死生観、言語と文字、文化を概観する。概説書の決定版！

2255

テンプル騎士団
篠田雄次郎著

騎士にして修道士。東西交流の媒介者。王家をも経済的に支える財務機関。国民国家や軍隊、多国籍企業の源流として後世に影響を与えた最大・最強・最富の軍事的修道会の謎と実像に文化社会学の視点から迫る。

2271

西洋中世奇譚集成　魔術師マーリン
ロベール・ド・ボロン著／横山安由美訳・解説

神から未来の知を、悪魔から過去の知を授かった神童マーリン。やがてその力をもって彼はブリテンの王家三代を動かし、ついにはアーサーを戴冠へと導く。波乱万丈の物語にして中世ロマンの金字塔、本邦初訳！

2304

民主主義の源流　古代アテネの実験
橋場　弦著

民主政とはひとつの生活様式だった。時に理想視され、時に衆愚政として否定された「参加と責任のシステム」の実態を描く。史上初めて「民主主義」を生んだ古代アテナイの人びとの壮大な実験と試行錯誤が胸をうつ。

2345

外国の歴史・地理

土肥恒之著
興亡の世界史　ロシア・ロマノフ王朝の大地
欧州とアジアの間で、皇帝たちは揺れ続けた。民衆の期待に応えて「よきツァーリ」たらんとしたロマノフ家の群像と、その継承国家・ソ連邦の七十四年間を描く。暗殺と謀略、テロと革命に彩られた権力のドラマ。
2386

栗田伸子・佐藤育子著
興亡の世界史　通商国家カルタゴ
前二千年紀、東地中海沿岸に次々と商業都市を建設したフェニキア人は、北アフリカにカルタゴを建国する。ローマが最も恐れた古代地中海の覇者は、歴史に何を残したか？　日本人研究者による、初の本格的通史。
2387

小杉　泰著
興亡の世界史　イスラーム帝国のジハード
七世紀のムハンマド以来、イスラーム共同体は後継者たちの大征服でアラビア半島の外に拡大、わずか一世紀で広大な帝国を築く。多民族、多人種、多文化の人々を包摂、宗教も融和する知恵が実現した歴史の奇跡。
2388

原　聖著
興亡の世界史　ケルトの水脈
ローマ文明やキリスト教に覆われる以前、ヨーロッパ文化の基層をなしたケルト人は、どこへ消えたのか？　巨石遺跡からアーサー王伝説、フリーメーソン、ナチス、現代の「ケルト復興」まで「幻の民」の伝承を追う。
2389

林　俊雄著
興亡の世界史　スキタイと匈奴　遊牧の文明
前七世紀前半、カフカス・黒海北方に現れたスキタイ。前三世紀末、モンゴル高原に興った匈奴。ユーラシアの東西で草原に国家を築き、独自の文明を創出した騎馬遊牧民は、定住農耕社会にとって常に脅威だった！
2390

氣賀澤保規《けがさわやすのり》著（解説・上野　誠）
則天武后
猛女、烈女、女傑、姦婦、悪女……。その女性は何者か？　大唐帝国繁栄の礎を築いた、中国史上唯一の女帝、その冷徹にして情熱的な生涯と激動の時代を、学術的知見に基づいて平明かつ鮮やかに描き出す快著。
2395